日本居住の韓国人が知ってほしい

韓国資産課税実務教科書

―韓国の相続税・贈与税制及び譲渡所得税制と日本税制の交差―

（三訂版）

税理士 永田 金司——著

「三訂版」はじめに

　今般、「日本居住の韓国人が知ってほしい―韓国資産課税実務教科書」三訂版を発刊することができました。

　読者の皆様はご存知かと思いますが、韓国の税制改正は毎年1月1日からで、日本の税制改正は毎年4月1日からです。この3か月の差が、書き手からみると両国の税制改正を整理して確認・記述する上で大きく日時を要することとなります。

　2023年版を2023年中に出版したかったのですが、遅れてしまい、2023年版＋2024年改正分を加筆し、更には、改めて論じたい事項も加えて、三訂版として、2024年中に出版できるはこびとなりました。

　副題にも記したように、「韓国の相続税・贈与税制及び譲渡所得税制と日本税制の交差」として、両国の税制の違いについては、できるだけその調整に踏み込んで解説しておりますが、検討の不十分な点があることはご承知願います。

　本書が、日本居住韓国人の皆様の日韓両国の適正申告をする上での一助として、また、韓国資産課税事案を担当される税理士先生の皆様の実務の参考書として、さらには国際資産課税を担当する国税職員の皆様の執務の参考としていただけたら幸いです。

　私事になりますが、一般社団法人在日本韓国人総連合会の税務相談役を担当しておりますので、本書が全国の会員の皆様の日韓税金知識の手助けになることを願っております。

　なお、この本は、日韓税制の一層の理解のための架け橋としての研究書としての側面もあることから、疑問点についての調整方法も多々論じています。この点については日韓国税当局の意向を十分に反映されていない点があるかと思います。具体的な事例の検討・処理にあたっては、国税当局と協議する場面も必要かと思われますので、この点についてのご理解をお願いします。

　今回も、お忙しい中、前版同様労苦をいとわず本書の校正すべき点を、積極的かつ誠実に指摘していただいた税理士・李知子先生（近畿税理士会所属）のおかげで出版にこぎつけることができたことへの感謝とお礼を、韓国文献、資料の提供を今回もいただいた、税理士・呉世云先生（韓国）、税理士・崔仁洵先生（韓国、江南税務署長を2023年6月に退官）に感謝申し上げます。

　終わりに韓国文芸作品の翻訳出版と異なる本書の出版を、今回も受けていただいた株式会社クオン代表取締役金承福氏に感謝致します。

2024年9月

税理士　永田　金司

「全訂版」はじめに

　今般、「日本居住の韓国人が知ってほしい―韓国資産課税実務教科書」を発刊することとなりました。前著「韓国相続税実務詳解」を、より実務に対応できるよう、かつ、「教科書」となるよう内容の充実と構成の再整理をし、加えて要望のあった譲渡所得税についても解説するなど、2019年税制改正を踏まえて全面改訂しています。

　韓国資産課税制度は日本の税制と似ているところも多いし、非なるところも多いといえます。この非なるところを理解して韓国における適正申告をすることが、併せて、日本での所得合算による適正申告もできることになると考えます。

　副題にも記したように、「韓国の相続税・贈与税制及び譲渡所得税制と日本税制の交差」として、大胆にも両国の税制の違いと調整に踏み込んで解説しております。

　さらには、よくあるQ&A及び各申告書の様式の翻訳、並びにこれから現実に関心が高まると考える韓国における「税務調査手続」及び「不服審査手続」についても解説しております。

　本書が、日本居住韓国人の皆様の日韓両国の適正申告をする上での一助として、また、韓国資産課税事案を担当される税理士先生の皆様の実務の参考書として、さらには国際資産課税を担当する国税職員の皆様の執務の参考としていただけたら幸いです。

　なお、この本は、日韓税制の一層の理解のための架け橋としての研究書としての側面もあることから、疑問点についての調整方法も多々論じています。この点については日韓国税当局の意向を十分に反映されていない点があるかと思います。具体的な事例の検討・処理にあたっては、国税当局と協議する場面も必要かと思われますので、この点についてのご理解をお願いします。

　また、韓国税法も毎年改正されており、理解が十分に至っていないところでの記述がある点も、ご理解願います。

　終わりに、本書の校正箇所を労苦をいとわず積極的かつ誠実に指摘していただいた税理士李知了先生（近畿税理士会所属）のおかげで出版にこぎつけることができたことへの感謝と、韓国文芸作品の翻訳出版と異なる本書の出版を受けていただいた株式会社クオン代表取締役金承福氏に感謝致します。

　なお、本書「全訂版」は、2019年現在の韓国税法を基に解説しております。

2019年12月

税理士　永田　金司

「初版」はじめに

　私は国税庁、国税局において長年、法人税行政に携わって来ましたが、平成に入りますと取引（人・物・金）の国際化に伴う法人税行政の国際化対応が求められて来ました。

　当時から私は、税の国際化の影響を最も受けるのは相続税である（理由：多文化共生による相続人の多様化、言語の多様化、適用する民法（親族法）の多様化）と確信しておりました。

　そのような意味からも、私は月刊「国際税務」（税務研究会）に「図解による韓国相続税・贈与税詳細解説」を23回にわたって連載しました。

　ここに来て、国際資産税・国際相続税への関心の高まりと併せて、我が国の相続税・贈与税も国際化に対応すべく改正を重ねております。

　私の韓国語能力も翻訳出来るまでに成り、退職後税理士として韓国での相続税調査事案も携わる貴重な経験を致しました。

　今般、韓国相続税の実務に対応した解説＆日本相続税との交差についての解説書を上梓することができました。

　この本は韓国相続税の解説書ではありますが、日本相続税との調整を図るための問題点の解説書でもあります。これからも日韓相続税の融和と調整を図る上での問題提起書の１つと位置付けられれば望外の喜びであります。

　ところで、私事ですが、長年の韓国と日本の国税公務員の交流と税務支援に尽力していることが評価され、韓国国税庁長から公務員時代に「感謝杯」を、税理士になってから「表彰杯」を受けました。この表彰に応えるためにも、日本に居住している韓国国籍の皆様方並びに韓国に居住している日本国国籍の皆様方にとって、日本と韓国での相続税の申告と納税が円滑・円満に行われることの一助になればとの思いが、本書を執筆した一つの大きな理由でもあります。

　この本は、2013年１月１日現在の韓国法令を基に解説し、貴重な実務関係資料については、韓国税理士呉世云氏から提供を受けております。

　なお、内容的には課税庁における標準的な扱いについて記述するように心がけておりますが、あくまでも本書の内容の意見、法令解釈等は私見であることをご承知いただければと存じます。

　最後に、この本の刊行に当たり、法令出版の鎌田順雄氏にご尽力賜りましたことを心より感謝いたします。

2014年２月

税理士　永田　金司

日本居住の韓国人が知ってほしい
韓国資産課税実務教科書
—韓国の相続税・贈与税制及び譲渡所得税制と日本税制の交差—
(三訂版)

目　次

相続税法編

1　基礎的知識

- Q１　韓国と日本の相続法の制度及びその考え方の違い……………………………… 5
  - Q１-２　財産承継についての法的考え方の違い　(5)
  - Q１-３　相続財産が複数国に所在する場合の法的考え方の違い　(6)
  - Q１-４　日本と韓国における相続に関する法規定（相続準拠法）　(6)
  - Q１-５　日本と韓国における相続税の法規定について　(9)
  - Q１-６　まとめ　(10)
- Q２　韓国・日本の相続税法の相違点……………………………………………………… 11
  - Q２-２　「遺産課税方式」と「遺産取得課税方式」からくる
    相続税課税方式の違い　(11)
  - Q２-３　民法上の相続人についての規定と相続税法上の取扱い　(12)
  - Q２-４　申告方式の違い　(13)
  - Q２-５　加算税制度の違い　(14)
  - Q２-６　その他の取り扱い　(14)
- Q３　相続税の計算構造の特色と相違点…………………………………………………… 16
  - Q３-２　日韓相続税計算構造の違い　(18)
  - Q３-３　納税義務者　(18)
- Q４　相続税の計算手順及び被相続人が韓国居住者又は非居住者の場合の相違点…… 19

2　民法と相続税法の交差

- Q５　韓国籍の被相続人の相続準拠法と法定相続人及び法定相続分………………… 23
  - Q５-２　各相続人の法定相続分について　(26)
  - Q５-３　韓国民法における代襲相続について　(27)
  - Q５-４　遺留分について（韓国民法1112、日本民法1028）　(27)

Q5-5　韓国民法の相続放棄について　(29)
Q5-6　相続パターン別法定相続分の計算　(30)
Q5-7　相続に際してのいくつかの検討すべき事項　(31)

3　韓国相続税法の概要

Q6　相続の範囲 ··· 33
Q7　相続税課税対象範囲の区分 ··· 35
Q8　住所概念の相違 ··· 38
Q9　日韓相続税法上の双方居住者の取扱い ··································· 43
Q10　相続開始日 ··· 45
Q11　相続税納付義務 ·· 47

4　相続税の課税対象範囲

Q12　居住者、非居住者の違いによる日韓相続税の課税対象範囲の相違点 ············ 49
　Q12-2　居住者・非居住者の区分　(49)
　Q12-3　韓国所得税法上の住所及び居住者規定　(51)
　Q12-4　日韓相続税の課税対象財産の範囲　(54)
　Q12-5　外国人居住者に係る相続税の取扱い　(56)
　Q12-6　相続のパターン例による課税範囲の違い　(58)
Q13　無制限納税義務者と制限納税義務者の違いによる日韓相続税法各種規定の
　　　適用の違い ··· 63
Q14　韓国籍の被相続人に係る日本相続税申告にあたっての韓国民法と日本民法の
　　　適用場面(1) ··· 66
Q15　韓国籍の被相続人に係る日本相続税申告にあたっての韓国民法と日本民法の
　　　適用場面(2) ··· 69
Q16　韓国民法による相続分割に伴う日本における相続税申告との調整 ··············· 72
Q17　相続放棄の場合の日本相続税申告に与える影響 ······························ 76

5　相続税の課税対象財産

Q18　相続財産の所在地国判定基準 ·· 78
　Q18-2　相続財産の所在地を判定する要素　(80)
　Q18-3　相続財産所在地からの二重課税発生の有無　(81)
Q19　韓国相続税の対象となる財産の範囲 ······································ 82

6　相続税がかからない財産

Q20　韓国相続税の対象とならない財産の範囲 ·································· 91

Q20-2　相続人が相続後に相続財産を韓国公益法人等に寄附（贈与）した
　　　　　相続財産の日本での取扱い　(95)
　Q21　相続財産の価額から控除する公課金等債務控除の範囲⋯⋯⋯⋯⋯⋯⋯⋯⋯⋯　97

7　合算対象事前贈与財産

　Q22　相続前贈与財産の相続財産加算制度⋯⋯⋯⋯⋯⋯⋯⋯⋯⋯⋯⋯⋯⋯⋯⋯⋯⋯　101
　Q23　韓国制限納税義務者であった相続人が贈与を受けた国外財産の
　　　　相続時の10年加算の要否　⋯⋯⋯⋯⋯⋯⋯⋯⋯⋯⋯⋯⋯⋯⋯⋯⋯⋯⋯⋯⋯　104
　Q24　日本の事前贈与加算期間の延長からくる日韓事前贈与加算期間の調整⋯⋯⋯⋯　106

8　韓国相続税課税価額の計算

　Q25　相続税課税価額の計算⋯⋯⋯⋯⋯⋯⋯⋯⋯⋯⋯⋯⋯⋯⋯⋯⋯⋯⋯⋯⋯⋯⋯　108
　　Q25-2　日韓相続税法上の留意点　(109)
　Q26　相続税課税価額から控除される各種相続控除の範囲⋯⋯⋯⋯⋯⋯⋯⋯⋯⋯⋯　110
　　Q26-2　配偶者が相続放棄しても配偶者相続控除を受けることができるか　(111)
　　Q26-3　相続放棄者がいる場合の配偶者相続控除の計算方法　(111)
　　Q26-4　相続で取得した財産がなくとも相続税を支払わなければならない？　(112)
　Q27　相続税納付義務を負う相続人のそれぞれの負担額の計算　⋯⋯⋯⋯⋯⋯⋯⋯　116
　　Q27-2　日本において韓国相続財産を合算申告する際に韓国で各相続人が
　　　　　納付すべき税額を確認（外国(納付)税額控除対象額）するに当たっ
　　　　　ての留意点　(117)
　Q28　相続税率⋯⋯⋯⋯⋯⋯⋯⋯⋯⋯⋯⋯⋯⋯⋯⋯⋯⋯⋯⋯⋯⋯⋯⋯⋯⋯⋯⋯　118
　Q29　相続税額の割増制度⋯⋯⋯⋯⋯⋯⋯⋯⋯⋯⋯⋯⋯⋯⋯⋯⋯⋯⋯⋯⋯⋯⋯　119
　Q30　税額控除の種類⋯⋯⋯⋯⋯⋯⋯⋯⋯⋯⋯⋯⋯⋯⋯⋯⋯⋯⋯⋯⋯⋯⋯⋯⋯　121
　Q31　外国納付税額控除⋯⋯⋯⋯⋯⋯⋯⋯⋯⋯⋯⋯⋯⋯⋯⋯⋯⋯⋯⋯⋯⋯⋯⋯　131
　　Q31-2　日本相続税法における外国税額控除制度　(133)
　Q32　日本と韓国における相続税に係る外国（納付）税額控除制度に
　　　　ついての留意点⋯⋯⋯⋯⋯⋯⋯⋯⋯⋯⋯⋯⋯⋯⋯⋯⋯⋯⋯⋯⋯⋯⋯⋯⋯　136
　Q33　日本と韓国における相続税納税額のパターン別二重課税の外国
　　　　（納付）税額控除調整事例　⋯⋯⋯⋯⋯⋯⋯⋯⋯⋯⋯⋯⋯⋯⋯⋯⋯⋯⋯⋯　140
　　Q33-2　10年以内の住所の有無における相続税納税額のパターン別
　　　　　二重課税調整事例　(143)
　Q34　相続控除適用に当たっての留意点⋯⋯⋯⋯⋯⋯⋯⋯⋯⋯⋯⋯⋯⋯⋯⋯⋯⋯　147

9　相続税の申告と計算の仕方

　Q35　申告及び納税方式⋯⋯⋯⋯⋯⋯⋯⋯⋯⋯⋯⋯⋯⋯⋯⋯⋯⋯⋯⋯⋯⋯⋯⋯　148
　Q36　韓国相続税の申告と納付及び更正の請求並びに更正・決定、加算税制度⋯⋯⋯　154

Q 37　韓国の除斥期間……………………………………………………………159
Q 38　韓国の納税管理人制度……………………………………………………161

参考事項　162

贈与税法編

Q 1　韓国民法上の贈与……………………………………………………………170
Q 2　贈与税の課税対象財産の範囲……………………………………………172
Q 3　韓国贈与税の概要…………………………………………………………175
Q 4　韓国居住者か否かの判断基準……………………………………………179
　Q 4 - 2　「住所」と「居所」の違い（179）
　Q 4 - 3　国内に住所を持つ者と見る場合（179）
　Q 4 - 4　国内に住所がないものと見る場合（180）
　Q 4 - 5　外国航行船舶又は航空機乗務員の住所（180）
　Q 4 - 6　海外現地法人等の役職員等に対する居住者判定（180）
　Q 4 - 7　非居住者が居住者となる時期（韓所令 2 の 2 ①）（180）
　Q 4 - 8　居住者が非居住者となる時期（韓所令 2 の 2 ②）（180）
　Q 4 - 9　居住期間の計算（180）
Q 5　韓国贈与税の課税制度の仕組み…………………………………………182
Q 6　贈与財産の取得時期（贈与日）…………………………………………186
Q 7　居住者か否かによる贈与税課税対象の範囲……………………………188
Q 8　国外財産の贈与に対する贈与課税特例…………………………………190
Q 9　韓国贈与税と日本贈与税の相互課税関係からくる二重課税…………193
Q 10　韓国贈与税の課税対象財産の範囲①……………………………………195
　Q 10 - 2　類型別贈与例示（概要）（198）
　Q 10 - 3　1 つの贈与に 2 以上の規定が同時に適用される場合の適用する
　　　　　贈与規定（204）
　Q 10 - 4　相続財産の合意分割及び再分割の場合の贈与税の取扱い（205）
　Q 10 - 5　贈与を受けた財産を返還した場合の取扱い（205）
Q 11　韓国贈与税の課税対象財産の範囲②……………………………………207
　Q 11 - 2　贈与推定（207）
　Q 11 - 3　贈与擬制（208）
Q 12　贈与財産控除制度…………………………………………………………213
　Q 12 - 2　父・祖父からそれぞれ贈与を受けた場合の贈与財産控除方法（215）
　Q 12 - 3　数名から同時に贈与を受けた場合の贈与財産控除方法（215）
Q 13　婚姻・出産贈与財産控除制度の新設導入………………………………216
Q 14　韓国の贈与税課税制度に対する日本の贈与税制度のあてはめ………217
Q 15　贈与税非課税及び課税価額不算入財産…………………………………219

Q16	課税標準及び税額の計算	222
Q17	贈与10年加算の具体的な計算	223
Q18	贈与税率	225
Q19	創業資金に対する贈与税課税特例	227
Q20	贈与税に係る外国納付贈与税額控除制度	231
Q21	韓国贈与税の申告手続	233
Q22	韓国で巷間言われている相続税・贈与税節税対策とは	234

財産評価編

Q1	相続財産及び贈与財産の評価基準	240
Q2	相続・贈与財産の評価の基準日	244
Q3	韓国における財産の時価評価の原則	248
Q4	不動産の評価方法	252
Q5	国外財産の評価	257
Q6	その他財産等の評価	259
Q7	韓国相続税及び贈与税法における株式の評価方法	265
Q8	非上場株式の評価方法	269
Q9	純損益価額及び純資産価額を算定するための計算フロー	273
Q10	韓国の割増評価制度	279
Q11	韓国株式市場における株式管理ポストに指定された株式の評価方法	281
Q12	日本と韓国における非上場株式の評価方法の違い	282
Q13	抵当権等が設定された財産の評価の特例	283

譲渡所得編

Q1	譲渡所得課税制度の概要	288
Q1-2	譲渡の範囲は？　(288)	
Q1-3	課税対象資産の範囲は？　(288)	
Q1-4	譲渡と見る場合とは？　(291)	
Q1-5	資産が有償で移転される場合とは？　(291)	
Q1-6	譲渡と見ない場合　(292)	
Q2	譲渡所得の課税体系	295
Q3	譲渡所得税の納税義務者	298
Q4	資産の取得又は譲渡の時期	301
Q5	譲渡差益の算定方法	304
Q6	実地取引価額に含まれる価額とは	306
Q7	取得価額及び必要経費の計算	309

Q8	相続・贈与を受けた資産の取得価額の取扱い	312
Q9	配偶者から贈与を受けた資産の取得価額の引継ぎ	314
Q10	譲渡所得金額の区分計算と通算	317
Q11	長期保有特別控除制度	319
Q12	譲渡所得基本控除	320
Q13	譲渡所得税の非課税・減免制度	321
Q14	譲渡所得税の税率体系	324
Q15	外国納付税額の控除制度	327
Q16	譲渡所得税の申告・納付制度	328
Q17	決定・更正と加算税制度	330
Q18	譲渡所得税の賦課除斥期間	332
Q19	非居住者の不動産等の韓国国内源泉所得に対する源泉徴収制度	333
Q20	国外資産譲渡に対する譲渡所得税	335
Q21	所得区分と税金	337
Q22	居住者への出国時国内株式等に対する税制特例（韓国版国外転出時課税）	338

税務調査・その他編

Q1	韓国における相続税調査の実際①	344
Q2	韓国における相続税調査の実際②	346
Q3	韓国の権利救済制度	354
Q4	韓国における限定承認、相続放棄の手続	357
Q5	相続財産を分配後に再び異なる分配比率で財産の分割をする場合の韓国税法の取扱い	358
Q6	韓国民法で定める法定相続分とは異なる分配をしようとする場合	359
Q7	父が死亡後相当期間経過後での国内不動産の相続登記	360
Q8	韓国非居住者である相続人が韓国に行かずに相続登記をしようとする場合	361
Q9	韓国に所在する財産の評価	362
Q10	小規模宅地等の適用可否	364
Q11	在外国民印鑑経由制度	365
Q12	在外国民の「不動産等譲渡申告確認書」提出制度	366
Q13	韓国で相続を受けた不動産の譲渡代金の日本送金	368
Q14	韓国の不動産公示価格制度	371
Q15	韓国の海外金融口座申告制度	372
Q16	韓国の海外信託資料提出義務制度の導入（国税法58、59、91）	374

韓国相続税申告書等様式　（375）

─── 凡　例 ───

本文での引用条文の略称は、次のとおりです。

【韓国法令】
・相続税・贈与税法　　　　韓相贈法、又は韓相法、韓贈法
・租税特例制限法　　　　　韓特例法
・国税基本法　　　　　　　韓国基法
・国際私法　　　　　　　　韓国私法
・各税法の大統領令　　　　韓○令

【日本法令】
・相続税及び贈与税法　　　日相贈法、又は日相法、日贈法
・租税特別措置法　　　　　日租特法
・国税通則法　　　　　　　日通法
・法の適用に関する通則法　法の適用通則法

相続税法編

(注) 本文中の税法規定及び民法等法令規定に係る記述は、特に断りのない場合は韓国税法規定（条文）及び民法等法令規定（条文）を示します。

相続税法編　目次

1　基礎的知識　5
　Q1　韓国と日本の相続法の制度及びその考え方の違い　5
　Q2　韓国・日本の相続税法の相違点　11
　Q3　相続税の計算構造の特色と相違点　16
　Q4　相続税の計算手順及び被相続人が韓国居住者又は非居住者の場合の相違点　19

2　民法と相続税法の交差　23
　Q5　韓国籍の被相続人の相続準拠法と法定相続人及び法定相続分　23

3　韓国相続税法の概要　33
　Q6　相続の範囲　33
　Q7　相続税課税対象範囲の区分　35
　Q8　住所概念の相違　38
　Q9　日韓相続税法上の双方居住者の取扱い　43
　Q10　相続開始日　45
　Q11　相続税納付義務　47

4　相続税の課税対象範囲　49
　Q12　居住者、非居住者の違いによる日韓相続税の課税対象範囲の相違点　49
　Q13　無制限納税義務者と制限納税義務者の違いによる日韓相続税法各種規定の適用の違い　63
　Q14　韓国籍の被相続人に係る日本相続税申告にあたっての韓国民法と日本民法の適用場面(1)　66
　Q15　韓国籍の被相続人に係る日本相続税申告にあたっての韓国民法と日本民法の適用場面(2)　69
　Q16　韓国民法による相続分割に伴う日本における相続税申告との調整　72
　Q17　相続放棄の場合の日本相続税申告に与える影響　76

5　相続税の課税対象財産　78
　Q18　相続財産の所在地国判定基準　78
　Q19　韓国相続税の対象となる財産の範囲　82

6　相続税がかからない財産　91
　Q20　韓国相続税の対象とならない財産の範囲　91
　Q21　相続財産の価額から控除する公課金等債務控除の範囲　97

7　合算対象事前贈与財産　101
　　Q22　相続前贈与財産の相続財産加算制度　101
　　Q23　韓国制限納税義務者であった相続人が贈与を受けた国外財産の相続時の
　　　　10年加算の要否　104
　　Q24　日本の事前贈与加算期間の延長からくる日韓事前贈与加算期間の調整　106

8　韓国相続税課税価額の計算　108
　　Q25　相続税課税価額の計算　108
　　Q26　相続税課税価額から控除される各種相続控除の範囲　110
　　Q27　相続税納付義務を負う相続人のそれぞれの負担額の計算　116
　　Q28　相続税率　118
　　Q29　相続税額の割増制度　119
　　Q30　税額控除の種類　121
　　Q31　外国納付税額控除　131
　　Q32　日本と韓国における相続税に係る外国（納付）税額控除制度についての
　　　　留意点　136
　　Q33　日本と韓国における相続税納税額のパターン別二重課税の外国（納付）
　　　　税額控除調整事例　140
　　Q34　相続控除適用に当たっての留意点　147

9　相続税の申告と計算の仕方　148
　　Q35　申告及び納税方式　148
　　Q36　韓国相続税の申告と納付及び更正の請求並びに更正・決定、加算税制度　154
　　Q37　韓国の除斥期間　159
　　Q38　韓国の納税管理人制度　161

10　参考事項　162

1 基礎的知識

Q1 韓国と日本の相続法の制度及びその考え方の違い

被相続人から相続人に財産が引き継がれるにあたっての、各国の法制度の違い及び相続税課税についての考え方の違いがあるとのことですが、この点についてご説明をお願いします。

また日本と韓国に当てはめた場合、どのような法的考え方に立っているのか、そこからくる税制規定の影響についても併せてご教示ください。

A

国際相続を理解するにあたって、

① 被相続人の相続財産は、どのような法的考え方に基づいて相続人に承継されるのか
② 相続財産が複数国に所在する場合には、その財産についてどの国の法律を適用するのか
③ 日本と韓国における相続に関する法規定並びに相互関係はどのようになっているか
④ その上で、日本と韓国における相続税の法規定はどのようになっているのか

について知る必要があります。そこで、それぞれについて以下順次説明します。

Q1-2 財産承継についての法的考え方の違い

財産承継にあたって、相続人に帰属するのは、①積極財産及び消極財産（債務）全てなのか、②消極財産（債務）を清算した後の積極財産のみなのか、といった考え方の違いがあります。前者の考え方を「包括承継主義」といい、後者の考え方を「管理清算主義」と一般的に称しています。

(1) 包括承継主義とは

被相続人の財産は、積極財産及び消極財産とも相続人に移転するとの考え方です。財産が包括的に移転することから「包括承継主義」といわれる所以です。

日本は包括承継主義を採っています（民法896）。このことが、積極財産も消極財産も相続人に移転する「遺産取得課税方式」につながってきているものと筆者は考えます。

(2) 管理清算主義とは

相続財産である積極財産・消極財産は、いったん裁判所によって選任された遺産管理人（遺産執行者）に帰属し、相続財産の管理・清算の手続を経た後に、残余の積極財産がある場合についてのみ相続財産を相続人に移転するという考え方です。

このことが、税制上、積極財産に係る納税の義務が相続人に移転する「遺産課税方式」につながってきているものと、筆者は考えます。

Q1-3　相続財産が複数国に所在する場合の法的考え方の違い

相続に伴って発生する相続財産が複数国に所在する場合、当該財産についてどの国の法律を適用するのか、それぞれの相続財産の所在地国の法律を適用するのか、それとも被相続人の住所地法（本国法）を適用するのかといった考え方の違いです。

(1) 相続統一主義

全ての相続財産について、被相続人の住所地法又は本国法を適用しようとする考え方です。日本は、相続統一主義を採っており、不動産のみならず、動産がどこの国に所在するとしても被相続人の本国法を適用することになります（法の適用通則法36）。

(2) 相続分割主義

相続財産のうち、不動産の相続については不動産の所在地国の法律を適用し、動産については被相続人の住所地法又は本国法を適用するという考え方です。

アメリカはこの考え方を採っており、それゆえか日本はアメリカとのみ「日米相続税条約」を締結しています。

韓国においては、被相続人の遺言によって「死亡当時の本国法」ではなく「指定当時被相続人の常居所がある国家の法」、例えば日本の民法を適用することができ、不動産について不動産所在地法（例えば日本）を明示的に指定していたときは、その不動産の所在地の法を適用（例えば日本）すると韓国国際私法で定められています（韓国国際私法49②）。このような規定を税制面から調整する上で、また、後述する日韓二重課税の十分な調整を図る上でも、日本と韓国において「日韓相続税条約」の締結の必要性があると筆者は考えます。

Q1-4　日本と韓国における相続に関する法規定（相続準拠法）

相続が発生すると、日本又は韓国においては、どのような法律によって、どのように規定されているのかという点です。

(1) 日本における相続に関する法規定（相続準拠法）

相続に関しては、「法の適用に関する通則法」第36条において「相続は、被相続人の本国法による」と定められています。本国法とは、被相続人の死亡時の本国をいい、被相続人が死亡した時の国籍のある国の法を指すものと考えられています。したがって、たとえば、韓国に居住する日本国籍を有する者が死亡した場合の法の適用は、日本国民法となります。日本に居住する韓国国籍を有する者が死亡した場合の法の適用は、韓国民法となります。

なお、日本と韓国の二重国籍者である場合は、日本国籍者とみて、本国法は日本法になりますので注意が必要です（法の適用通則法38）。韓国国籍法は、二重国籍を可としている（国際私法3）ことから、日韓二重国籍者に対して日本民法の適用場面が多くなると考えます。

(2) 韓国における相続に関する法規定（相続準拠法）

韓国国際私法第77条第1項で「相続は死亡当時の被相続人の本国法による」と定められて

います。本国法の考え方は日本の場合（上記(1)）と同様です。本国法による相続は、不動産、動産にかかわらないため、相続統一主義を採っていると解されています。

　ただし、同法第77条第2項において「被相続人が遺言に適用される方式により、明示的に次の各号のいずれかに該当する方法を指定するときは、相続は、前項の規定にかかわらず、その法に従う。」と規定され、その第1号で「1　指定当時の被相続人が常居所法。（略）」と規定しており、日本の「法の適用に関する通則法」第41条で「当事者の本国法によるべき場合において、その国の法に従えば日本法によるべき時は日本法」と規定（反致）していますから、日本の法律を指定していれば、日本国民法に拠ることとなります。

(注)　韓国における相続に関する法規定（相続準拠法）

　　　韓国国際私法第77条第2項第1号が「住所」といわず「常居所」といっていることから、適用対象者の範囲に差があるのではないかといった点には注意が必要です。

　また韓国国際私法第77条第2項第2号で、「2　不動産に関する相続については不動産の所在地法」と規定していますので、不動産の相続について明示的に指定することによって、日本法が部分的に適用（反致）されることになることから、一部相続分割主義を採っているとも解されています。

メモ

被相続人が韓国籍、相続人が日本籍の例があるかと思いますが、相続法（民法）の適用は被相続人の本国法によりますので、相続に当たっては韓国民法が適用されることとなります。

相続税法編

（参考）「法の適用に関する通則法」による相続の準拠法の決定・適用フローチャート図（概略）
　　　（日本と韓国に限って）

Q1-5　日本と韓国における相続税の法規定について

　相続税の課税方式は、①遺産課税方式と、②遺産取得課税方式に大きく分けられます。遺産課税方式は、被相続人の遺産に着目した課税方式であり、遺産取得課税方式は、相続人が相続した財産に着目した課税方式です。

　日本及び韓国が採用している方式も、この2つの方式の1つをベースにしているものの、それぞれの国の状況に適応した方式となっています。

(1)　日本における相続税の法規定

　日本の相続税法は、遺産取得課税方式を採っており、相続人である財産取得者ごとに、その取得する相続財産に対して課税されます。日本の相続税の課税方式は、正確に表現すると「法定相続分遺産取得課税方式」となり、まず各相続人が相続した財産を合計した上で、法定相続分で各相続人が相続したと仮定して、相続税総額を算出します。その上で各相続人が実際に相続した財産に比例して納税義務が生じる計算方式を採っています。

　ここで生じる問題は、法定相続分に韓国民法を適用する場面があるのか否かですが、日本国における課税の公平の見地から税額計算方法を統一する必要があり、相続税総額を計算する場面においては被相続人・相続人が韓国籍であっても、日本国民法を適用して法定相続分を計算することとなります。

　(注)　ただし、未分割の場合は、各人が負担する相続税の計算においては、韓国民法による法定相続分を計算することとなります。

(2)　韓国における相続税の法規定

　韓国の相続税法は遺産課税方式を採っており、被相続人の相続財産（積極財産－消極財産＝相続財産）に対して課税します。

　しかし、納付義務者は被相続人ではなく、財産取得者（相続人）が取得した相続財産に比例して負うこととなっています。ただし、遺産課税方式ゆえに相続人の代表者が一括して納付することも可能です。韓国は遺産課税方式を採りつつも、納税の段階では遺産取得課税方式を一部採り入れているともいえます。

(3)　遺産課税方式と遺産取得課税方式がもたらす課税上の影響

　「遺産課税方式を採るか」、「遺産取得課税方式を採るか」でのもたらす課税上の影響は、誰を、その国の居住者として全世界財産を課税対象とするのか（無制限納税義務）、誰を、その国の非居住者としてその国に所在する財産のみについて課税の対象とするのか（制限納税義務）です。すなわち、課税対象者を被相続人とするのか、相続人にするのかで、無制限・制限納税義務を判断することになってきます。

　単的にいいますと、遺産課税方式は被相続人を、遺産取得課税方式は相続人を納税義務の対象として、その上で、無制限・制限納税義務者に該当するか否かを判断します。この判定はそれぞれの者の住所がどの国にあるかによります。このことは、日本と韓国において相続税の国際的二重課税が発生する（例：被相続人が韓国住所を有し全世界財産課税、相続人が日本に住所を有し全世界財産課税）要因ともなります。

― メモ ―
韓国の住所規定は、所得税法上の規定を準用していますが、日本は相続税法において、住所規定を置いています。

(4) 日本と韓国の所得税法上の規定

日本所得税法第9条（非課税所得）第1項第16号で「相続、遺贈又は個人からの贈与により取得するもの」を、所得税法上非課税と規定していますが、これは所得であることを前提に他の租税（相続税及び贈与税）との二重課税を避けるため、非課税規定を置いたと解されています。

しかし、韓国所得税法第12条（非課税所得）には、日本と同様な規定は見当たりません。

このことは、日本が遺産取得課税方式、韓国が遺産課税方式を採っていることの所以であると考えます。

Q1-6 まとめ

以上の説明を日本、韓国の国別にまとめると、次表のとおりとなります。

区分＼項目	日本	韓国
財産承継	（民法）包括承継主義 （税法）包括承継主義	（民法）包括承継主義 （税法）包括承継主義のもと、遺産課税方式であり被相続人に係る相続税課税価額算出の時点で債務控除するため、管理清算主義の側面もあるといえる
相続財産適用法	相続統一主義	相続統一主義 （ただし、遺言によって不動産について相続分割主義が採れる）
相続の適用法令（準拠法）	法の適用に関する通則法第36条 被相続人の本国法による	国際私法第77条 被相続人の本国法による （ただし、遺言によって常居所の国の法律を適用することもできる）
相続税法による課税方式	遺産取得課税方式（正確には「法定相続分遺産取得課税方式」）	遺産課税方式（ただし、納付義務者は遺産取得者になる）
無制限・制限納税義務者の判定対象者	相続人（現行、被相続人も含む）	被相続人
無制限・制限納税義務者を判定する基準	相続開始日の相続人の住所	相続開始日の被相続人の住所及び居所（183日）ルール
税法規定による納税義務者の範囲	複雑	シンプル

相続税法編

Q2 韓国・日本の相続税法の相違点

韓国の相続税法と我が国の相続税法の制度の相違点をご説明願います。

A

韓国相続税法を理解する上で、まず我が国の相続税法との大きな相違点を列挙しますと、
① 課税方式が遺産課税方式を採っているのか、遺産取得課税方式を採っているのか
② 両国の相続に係る民法上の規定はどうなのか、それによる課税関係にどう影響するのか
③ 申告納税方式を採っているのか、賦課課税方式を採っているのか、この場合、韓国における税務調査の対象は全件悉皆的なのか、個別選定方式なのか
④ 生前贈与の相続税等加算期間や除斥期間に差異はあるのか

などが挙げられます。

(注) 遺産課税方式を遺産税方式と、遺産取得課税方式を遺産取得税方式と説明する解説書もありますが、相続税を遺産税と称する場合もあることから、本書においては「遺産課税」「遺産取得課税」と表記します。

Q2-2 「遺産課税方式」と「遺産取得課税方式」からくる相続税課税方式の違い

(1) 相続財産の税額計算方法の違い

　遺産課税方式は、被相続人が遺した遺産額に着目して課税する方式です。例えば被相続人が6億円を遺して死亡した場合、その6億円が被相続人に対して課税されるというものです（なお、韓国の相続税法上の相続税納付義務者は相続人となり、その税負担額は相続した財産の比率で按分することとなります。このことは、変則的遺産課税方式を採っているともいえます。）。

　遺産取得課税方式は、被相続人が遺した遺産を基に計算するのではなく、各相続人が相続を通じて取得した被相続人に係る財産に着目して課税する方式です。例えば、被相続人が遺した6億円の財産を妻が3億円、子供3人がそれぞれ1億円ずつ相続したとしますと、各相続人が相続した財産を課税対象として、各相続人に課税するというものです。

　韓国は遺産課税方式を、日本は遺産取得課税方式を、それぞれ基礎として計算することとされています。

　この課税方式の違いは、贈与税の負担者の違いにも表われています。遺産課税方式の場合は、贈与者が生前に財産処分したと考えますので、贈与税は贈与者が負担することになります。遺産取得課税方式の場合は、受贈者が財産を相続開始前に受け取ることになるので、贈与税は受贈者が負担することになります。韓国贈与税法は日本贈与税法と同様に、受贈者が課税対象者となり、かつ贈与税納付義務者となりますので、贈与税については、遺産取得課税方式を採っているといえます。なお、2017年韓国相続・贈与税法改正で、贈与者が韓国居住者で受贈者が韓国外居住者の場合で贈与財産が国外の預貯金及び株式の場合には、贈与者が納付義務者となる遺産課税方式を採っています。

両国間の相続税の課税方式の違いからくる影響は、無制限納税義務者の重複といった点に大きく現れてきます。

(2) 課税対象相続財産範囲の違い

　例えば、被相続人である父が韓国の居住者として死亡すると、韓国では、父が無制限納税義務者として、韓国にある遺産及び日本にある遺産全てが相続税課税対象となります（韓相法1）。一方、相続人である母、子（3人）が日本の居住者（住所有）であると、我が国でも相続人が無制限納税義務者となりますので父が遺した遺産は、韓国及び日本を含めて、日本の相続税の課税対象財産となります（日相法1の3）。

　これが両国間の二重課税の問題であり、納税額の調整は、外国納付税額控除という方法で行うことになります。

(3) 相続税申告期限の違い

　また、実務的には両国の申告期限の相違も大きく影響します。日本は死亡後10か月以内の申告ですし、韓国は死亡日の月末から6か月（被相続人又は相続人が全て非居住者の場合は9か月）以内です。相続人が日本に住所を有している場合ですと、韓国内の相続遺産の把握から遺産分割協議書の作成及び相続税申告といった一連の手続を迅速に行わないと、日本における韓国遺産を含めた遺産分割協議書の作成及び、相続税申告の申告期限内対応が困難となります。

　また、外国納付税額控除も両国の相続税申告を同時進行しないと、韓国での相続税の申告時に控除税額の計算ができないこととなりますし、二重課税の外国納付税額控除による調整にあたっても、申告期限に間に合わず更正の請求による場合も生じてくるかと思います。

Q2-3　民法上の相続人についての規定と相続税法上の取扱い

　日本の相続税法は遺産取得課税方式を採っていることから、日本での申告にあたっては、遺産を取得する法定相続人の数及び法定相続分が課税所得及び税額を算出する上で重要な要素となってきます。

　このことから生じる問題は、我が国の相続税の申告にあたっての、遺産を取得した相続人の数や法定相続分の判断は、日本の民法によるのか、韓国の民法によるのかといった点です。

そもそも、被相続人の国籍が韓国ですと、韓国の民法が適用され（法の適用通則法36）、それに基づいて遺産が分配されるからです。

しかしながら、我が国の相続税法上の相続税額の計算では、課税の公平の見地から、あくまでも日本の民法に基づいて相続人に係る法定相続分を計算することとなります。

例えば、韓国民法の法定相続分に基づいて、妻が1.5、子供3人がそれぞれ1ずつ相続したとしても、日本の相続税の総額の計算にあたっての各相続人の法定相続分は妻1/2、子供はそれぞれ1/2×1/3＝1/6ずつ相続したものとして計算します。その上で、各相続人の相続税の負担額の計算にあたっては、実際の相続分に基づいて按分することとなりますので、例えば、韓国民法に基づいた法定相続分で相続したとしますと、その法定相続比によって各相続人の納税額が計算されることとなります。

外国税額控除額の計算は、各相続人が韓国で納付した税額に基づいて納税額の調整をすることとなります。

Q2-4　申告方式の違い

韓国の相続税法は、賦課課税方式（韓国相続税法第1条、第2条において「賦課する」と規定しています。）を採っており、税務署長は、相続税の自主(進)納付申告を受けた日から法定決定期間内に課税標準及び税額を決定しなければならないとされています（韓相法76③）。

韓国相続税法は、相続税の自主(進)納付申告に対し税務調査を実施して、課税標準及び税額を決定することによって確定する賦課課税方式であります。このことは、すなわち、相続が発生しますと全件調査対象となり、調査があって初めて相続税額が確定するということになります。

そのためか、自主(進)納付申告をすると、納税額の3％（改正は2016年：10％、2017年：

7％、2018年：5％、2019年：3％）を税額控除する制度があります。この制度は、賦課課税方式をとっていることからくる自主申告を促進する所以であるとも理解できます。

更には、韓国で調査による決定に基づいた修正申告があると、この修正に基づいて日本でも相続税の修正申告をすることとなります。併せて韓国で追加納税したことによる外国（納付）税額控除額も変動することとなります。

(注) 韓国では「外国納付税額控除」、日本では「外国税額控除」と定義していますが、同じ意味です。

Q2-5　加算税制度の違い

韓国の加算税制度について見ると、（一般・不当）過少申告加算税（課税庁が決定した税額よりも過少に申告をした場合）、（一般・不当）無申告加算税及び納付不誠実加算税（納付すべき税額に納付額が達しない場合。日本の延滞税に相当）があります。

日本では、申告額が過少である場合の過少申告加算税や重加算税がありますが、韓国では、一般・不当と区分しています。また、加算税率についても違いがあります。

一方、韓国での相続税の最高税率は50％ですが、韓国においては申告期限までに申告した場合には、納税額の3％を控除する自主(進)申告税額控除もありますので、最高税率は50％ではなく、48.5％（50％－(50％×3％)）であるともいえます。結果、表面相続税率は日本の税率（最高税率55％）より低率であるともいえるでしょう。

Q2-6　その他の取り扱い

その他にも、①生前贈与の相続時加算期間の違い（韓国は10年間、日本は3年間ですが、改正があり最長7年間）、②除斥期間の違い（韓国相続税法は10年）があります。

また、韓国の贈与税法においては、「名義信託課税」制度があります。本来は、実質所有者に課税すべきところ、不動産等の名義人と実質所有者が異なる場合に、実質所有者を特定することが困難なこともあるため、名義人に対して贈与税を課税するものです。さらに、変則的な贈与に対応するため、包括規定（韓相法2）を設けたうえ、2013年の改正で、特殊関係法人との取引を通した利益贈与擬制規定（韓相法45の3）を設け、贈与税の課税のさらなる徹底を図ってきています。

日本での贈与概念は、民法549条で規定の「贈与とは、当事者の一方が自己の財産を無償にて相手方に与える意思を表示し、相手方がこれを受諾することによって効力が生じる契約」、すなわち借用概念を採っているところです。

韓国での民法の贈与概念（韓民法554～562）は、日本と同様ですが、税法上の贈与税課税対象範囲が、日本のそれよりも広い概念であるといえるところ、韓国での相続税申告にあたって、相続財産に加算された贈与財産であっても、それが日本においても相続財産に加算される贈与財産であるか否かといった検討判断が必要です。

(注) 韓国民法第554条（贈与の意義）
贈与は、当事者一方が無償で財産を相手方に贈与する意思を表示して、相手方がこれを受託することをもってその効力が生じる。

相続税法編

(参考) 韓国と日本における相続税課税制度からの主な相違点

区分＼項目	韓　国		日　本	
課税方式	遺産課税方式		遺産取得課税方式	
特　徴	・相続人の数による負担税額の変動はない ・相続税申告は相続人代表者によって行える		・相続人の数によって負担税額が変動する ・相続税申告は相続人全員によって行われる	
課税方式	賦課課税方式（自主申告制度併用）		申告納税方式	
課税対象者	被相続人		相続人	
納税(付)義務者	相続人		相続人	
民法の適用	被相続人が韓国籍ならば韓国民法の定めによって法定相続人、法定相続分が決まる		日本民法によって法定相続人、法定相続分が決まる (注) 相続税の総額を算出する上での法定相続人別負担の計算は被相続人が韓国籍であっても日本民法による	
課税対象財産	被相続人が		相続人が	
	韓国 居住者	韓国 非居住者	日本 居住者	日本 非居住者
	全世界 財産課税	韓国国内 財産課税	相続した 全世界 財産課税	相続した 日本国内 財産課税 （例外あり）
申告・納付期限	居住者の死亡 相続開始日の属する月の月末の日から6か月以内	非居住者の死亡 相続開始日の属する月の月末の日から9か月以内	相続開始日から10か月以内	

-15-

Q3　相続税の計算構造の特色と相違点

韓国相続税法は遺産課税方式を、日本相続税法は遺産取得課税方式を採っているといわれていますが、そのことが相続税を計算する上での特色と相違点について、ご説明願います。

A

1　遺産課税方式と遺産取得課税方式についての考え方の違い

遺産課税方式は、被相続人の一生を通しての経済活動の成果たる総遺産に着目するのに対し、遺産取得課税方式は、被相続人の財産自体よりも、相続人がいかなる財産を取得したかに重点をおいた課税方式です。

そして、両方式の特長については次のようにいわれています。

遺産課税方式は、①財産が1人に相続されても多数の相続人に分散されても、租税の総負担額が同じであることから、富の集中の排除機能が高いこと、②偽装による遺産分割があったとしても税負担に変わりはないこと、③租税回避を主目的とした養子縁組といった累進課税負担軽減のためのみの遺産分割があっても税負担に変わりはないこと、④被相続人1人を租税徴収の対象とすることから税務執行上簡便であるといった点（納税義務者を相続人に移転している例もあります。）が挙げられる反面、⑤各相続人が納税する負担割合は相続の多寡に係わらず同一水準（各相続人が相続した財産に対しての税負担が累進的ではないということ）であるといった点も指摘されています。

遺産取得課税方式は、①相続人が相続した多寡に応じて税負担、即ち個人的担税力に応じた課税方式で富の集中を抑制できるといった点が挙げられる反面、②累進課税負担回避のためのみの偽装分割相続や養子縁組といった遺産相続が行われることが危惧されています。また、③税の徴収が各相続人を対象とすることから各相続人の所在地を異にすることによる税務執行が煩瑣であるといった点も指摘されています。

さらには、④国際的な相続・贈与税回避を防止する観点から、課税対象となる相続人（受贈者）の課税対象の範囲の規定を逐次改正することに迫られ制度が複雑となってきている点が挙げられます。

2　韓国における変則的遺産課税方式について（後掲「韓国相続税の計算手順」参照）

韓国における遺産課税方式による相続税額計算の基本構造は、
①　相続財産を各相続人に分割する前の遺産総額に累進税率を適用して税額を計算し、
②　各相続人が納付する税額は、遺産分割比で分けて負担することになります。
③　変則的といわれる所以は、遺産課税方式を採用しているにもかかわらず納付義務者が相続人等とされているところにあります。

例えば、遺産課税方式を採っているアメリカの場合は、納税義務者は遺言執行人で、

相続税法編

　　執行人は、相続税（遺産税）を支払った後の財産を相続人等に分配することとされています。
④　被相続人ではなく、相続人に係るいくつかの人的控除制度を取り入れている点も変則的であるといえます。これら控除額を各相続人毎に控除せずに被相続人に係る相続税課税価額から一括控除して相続税課税標準額を計算し、その額を基に算出した税額を各相続人に按分する方式は遺産課税方式を堅持しているといえます。
　　但し、外国税額控除など、属人的な各種税額控除は各相続人から控除します。

4　日本における今日的課税方式について
　日本においては遺産取得課税方式を採っているといわれていますが、相続税の課税対象範囲を確定する判定要素に、被相続人の住所を取り入れています。例えば、被相続人が国内に居住していれば、相続人に対して国内外の財産について課税します。このことは、一面、遺産課税方式を採っているともいえます。「遺産課税包含遺産取得課税方式」ともいえるでしょう。

5　遺産課税方式と遺産取得課税方式の課税方式の違いによる長所と短所
　一般的にいわれている相続税の課税方式の違いによる長所・短所をまとめると、次のとおりです。

区分 \ 項目	根拠とする考え方	長所	短所
遺産課税方式（韓国）＝被相続人の遺産の総額を課税標準として課税する方式	被相続人が生前に課されなかった未実現の譲渡所得を補完し、また一生にわたって租税が免除・回避されてきたものを清算するとするもの	○被相続人の遺産に累進税率を課すことで富の集中を抑制 ○税負担の軽減の手段を回避 ○税務執行が容易 ○課税対象者の課税範囲に係る税法規定がシンプルである	○各遺産取得者の担税力に相応する課税が行われない ○遺産の分割可否にかかわらず税負担が等しいことから分割の障害となり、その結果、富の偏在を改める効果及び分割促進効果が抑制される
遺産取得課税方式（日本）＝遺産を取得した者の取得財産価額を課税標準として課税する方式	無償の財産取得であり相続人の取得とみなして、その相続人に個人所得税を賦課するという所得税を補完するもの（所得税法第9条（非課税所得）第1項第16号で「相続・遺贈又は個人からの贈与により取得するもの」と規定しています。）	○各相続人の担税力に相応する税負担 ○分割によって税負担が軽減される結果、分離分割が誘導され、富の集中が抑制される ○自らの相続権を行使する実態に合致（相続人平等原則の趣旨に合致）	○税負担軽減のための偽装分割を助長 ○税務執行が複雑 ○課税対象者の課税範囲に係る税法規定が複雑化する

※　日本が採っている課税方式は、「法定相続分遺産取得課税方式」といわれ、相続税の総額は、遺産がどのように分割されても等しいところに特徴があります。

Q3-2　日韓相続税計算構造の違い

日本と韓国の計算構造の違いには、次のものがあります。
① 日本は民法規定の法定相続分を基に相続税総額を計算しますが、韓国にはその規定がありません（採用する課税方式からくる相違）。
② 日本は、各相続人が相続税を共同して申告するといった手続を採りますが、韓国は遺産課税方式を採っていることから、相続人の中の1人が代表者として相続税申告をすることができます。日本の手続では、例えば、調査による修正申告を提出する場合、相続人によっては相続財産が増加しないにもかかわらず、負担する相続税額が増加するといった事例も生じ（逆の例もあります。）、各相続人から押印（承認）を得て、申告をするのに時間を要する例も見られますが、韓国の手続ですと、相続人の代表者1人による申告手続で済み、財産の実際の遺産分割割合によって相続税額が計算されるので、手続が簡便かと思われます。

しかし、日本に居住する相続人が具体的な詳細を承知しないうちに事が進む場合がありますし、外国納付税額控除をする上でも各相続人の税額納付を承知する必要があります。日本居住の韓国籍の相続人は、これらの点について十分に留意しなければならないといえます。

③ 日本の相続税の総額の計算にあたっての法定相続分は、たとえ被相続人が韓国籍であっても、日本の民法に従って計算することとなりますが、未分割の状態で相続税の申告期が到来する場合の法定相続分の計算は、「被相続人の本国法による」こととされていますので、韓国の民法の規定による法定相続分に基づいて、各相続人の税額負担額を計算して申告することとなります。

したがって、例えば未分割であったものがその後に遺産分割協議に基づいて分割があると、日本民法の規定による法定相続分に基づいて、総税額を計算することから法定相続分を異にし、また未分割の場合と法定相続人を異にする場合もあり、各相続人の税負担額についての修正、更正の請求の手続が必要となります。

Q3-3　納税義務者

日本と韓国の相続税計算基本構造に違いがみられるものの、納税についてみると日韓とも納税する義務者は各相続人であり、納付の履行を担保するため各相続人に連帯納付義務（韓相法3③）を課している点は同じです。

韓国相続税法では、相続人を納付義務者と定義しています。これも、遺産課税方式を採っていることの延長かと思います。

Q4 相続税の計算手順及び被相続人が韓国居住者又は非居住者の場合の相違点

韓国の相続税計算手順について、被相続人が韓国居住者の場合と非居住者の場合とに分けて、ご説明を願います。

A

韓国相続税法を適用される者は、被相続人が韓国非居住者の場合が多いかと思います。

そこで、被相続人が韓国居住者の場合と韓国非居住者の場合に分け、次頁以降にできるだけ詳しく「韓国相続税の計算手順」を図示しました。

韓国相続及び贈与税法上の居住者とは、国内に住所を置く若しくは183日以上居住した人をいいます。非居住者は、居住者でない人をいいます。

韓国では居住者183日ルールを所得税のみならず相続・贈与税にも取り入れていることから、今後ますます両国での二重課税の事例が増加することになると考えます。所得税法上は二重居住者についての調整条項として日韓租税条約がありますが、相続税及び贈与税については、日韓相続税条約は締結されていませんので、実務上、課税対象財産の範囲及び評価をどのように調整（居住者の判定及びそれに伴う外国税額控除の計算を含めて）するのかといった課題が残ることとなります。

※ 韓国の相続・贈与税法上の居住者の規定は、所得税法上の規定を準用しています。

相続税法編

2 被相続人が韓国居住者である場合の計算基準

総相続財産価額	・相続財産価額（本来の相続財産＋みなし相続財産＋相続開始前2年間の処分不明支出金（推定相続財産）） ・相続財産価額は全世界財産
（－）	
非課税及び 課税価額不算入額	・非課税：墳墓に属する禁養林野、文化財等 ・課税価額不算入財産：公益法人等に出捐した財産等
（－）	
公課金・葬儀費用・債務	
（＋）	
事前贈与財産	・合算対象事前贈与財産（相続人10年、その他…5年） 　ただし、特例税率適用贈与財産である創業資金、企業承継資金は期限なく合算
相続税課税価額	
（－）	
相続控除	・（基礎控除（2億W）＋その他の人的控除*）と一括控除（5億W）中大きい金額 　＊ 子女控除・未成年者控除・老年者控除・障害者控除がある。 ・起業（営農）相続控除　・配偶者相続控除　・金融財産相続控除 ・災害損失控除　・同居住宅相続控除（計6億W限度） 　ただし、上の合計中控除適用総合限度内金額での控除可能
（－）	
鑑定評価手数料	・不動産鑑定評価業者の評価による手数料500万Wを限度
相続税課税標準	
×	
税　率	

課税標準	1億W以下	5億W以下	10億W以下	30億W以下	30億W超
税　率	10％	20％	30％	40％	50％
累進控除額	－	1千万W	6千万W	1億6千万W	4億6千万W

項目	説明
算出税額	・（相続税課税標準 × 税率）－累進控除額 ・相続税総額の計算
（＋）	
世代省略割増税額	・相続人や受遺者が被相続人の子女ではない直系卑属であれば割増する。 　ただし、直系卑属の死亡で最近親である直系卑属が相続する場合は除く。
（－）	
税額控除	・文化財資料、徴収猶予、贈与税額控除、外国納付税額控除、短期再相続税額控除、申告税額控除
（－）	
年賦延納・ 物納・分納	
自進納付する税額	

(注) 各相続人の相続税納付義務は相続分の比率で負担しますが、その計算は複雑です。しかし、相続人各人毎の負担納付する税額が算定されないと、日本での外国税額控除の計算ができないこととなります。

－20－

3 被相続人が韓国非居住者である場合（被相続人が日本で死亡した場合）の計算基準

| 総相続財産価額 | ・相続財産価額（国内所在相続財産＋国内所在みなし相続財産＋相続開始前2年間の不明支出金（推定相続財産）） |

(−)

| 非課税及び課税価額不算入額 | ・非課税：墳墓に属する禁養林野、文化財等
・課税価額不算入財産：公益法人等に出捐した財産等 |

(−)

| 公課金・債務 | ・該当する相続財産の公課金（葬儀費用は控除不可）
・該当する相続財産を目的とするチョンセ権、賃借権、抵当権、担保債務は控除
死亡当時国内事業場の確認された事業上の公課金，債務は控除 |

(＋)

| 事前贈与財産 | ・合算対象事前贈与財産（相続人10年、その他…5年）
……国内に所在した財産
ただし、特例税率適用贈与財産である創業資金、企業承継資金は期限なく合算 |

⇩

| 相続税課税価額 |

(−)

| 相続控除 | ・基礎控除2億W
・控除適用総合限度額…適用
※ 相続税課税価額の範囲内での控除適用との意味 |

(−)

| 鑑定評価手数料 | ・不動産鑑定評価業者の評価による手数料500万Wを限度 |

⇩

| 相続税課税標準 |

×

| 税　率 |

課税標準	1億W以下	5億W以下	10億W以下	30億W以下	30億W超
税率	10%	20%	30%	40%	50%
累進控除額	—	1千万W	6千万W	1億6千万W	4億6千万W

⇩

| 算出税額 | ・（相続税課税標準 × 税率）−累進控除額
・相続税総額の計算 |

(＋)

| 世代省略割増税額 | ・相続人や受遺者が被相続人の子女ではない直系卑属であれば割増する。
ただし、直系卑属の死亡で最近親である直系卑属が相続する場合は除く。 |

(−)

| 税額控除 | ・文化財資料、徴収猶予、贈与税額控除、外国納付税額控除、短期再相続税額控除、申告税額控除 |

(−)

| 年賦延納・物納・分納 |

⇩

| 自進納付する税額 |

相続税法編

（参考）日本相続税の計算手順

日本相続税計算基本構造　（各項目については主な事項を記述しました）
（相続人が日本居住者の場合）

```
┌─────────────────────────────────────┐
│              遺産総額                │
└─────────────────────────────────────┘
              ↓
┌──────────┬──────────────┬────────┬──────┐
│  遺産額   │非課税財産     │葬儀費用│ 債務 │
│          │①墓所、仏壇   │        │      │
│          │②国、地方公共 │        │      │
│          │団体等への寄附 │        │      │
└──────────┴──────────────┴────────┴──────┘
     ↓
┌──────────┐   ┌──────────────┐
│  遺産額   │ + │相続開始前     │
│          │   │3年以内の      │
│          │   │贈与財産       │
└──────────┘   └──────────────┘
     ↓
┌─────────────────────────────────────┐
│  正味の遺産額（各人の課税価格の合計額）│
└─────────────────────────────────────┘
     ↓
┌──────────┬──────────────────────┐
│課税遺産総額│基礎控除額             │
│          │(3,000万円＋600万円    │
│          │ × 法定相続人の数)     │
└──────────┴──────────────────────┘
```

① 実際には、遺産分割協議書に基づいて各人毎に課税価格を計算して合計することになりますが、紙幅の都合上、合計で図示しています。

② 相続時精算課税の適用を受ける贈与財産は、遺産総額に加算されます。

（例）

法定相続分 妻	法定相続分 子	法定相続分 子
（例：1/2）	（例：1/2×1/2）	（例：1/2×1/2）
× 税率	× 税率	× 税率
相続税	相続税	相続税

日本国民法による法定相続分に応ずる各遺産額
（相続人が韓国国籍であっても同様です。）

税率 10％～55％

　　　　　　↓
　　　相続税の総額
　　↙　　↓　　↘

妻 各相続人の税額	子	子
＝	＝	＝
配偶者の税額軽減		
＝	＝	＝
実際納付税額	実際納付税額	実際納付税額

各相続人の税額

$$\left(相続税の総額 \times \frac{各人の課税価格}{課税価格の合計額}\right)$$

税額控除等の額
○相続税額加算
○税額控除等の額
　①贈与税額控除
　②配偶者に対する相続税額の軽減
　③未成年者控除
　④障害者控除
　⑤相次相続控除
　⑥外国税額控除

（出典：国税庁発行「暮らしの税情報」〔旧版〕）

（注）旧版のうち、基礎控除額を補正しています。

相続税法編

2 民法と相続税法の交差

Q5 韓国籍の被相続人の相続準拠法と法定相続人及び法定相続分

韓国籍の被相続人である人が死亡した時は、居住している国(例えば日本)の民法(相続法)によるのでしょうか?
それとも被相続人の国籍のある国の民法(相続法)によるのでしょうか?
またそれによって、法定相続人及び法定相続分にどのような違いがあるのでしょうか?

A

1 相続準拠法について

日本に居住している韓国籍の被相続人に係る相続については、韓国民法が適用されるのか、日本国民法が適用されるのかによって、法定相続人及び法定相続分が異なる結果となります。

日本の「法の適用に関する通則法」第36条で「相続は被相続人の本国法による」(注1)と規定していますので、日本に居住している韓国籍の被相続人に係る民法の適用は韓国民法となります。

(注)1 相続準拠法の適用範囲
① 相続の開始……失踪宣告を受けた場合の国内財産は日本法(法の適用通則法6②)
② 相続人の範囲……代襲相続、養子の相続権、胎児の相続権は本国法による(法の適用通則法36)
③ 相続財産……相続分、寄与分及び遺留分に適用。遺産分割の時期・方法・基準・効果も適用
④ 相続分、寄与分及び遺留分
⑤ 遺産分割……遺産分割の時期、方法、基準、効果も相続の準拠法による
⑥ 相続の承認、放棄及び限定承認
⑦ 相続人不存在、特別縁故者制度
⑧ 相続財産の管理

また、韓国においても韓国国際私法第49条第1項で「相続は死亡当時の被相続人の本国法による」と規定されていますので、日本・韓国の法制上韓国民法が適用されることとなります。

ただし、韓国国際私法第77条第2項において、被相続人が遺言に適用される方式によって明示的に、「1 指定当時被相続人の常居所法。ただし、その指定は被相続人が死亡時までその国で常居所を維持した場合にだけ効力を有する。」「2 不動産に関する相続については、その不動産の所在地法」のいずれかの法を指定するときは、相続はその国の法律によると規定されていますから、韓国籍の被相続人が「相続については日本の法律に従う」との遺言を

残さない限り、韓国の民法によって相続関係を律することとなります。

さらに、遺言書に「不動産については、不動産所在地法による」との指定があれば、日本に不動産が存在すれば日本民法が相続準拠法となり、韓国にある不動産、並びに不動産以外の相続財産は、いずれも韓国民法が適用されることとなります。

なお、被相続人が韓国・日本の二重国籍者（注2）である場合の本国法は、日本法が適用されます（法の適用通則法38①但書）。したがって、相続人間の法定相続分の計算は、日本国民法によることとなります。

(注)2　国籍の選択は22歳に達するまでに、20歳に達した後に多重国籍になったらそのときから2年以内に国籍を選択する。

2　日韓民法上の法定相続人及び法定相続分の規定について

日本民法あるいは韓国民法を適用するかによって、法定相続人及び法定相続分に違いが出てきます。このことは、現実の相続において重要な事項であり、相続税申告にも影響してくることとなります。

(1)　法定相続人の範囲と順位（韓国民法1000～1003、日本民法887～890）

	韓国	日本
第1順位	直系卑属とその代襲相続人、配偶者	子とその直系卑属（代襲相続人）、配偶者
第2順位	直系尊属、配偶者	直系尊属、配偶者
第3順位	兄弟姉妹とその代襲相続人（配偶者及び直系卑属・直系尊属がいない場合）	兄弟姉妹とその子（代襲相続人）、配偶者
第4順位	被相続人の4親等以内の傍系血族（配偶者がいない場合）	

(注)1　韓国民法において、第2～第4順位は、いずれも上位順位者がいない場合です。なお、同順位の相続人が複数となるときは、最も近い親等を先順位とします。

(注)2　胎児を、既に出生したものとみなす点は、韓国・日本とも同じです。

(注)3　法定相続人が配偶者のみの場合は、配偶者が単独相続人となることは、韓国民法、日本民法とも同じです。

(2)　韓国民法と日本民法の違い
　①　配偶者の相続順位の扱い

韓国民法では、第1順位と第2順位の配偶者以外の相続人がいる場合には、配偶者との共同相続となります。直系卑属と直系尊属がいない場合には、配偶者が単独相続となります。つまり、配偶者がいない場合において兄弟姉妹（第3順位）又は4親等以内の傍系血族（第4順位）が相続できることになります。ここでの配偶者とは、法律上の配偶者をいい、事実上の配偶者は含まれません。

日本民法では、第1順位から第3順位の配偶者以外の相続人が全くいない場合には、配偶者の単独相続となります。

② 第1順位

　韓国民法では直系卑属と規定されていることから、相続開始前に相続人になる直系卑属が死亡した場合には、その死亡者の直系卑属と配偶者が死亡者の相続分を代襲相続します（代襲相続。韓国民法1001）。直系卑属全員が死亡した場合には、死亡者の配偶者が単独で代襲相続します。直系卑属には法定養子、認知された婚姻外出生者も含まれます。

　日本民法では子と規定していますので、子とその子の代襲相続人に限られる点が韓国民法と異なります。

③ 第2順位

　韓国民法では、直系尊属は第一順位の直系卑属がいない場合に相続人になるにすぎません。

　この場合の直系尊属とは、被相続人に最も近い直系尊属が先順位となります（韓国民法1000②）。

④ 第3順位

　韓国民法では、兄弟姉妹は被相続人の配偶者、直系卑属、直系尊属がいない場合にのみ相続人となります。

　相続開始当時、兄弟姉妹が死亡したり欠格で相続できない場合には、その直系卑属と配偶者が死亡者に代わって代襲相続します。

　日本民法では、兄弟姉妹は配偶者とともに相続人となれるところに、韓国民法との違いがあります（この点が日本相続税の計算に影響を及ぼすところです。例：韓国民法で遺産分割しますと、配偶者の単独相続ですが、日本税法による相続税総額の計算では、日本民法による法定相続分を適用し、配偶者と兄弟姉妹を含めることとなります。）。

⑤ 第4順位

　韓国民法では、4親等内の傍系血族は被相続人に直系卑属、直系尊属、配偶者、兄弟姉妹の全てがいない場合にだけ相続人となります（韓国民法1000①）。

　3親等以内の傍系血族も相続人になることができることとなります。

　日本民法では、親族の範囲を6親等内の血族、3親等内の姻族及び配偶者（日本民法725）としているところ、韓国民法は、8親等内の血族、4親等内の姻族及び配偶者（韓国民法777）と規定し、日本の親族の範囲より広いところからくる差異といえます。

Q5-2　各相続人の法定相続分について

　法定相続分とは、被相続人の相続分に対する指定がない場合に、民法の規定により定められた相続分をいいます。

法定相続分（韓国民法及び日本民法）

区分＼法定相続人	韓国	日本
配偶者と直系卑属 （第１順位）	配偶者　1.5 直系卑属　1.0 　　　　：	配偶者　1/2 子　1/2 （子の相続人の数によって按分）
配偶者と直系尊属 （第２順位）	配偶者　1.5 直系尊属　1.0 　　　　：	配偶者　2/3 直系尊属　1/3 （直系尊属の相続人の数によって按分）
配偶者と兄弟姉妹	配偶者単独相続	配偶者　3/4 兄弟姉妹　1/4 （兄弟姉妹の相続人の数によって按分）
配偶者単独	全部	全部

(1)　配偶者の法定相続分

　韓国民法では、配偶者に対しては直系卑属（直系尊属）の相続分の「５割を加算」（韓国民法1009）すると規定されていることから、例えば、配偶者と子２人の場合は、配偶者が1.5（全体の3/7）、子がそれぞれ1.0（全体の2/7ずつ）を相続することとなりますが、日本民法の場合は配偶者1/2、子がそれぞれ1/2×1/2＝1/4となります。

　つまり、韓国民法では、直系卑属、直系尊属の人数によって配偶者の相続分が変動しますが、日本民法では変動しないということになります。

　配偶者の法定相続分が子の数によってどう変わるのかを例で示すと、次表のとおりです。

	配偶者の法定相続分の比較
配偶者と子１人	韓国　3/5　　＞　日本　1/2
配偶者と子２人	韓国　3/7　　＜　日本　1/2
配偶者と子３人	韓国　3/9＝1/3　＜　日本　1/2

＊　子が１人の場合に限って、配偶者の法定相続分が日本のそれより多くなります。

(2)　非嫡出子の法定相続分

　日本民法では、非嫡出子（婚姻外）の相続分は嫡出子（婚姻内）の相続分の1/2とされていましたが、平成25年９月４日付最高裁判所の決定を受け、非嫡出子と嫡出子の法定相続分の差は解消されました（日本民法900四）。

　韓国民法では、法定相続分に差異はありません。

㊟ 直系卑属には、法定養子、認知された婚姻外出生者も含めて、相続順位にあっては、婚姻中出生者、認知された婚姻外出生者、男子、女子、既婚・未婚、同居・別居、長男・次男等によって順位の差は発生しません。

(参考) 日本民法900条(法定相続分) 新旧対照表

新	旧
四　子、直系尊属又は兄弟姉妹が数人あるときは、各自の相続分は、相等しいものとする。ただし、父母の一方のみを同じくする兄弟姉妹の相続分は、父母の双方を同じくする兄弟姉妹の相続分の2分の1とする。	四　子、直系尊属又は兄弟姉妹が数人あるときは、各自の相続分は、相等しいものとする。但し、嫡出でない子の相続分は、嫡出である子の相続分の2分の1とし、父母の一方のみを同じくする兄弟姉妹の相続分は、父母の双方を同じくする兄弟姉妹の相続分の2分の1とする。

Q5-3　韓国民法における代襲相続について

韓国民法では、相続人となる直系卑属又は兄弟姉妹が相続開始前に死亡もしくは欠格者になった場合にその者の直系卑属と配偶者がが代襲相続人になります(韓民法1001、1003)。

日本民法では、兄弟姉妹の代襲は1代に限られています。

また、韓国民法では、代襲相続人の相続分は被代襲者の相続分となります。代襲相続人が複数名いた場合には、その相続分を法定相続分によって分けます。

Q5-4　遺留分について(韓国民法1112、日本民法1028)

(1) 日韓両国民法における遺留分の割合

民法では遺言自由の原則が認められ、被相続人は自己の財産を遺言によって自由に処分できるとするのが建前です。しかし、被相続人の意志で自由に贈与又は遺贈が行われることを認めると、遺族の生活が保障されなくなるといったことが生じることにもなりかねません。そこで、相続財産の一定部分を一定範囲の遺族のために留保させるのが遺留分の制度と説明されています。

日韓両国民法における遺留分の割合は、次表のとおりです。

相続税法編

相続人の態様別分類		韓国（民1112）	日本
直系尊属のみ		その法定相続分の1/3	その法定相続分の1/3 （総体的遺留分の）
その他	直系卑属のみ	その法定相続分の1/2	その法定相続分の1/2 （　〃　）
	直系卑属と配偶者	その法定相続分の1/2	その法定相続分の1/2 （　〃　）
	直系尊属と配偶者	直系尊属：その法定相続分の1/3 配偶者：その法定相続分の1/2	その法定相続分の1/2 （　〃　）
	兄弟姉妹のみ	その法定相続分の1/3	遺留分はありません
	配偶者のみ	その法定相続分の1/2	その法定相続分の1/2 （総体的遺留分の）

(注)　日本民法は、直系卑属の遺留分は「子」に限られます。
　　韓国の遺留分権利者は、被相続人の直系卑属、配偶者、直系尊属及び兄弟姉妹で、生きて生まれた者も直系卑属として遺留分の権利を有します。

(例)　相続人が妻Aと子B、子C、子Dの場合の遺留分

〈韓国〉
　妻A…3/9×1/2＝3/18
　　（注）1.5＋1＋1＋1＝4.5
　　　　1.5/4.5＝3/9
　子B…2/9×1/2＝2/18＝1/9
　子C…2/9×1/2＝2/18＝1/9
　子D…2/9×1/2＝2/18＝1/9
〈日本〉
　妻A…1/2×1/2＝1/4
　子B…1/2×1/3×1/2＝1/12
　子C…1/2×1/3×1/2＝1/12
　子D…1/2×1/3×1/2＝1/12

(2)　韓国民法による遺留分の算定（韓民法1113、1114）
　韓国民法による遺留分の算定は、次によります。

> 遺留分の額＝A＋B－C

　A：被相続人の相続開始時において有した財産の価額
　B：贈与財産の価額（相続開始前1年以内にしたもの）及び1年以内の遺留分侵害を知ってなした贈与
　C：債務の額
　　※　日本の遺留分の算定は、債務を控除した積極相続財産です。

Q5-5　韓国民法の相続放棄について

(1) 相続の放棄（韓民法1041～1044）

相続の放棄とは、相続の開始によって一旦発生した相続人としての効力である被相続人の財産に対する全ての権利・義務の承継を否認して、初めから相続人ではなかったとする効力を生じさせる単独の意思表示です。

相続を放棄しようとする者は、相続開始かがあることを知った日から3か月以内に家庭裁判所に放棄の申告をしなければならず、共同相続の場合にも各相続人は単独で放棄することができます。

相続の放棄をしたときには、放棄の遡及効が発生して、放棄者は初めから相続人ではなかったこととされ、放棄した相続分は他の相続人の相続分の比率で、その相続人に帰属します。

相続を放棄した者は、相続開始から相続人ではなかったことと同じ地位に置かれることで、共同相続人である被相続人の配偶者と子女中、子女の全部が相続を放棄した場合には、配偶者と被相続人の孫子女又は直系尊属が共同相続人になると判示しました（大法院2013タ48852.2015.5.14）。

ただし、最近の判例（大法院2020.742.2023.3.23）で、共同相続人である被相続人の配偶者と子女中、子女の一部だけ相続を放棄した場合には、民法第1043条により、その相続放棄者である子女の相続分が、配偶者と相続を放棄しなかった他の子女に帰属されることと同じく、子女全員が相続を放棄した場合には、相続を放棄した子女の相続分は残りの相続人である配偶者に帰属されて、配偶者が単独相続人になるとし、従前の最高裁の判例を変更しています。

（例示）

① Bが相続放棄した場合
　配偶者3/5　C 2/5
② BとCが相続放棄した場合
　配偶者単独相続
③ Bが死亡した場合
　配偶者3/7　F1/7　G1/7　C2/7

相続贈与税法では、相続放棄した相続人であっても相続開始前10年以内に被相続人から贈与を受けた財産があるとか、もしくは使用処が不分明で推定相続財産がある場合には、相続税納付義務及び連帯納税義務があります（韓相法3の2）。この点が日本の相続税法の取扱いと異なるところがあり注意が必要です（日相基通19-3）。

(2) 承認又は放棄の取消禁止（韓民法1024）

一度相続の承認若しくは放棄をした場合は、3か月の期間内であってもこれを取り消すことはできません。これは、取消を認めたならば利害関係人の信頼を背反することになって、彼らに多くの被害を及ぼすことになるためです。

ただし、未成年者が法定代理人の同意なしにした場合、被限定後見人（従前の限定治産者）が限定後見人の同意なしにした場合、被成年後見人（従前の禁治産者）がした場合、詐欺・脅迫による場合、錯誤による場合には取消権者がその承認又は放棄を取消すことができます。

Q5-6　相続パターン別法定相続分の計算

韓国民法と日本民法による法定相続人及び法定相続分の違いを分かりやすくパターン別に図示すると、次のとおりです。

（例1）相続人が配偶者と子1人の場合

〈韓国〉
　妻A…3/5〔1.5/(1.5+1)=1.5/2.5=3/5〕
　子B…2/5
〈日本〉
　妻A…1/2
　子B…1/2

（例2）相続人が配偶者と子3人（嫡出子及び非嫡出子）の場合

〈韓国〉
　妻A…3/9〔1.5/(1.5+1+1+1)=1.5/4.5=3/9〕
　子B…2/9
　子C…2/9
　子D…2/9
〈日本〉
　妻A…1/2
　子B…1/2×1/3=1/6
　子C…1/2×1/3=1/6
　子D…1/2×1/3=1/6

※韓国においては、非嫡出子の法定相続分は嫡出子と同じです。日本においては、H25.9.4最高裁判決により、非嫡出子の法定相続分が嫡出子と同じとなりました（改正：日本民法900四）。

（例3）相続人が配偶者及び直系尊属2人の場合

〈韓国〉
　妻A…3/7〔1.5/(1.5+1+1)=1.5/3.5=3/7〕
　父B…2/7
　母C…2/7
〈日本〉
　妻A…2/3
　父B…1/3×1/2=1/6
　母C…1/3×1/2=1/6

（例４）相続人が配偶者及び兄弟姉妹３人の場合

〈韓国〉
　　配偶者Ａ…単独相続
〈日本〉
　　配偶者Ａ…3/4＝9/12
　　兄Ｂ…1/4×1/3＝1/12
　　弟Ｃ…1/4×1/3＝1/12
　　妹Ｄ…1/4×1/3＝1/12

Ｑ５－７　相続に際してのいくつかの検討すべき事項

　日本に居住する韓国籍の被相続人に係る相続税計算（相続人が日本に居住）の際、まず相続財産の遺産分割にあたっては、一般的に韓国民法に基づいて遺産分割され、相続税は日本相続税法に基づき計算して、申告することとなります。
　このことからいくつか留意すべき事項がありますので、それについて以下具体例をもとに簡記します。

(1) 遺産分割が未分割の場合の取扱い

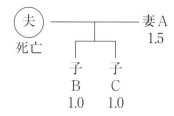

相続税申告期限までに遺産分割が行われなかった場合（未分割の場合）
・韓国民法による法定相続分の取扱いは、
　　妻Ａ…3/7
　　子Ｂ…2/7　　子Ｃ…2/7
・日本民法による法定相続分は、
　　妻Ａ…1/2
　　子Ｂ…1/4　　子Ｃ…1/4　　となります。
・未分割時の日本相続税法による申告は、まず韓国民法によって法定相続分の相続があったものとして相続税の総額を計算します。各相続人の相続税負担についても韓国民法に基づく法定相続分を各相続人が相続したものとして、相続人別の相続税額を算出した上で申告をすることとなります。
・分割時の日本相続税法による申告は、日本民法による法定相続分があったものとして相続税の総額を計算し、相続人別の相続税額は実際の相続財産額に基づいて計算します。
・このことから、未分割時と分割時との各相続人の相続財産に違いが生じ、相続税額にも違いが生じることとなった場合には、修正申告又は更正の請求が必要となります。
・未分割の場合は配偶者に対する相続税額軽減の適用はないこととなります。

(2) 兄弟姉妹が相続する場合の取扱い

・韓国民法による法定相続分は、妻…単独相続　となります。
・日本民法による法定相続分は、妻…3/4
　　　　　　　　　　　　　　　　兄…1/4　となります。
・日本相続税法による申告は、韓国民法によって遺産分割（妻Aの単独相続）した場合であっても兄に対しても法定相続による分割があったとして相続税の総額を計算することとなります。その上で、妻A（単独相続）の納付すべき相続税を計算します。
　この場合、兄は韓国民法による相続人ではないため相続放棄の手続は必要ありませんが、相続税の申告実務においては、基礎控除額の計算で兄弟姉妹を法定相続人の数に含めることから、被相続人に係る戸籍謄本等の提出により、兄が戸籍上存在することの証明が必要となると考えます。

3　韓国相続税法の概要

Q6　相続の範囲

相続とは、韓国相続税法上、どのような場合を指しているのか説明願います。

A

韓国相続税法では、相続の範囲に、①民法第5編による相続、②民法第1057条の2による被相続人と生計を一にしていた者、被相続人の療養・看護をした者及びその他被相続人と特別な縁故のあった者（特別縁故者）、③遺贈、④韓国民法第562条による贈与者の死亡によって効力が生じる贈与（相続開始日前10年以内に被相続人が相続人に負わした贈与債務（負担付贈与）及び相続開始日前5年以内に被相続人が相続人ではない者に負わした贈与債務の履行中に贈与者が死亡した場合のその贈与を含む（死因贈与））、⑤韓国信託法第59条による遺言代用信託、⑥韓国信託法第60条による受益者連続信託を含みます。

韓国民法では、相続と遺贈を相続として、死因贈与は贈与の類型として区分していますが、相続税法ではこれら全てが死亡に因って財産が無償で移転されたという点から死因贈与を相続の範囲に含めています。

相続税の発生原因別取扱いをまとめると次表のとおりです。

税法上の取扱い	区分	概念
相続税課税	相続	・民法規定による死亡又は失踪宣告を受けた者（被相続人）の権利・義務を一定の者（相続人）に包括的に承継させること。
	特別縁故者の相続財産分与	・被相続人と生計を一にしていた者、被相続人の療養・看護をした者及びその他被相続人と特別な縁故のあった者に対する相続財産の分与
	遺贈	・遺言者の遺言（相手方のない単独行為）によって遺産の全部又は一部を無償で他人（受遺者）に贈与する死因法律行為
	死因贈与	・贈与者の生前に当事者合意によって贈与契約が締結されて贈与者の死亡を停止条件として効力が発生する贈与（韓民法562）
	遺言代用信託	・受益者になる者として指定された者が委託者の死亡の時に受益権を取得する信託（韓信託法59）
	受益者連続信託	・信託行為で受益者が死亡した場合、その受益者が持つ受益権が消滅し、他人が新しく受益権を取得する信託（韓信託法60）

（参考１）

税法上の取扱い	区　分	概　念
贈与税	贈与税	・その行為又は取引の名称・形式・目的等と関係なく直接又は間接的な方法で他人に無償で有形・無形の財産又は利益を移転（著しく低い代価を受けて移転する場合を含む。）したり、他人の財産価値を増加させること（韓相法２）

（参考２）
(1) 韓国信託法第59条（遺言代用信託）
　① 次の各号のいずれか１つに該当する信託の場合には、委託者が受益者を変更する権利を持つ。ただし、信託行為が異なる定めの場合にはそれによる。
　　一　受益者になる者として指定された者が委託者の死亡時に受益権を取得する信託
　　二　受益者が委託者の死亡以後に信託財産に期限給付を受ける信託
　② 第１項第２号の受益者は、委託者が死亡するときまで受益者としての権利を行使できない。ただし、信託行為として異なる定めの場合にはそれによる。
(2) 韓国信託法第60条（受益者連続信託）
　　信託行為で受益者が死亡した場合、その受益者が持つ受益権が消滅して他人が新たしく受益権を取得するようにする旨を定めることができる。この場合、受益者の死亡によって順に他人が受益権を取得する場合を含む。

（参考３）相続の範囲Ｑ＆Ａ
(1) 被相続人の所有財産を相続人ではない者に移転した場合の取扱い
　Ａ：当該財産は相続人が相続を受けて相続人ではない者に贈与したことと見て、それぞれ相続税と贈与税を課税します。（国審1999書2436.2007.7.21）
(2) 相続人が贈与を原因として取得した場合の取扱い
　Ａ：当該財産は相続財産として相続税課税対象として、贈与税は課税しない。（財産税課－707.2009.4.8）

Q7　相続税課税対象範囲の区分

相続税の課税対象となるその範囲が、韓国では遺産課税方式を採っていることから、被相続人が居住者か非居住者かの違いによって異なるとのことですが、その範囲の違いについて説明願います。

A

1　被相続人が相続開始日現在、居住者又は非居住者であるのか否かにより、相続税課税対象範囲は次表のとおり、大きく異なります。

被相続人	課税対象
居住者	相続開始日現在、被相続人所有の国内・国外にある全ての相続財産
非居住者	相続開始日現在、被相続人所有の国内にある全ての相続財産

相続財産の課税対象範囲は、被相続人が居住者か非居住者かによって大きく異っており、居住者と非居住者の判断基準は、住所又は183日以上の居所の有無となっています。

2015.12.31以前の居住者要件は、国内に住所を置いたり、1年以上居所を置いた場合でした。

詳細については、「Q12　居住者・非居住者の違いによる日韓相続税の課税対象範囲の相違点」及び「Q12-2　居住者・非居住者の区分」を参照して下さい。

居住者・非居住者の判断にあたってのいくつかの取扱事例を紹介すると、次のとおりです。
① 非居住者が韓国国内に永住する目的で帰国して死亡した場合には、居住者と見る。
② 外国市民権を有し国内居住期間（78日）が国外居住期間（287日）に比べてはるかに短いとしても、諸般の事実関係から見て、実質的に生活根拠が国内にあるならば、居住者としてみなければならない（国審2004書1880.2004.7.16）。

（参考1）日本に居住する韓国人の韓国への一時的入国期間の取扱いについて
　日本に居住する韓国人が韓国に入国した場合、生計を同じくする家族の居住地や資産所在地等に照らして、その入国の目的が事業の経営又は業務と無関係なこととして短期観光、疾病の治療、兵役義務の履行、親族慶弔事等の事由に該当して、その入国した期間が明白に一時的であることとして入国事由と期間を客観的に立証する場合には、当該期間は居所を置いた期間と見ません（韓所令4④、韓所規2）。

（一時的入国事由と立証方法）

入国事由	立証方法
短期観光	観光施設利用による入場券、領収書等観光目的で入国したことを立証できる書類
疾病治療	医療法第17条上の診断書、証明書、処方箋等入国期間の間、診察や治療を受けたことを立証する資料
兵役義務履行	兵役事項が記録された住民登録票写し、又は兵役法施行規則第8条による兵籍証明書等入国期間の間、兵役義務を履行したことを立証する資料
親族慶弔事等、その他	親族慶弔事等非事業・非業務目的で入国したことを客観的に立証できる書類

（参考2）日韓相続税法上の居住者判断が重複する基本的図示

(注)1　被相続人が外国人の場合及び相続人が一時居住者の場合の課税対象範囲については、「Q12-5　外国人居住者に係る相続税の取扱い」を参照してください。

(注)2　居住者・非居住者及び住所・居所については、贈与税法編「Q2　韓国贈与税の概要」を参照して下さい。

2　韓国居住相続人が、非居住者である被相続人の国外財産の相続を受けて国内に搬入する場合であっても、現行相続税法上、韓国においては相続税課税対象とはなりません（書面4チーム・2304.2007.9.27）。

Q8 住所概念の相違

日本相続税法においては、被相続人の死亡日に相続人の住所が国内か国外かによって、相続税の対象となる相続財産の範囲を大きく異にするそうですが、相続財産の範囲を決定する住所の概念は、日本、韓国とも同様と理解してよろしいのでしょうか。

A

1　被相続人の死亡時の住所の判断のみで、相続税の課税対象範囲は決まるのか？

日本相続税法第1条の3（相続税の納税義務者）第1項第1号において「相続又は遺贈により財産を取得した個人で当該財産を取得した時においてこの法律の施行地に住所を有する者」と規定し、第2条（相続税の課税財産の範囲）第1項において「第1条の3第1項第1号又は第2号の規定に該当する者については、その者が相続又は遺贈により取得した財産の全部に対し、相続税を課する」と規定しています。

すなわち、被相続人が死亡した時に相続人が日本において住所を有しているか否かが、課税財産を決める大きな判断基準となります。

韓国においては、被相続人が死亡時に韓国内に住所（又は183日以上の居所）を有していれば、相続財産の全部に対して相続税を課することとなっています（韓相法1①一）。

韓国においては、被相続人を課税対象とする遺産課税方式であり、一方日本は、相続人を課税対象者とする遺産取得課税方式を採っています。

このように日本と韓国は課税対象者を異にしていることから、被相続人と相続人がそれぞれ住所を異にしている場合、課税衝突（二重課税）は生じないと考えられがちですが、はたして実態はどうなのでしょうか。

例えば、韓国相続税の規定でみると、被相続人が死亡時韓国に住所が、

となります。そこで日本相続税の規定をみてみると、相続人の住所が被相続人の死亡時に日本に、

となります。被相続人の住所、相続人の住所の所在地国によっては、全世界相続財産課税に該当した場合に、申告時において二重課税の調整（外国課税控除）を行うこととなります。

更に、日本相続税の規定を個々に検討すると、被相続人が死亡時に韓国に住所を有してい

るが、当該被相続人が相続発生時10年以内に日本に住所を有していた場合には相続人が相続発生時に日本国内に住所がなくとも、そして10年以内に日本での住所の有無にかかわらず、相続人は日本において非居住無制限納税義務者になります（相続人が日本国籍を有しない場合には経過措置があります。）。

【例示】日本における非居住無制限納税義務者該当例

被相続人　死亡時	相続人　相続時
韓国に住所（又は183日以上の居所）あり（死亡前10年以内に日本に住所を有していたことがある）	日本に住所なし（10年以内に住所の有無及び日本国籍の有無にかかわらず）
韓国に住所（又は183日以上の居所）あり（死亡前10年以内に日本に住所を有していない）	日本国籍あり（10年以内に住所あり）
被相続人＝韓国で無制限納税義務者	相続人＝日本で非居住無制限納税義務者

　以上のとおり、「住所が、いつどこにあったか」の判断が被相続人の死亡時のみならず、死亡時前10年間においても重要となってきます。

2　日韓相続税法上の住所規定の違い

　韓国相続法第1条（相続税課税対象）第1項第1号において「国内に住所を置いたり（若しくは）183日以上居所を置く者が死亡した場合には、居住者の全ての相続財産」と規定しているのに対し、日本相続税法では「住所を有する者」と規定していることから、韓国相続税法は183日居所概念を取り入れており、その分、無制限納税義務者の対象範囲を日本の規定より拡大しているものといえます。

　日本所得税法では、居所がある場合には居住者として扱われているものの、相続税法では「相続若しくは遺贈又は贈与により財産を取得した者で当該財産を取得した時において法施行地に居所を有していても居住無制限納税義務者に該当しないのであるから留意する」と規定し、相続税法上「居所」概念を取り入れていません（日相基通1の3、1の4共4）。

(注)1　所得税法で規定するところの、納税義務者の住所判定における推定規定（日所令14、15）も相続税法上取り入れていません。

　　　しかしながら韓国相続税法では、第1条第2項で「住所・居住と居住者・非居住者の定義等に関して必要な事項は大統領令で定める」とし、施行令等で別途規定しています。

(注)2　183日以上居所を置く場合の取扱いについては、「Q11－2　居住者・非居住者の区分」を参照して下さい。

3　住所規定の違いからくる影響

　韓国相続税法は、「住所・居住」により制限・無制限納税義務者を判断し、日本相続税は「住所」によりそれを判断します。

　このことは、被相続人が相続開始日に日本に住所を有していても、韓国において居所を有している者と判断されると、相続人の国内住所の有無にかかわらず、全世界相続財産に対して両国での課税がされる（完全二重課税）局面があるということになります。

（参考）子女の海外留学の面倒をみるため母親が海外居住していたとしても、韓国内所得で生活していることから、母親は韓国居住者であるとの韓国判例があります。

4　普段からの対応の重要性

　一般的に、日・韓相続税問題として、被相続人が韓国居住者で相続人が日本居住者であれば、両国間で完全二重課税が発生するといわれていますが、以上の検討のとおり、それ以外のパターンでも完全二重課税は発生することとなります。普段からの相続税対応が重要ではないかと考えます。

【例】被相続人は日本に住所を有しているが、韓国で183日以上居所を置いている場合で、相続財産が日韓両国にある場合

（韓国）被相続人は死亡当時、韓国に183日以上の居所を有していることから、無制限納税義務者として、日本、韓国双方にある相続財産について韓国で相続税申告が必要です。
（日本）相続人は日本に住所を有し、居住無制限納税義務者として、日本、韓国双方にある相続財産について日本で相続税申告が必要です。
（二重課税の調整）被相続人、相続人とも無制限納税義務者に該当しますので、外国税額控除による納税額の調整が必要です。

（参考１）日本における相続税法上の住所概念
(1)　日本相続税法上は「住所」を定義していませんので、借用概念（民法規定の借用）とされています。

(2)　日本民法第22条は「生活の本拠をその者の住所とする」と、第23条では「住所が知れない場合には、居所を住所とみなす」と規定しています。つまり民法上は、住所が知れない場合には、居所も住所とみなされるということになりますが、相続税基本通達１の３、１の４共－４で「法施行地に居所を有していても居住無制限納税義務者に該当しない」とありますので、相続税法上の住所概念には民法第22条は適用されないと理解されますが、「居所を住所とみなす」との民法規定との調整をどう理解するのかといった点が残ります。

(3)　日本相続税基本通達１の３、１の４共－５において「法に規定する「住所」とは各人の生活の本拠をいうのであるが、その生活の本拠であるかどうかは、客観的事実によって判定するものとする。この場合において、同一人について同時に法施行地に二箇所以上の住所はないものとする」と規定しており、①住所は生活の本拠をいい、②客観的事実によって判断することとなり、③法施行地内では住所は１か所ということですので、法施行地以

外に住所がある場合もありうるともいえます。このことは、韓国相続税法上、韓国内に住所（又は居所）があるとの判断の余地を残しているともいえます。

(4) 日本所得税法上の居住・非居住の客観的な判断に当たって筆者が調査事例で当面した、検討された事項及び資料について列挙すると次のとおりです。
① 戸籍・国籍
② 住民票（日本・韓国）
③ 韓国住民登録番号
④ パスポートからの出入国記録（滞在期間）
⑤ 住居の有無（居住用不動産の所有の有無）
⑥ 生活用水道・光熱費等の使用状況
⑦ 親族・特に扶養親族・父母・子供の居住国及び扶養の状況
⑧ 職業（国内・国外の仕事の比重）
⑨ 生活用品の取得状況
⑩ 国内資産の所有状況
⑪ 国外資産の所有状況
⑫ 永住権の有無と永住権の申請理由

（参考２）韓国における相続税法上の住所概念

韓国相続税法第１条で「居住者とされる者は韓国に住所もしくは183日以上居所を置く者」とされています。これを受け、大統領令（施行令）第１条では、「住所と居所に対しては所得税法施行令第２条、第４条第１項及び第２項の規定によるとし、居住者が２ヵ所以上の住所地を置いている場合には住民登録法の規定によって登録された所を住所地とする」と規定しています。

日本の相続税法上の住所は所得税法上の規定を引用していないところ、韓国相続税法上の住所規定は所得税法上の規定を引用し、居所概念も含めているところに違いがあります。

なお、韓国所得税法上の住所概念は、韓国民法の住所規定（法18～21）の借用概念ではないと、韓国国税庁が主張している裁判例があります。

> メモ
> ・住民基本台帳法の改正による非居住外国人に対する住民税課税の影響は？
> 　住民基本台帳法の一部を改正する法律が平成24年７月９日から施行され、これに伴い「外国人等に対する個人住民税の取扱い」（昭和41年5月31日自治府第54号）が廃止されました。
> 　この結果、賦課期日（１月１日）において住民基本台帳に記録されているものについては、外国人で所得税法上非居住者に該当する者であっても、規定上、住民税の納付義務が生じることとなると考えます。
> 　そこで、日韓租税条約における対象税目に、第２条で「住民税」を含むと規定されています。このことは、住民税についても二重居住者としての振り分けを規定の適用場面があるということになります。しかし、実務上は、所得税法上の非居住者であるとしても、住民登録していることから、住所があるとして住民税を課すのが地方税当局の基本方針とみられます。住民税も非居住者扱いになるためには地方税当局との協議が必要となる場面もあるかと考え

ます。
(注) 住民基本台帳制度の住民登録の対象となる外国人住民は、日本の国籍を有しない者のうち、次の４つの区分のいずれかに該当するものであって、市町村の区域内に住所を有するものです。
　① 中長期在留者
　② 特別永住者
　③ 一時庇護許可者又は仮滞在許可者
　④ 出生による経過滞在者又は国籍喪失による経過滞在者

Q9　日韓相続税法上の双方居住者の取扱い

所得税法上、日本・韓国の双方居住者と認められる場合にいずれの国の居住者とするのか、判断する規定がありますが、相続税法上もそのような規定があるのでしょうか？

A

　各国の国内税法における居住者についての規定の仕方により、同一の者が同時に双方の国の居住者とされる場合があります。これを「双方居住者」（韓国では「二重居住者」と定義しています。）と呼んでいますが、この場合には、租税条約等に基づいていずれの国の居住者になるかを振り分けることになります。

　この双方居住者の規定は、所得税法上の規定であり相続税・贈与税法には適用がありません。また、日韓相続税条約も締結されていません。

　日韓相続税法上の居住者（無制限納税義務者）の規定は、韓国は被相続人を対象（遺産課税方式）とし、日本は相続人を対象（遺産取得課税方式）としていますので、同一者に係る双方居住者の問題は原則的には生じないといえます。

　しかし、課税範対象囲についてみると、日本相続税法が相続人の居住無制限納税義務及び非居住無制限納税義務者のカテゴリーを設け、その中で、被相続人が、死亡時国外に居住していても相続開始前10年以内のいずれかの時において国内に住所を有していたことがある場合には、相続人が国内に住所を有している場合は無論、相続人が国内に住所を有していない場合であっても、10年以内に日本に住所があった場合には、無制限納税義務に当たるとしています。

　このことは、被相続人の居住地国を相続税課税範囲の判定要素にしているとみることもでき、被相続人の過去の住所が国内にあったのかどうかが、相続人が無制限納税義務者に当たるのか、制限納税義務者に当たるのかを判断する大きなファクターになると考えます。

　更に、平成29年4月1日からの相続については、被相続人又は相続人が国内に住所を有していても、短期滞在の外国人（外国人被相続人、非居住被相続人、一時居住者等で定義）に該当すれば制限納税義務者に該当するとの改正があり、課税対象範囲の判断には一層複雑化してきています。

　しかし、このような二重課税の局面を政府間で協議する規定はなく、日韓相続税条約も締結されていませんので、二重課税が発生した場合の相手方で課税された相続税相当額の調整は専ら外国税額控除で調整する方法しかないものと考えます。

　この意味からも、国際相続税における外国税額控除制度は双方居住者に係る二重課税を調整する受け皿として重要な項目になっているといえますが、具体的な控除対象とする外国税額計算に当たって、相手国での納税額を単に対象としてよいのか、課税標準をどう調整するのかといった点についての細部の調整方法の規定がありませんし、両国間での税の調整機能を持つ租税条約の締結もありません。

　なお、現在、相続税・贈与税についての税務条約が締結されているのは、日米間のみです。

(注)1 韓国所得税法上の居所183日の計算は、「1課税期間において」と規定（韓所法令4）しているところ、日本所得税法上の居所の1年以上については、韓国のような規定がなく、2課税期間にまたがって計算される点にも留意が必要です。

(注)2 例えば、韓国居住日数が135日、日本居住日数が230日とすると、所得税法上、双方非居住者に該当するのではないかと指摘する実務家もいます。しかしこの場合は、租税条約に基づいて、居住地国を定めることになると筆者は考えます（租税条約の適用対象者範囲は居住対非居住者、双方居住者とされていると解されています。）。

（参考）被相続人及び相続人の居住形態別の日韓における相続税課税発生基本的パターン

	無制限・制限の区分	被相続人・相続人の居住区分			無制限・制限の区分	
		韓国居住	パターン	日本居住		
韓国税法	無	被相続人	1	相続人	無	日本税法
	無	被相続人 相続人	2	－	制	
	制	相続人	3	被相続人	制	
	制	－	4	被相続人 相続人	無	

パターン1：日本と韓国において相互に全世界財産に対して課税するので完全二重課税が発生するパターン。

パターン2：日本では日本国内財産のみについて課税するが、韓国では全世界財産について課税するので部分的に二重課税が発生するパターン。

パターン3：日本・韓国でそれぞれに自国内に所在する財産に課税することで完結するパターン。

パターン4：韓国では韓国内財産のみについて課税するが、日本では全世界財産について課税するので部分的に二重課税が発生するパターン。

(注) 本図は、基本パターンを基にしており、10年以内の住所の有無、短期滞在の外国人（外国人被相続人、非居住被相続人、一時居住者）及び国籍の有無については考慮していません。

Q10　相続開始日

韓国相続税法は、遺産課税方式を採っているとのことですが、このことで相続開始日に日本と違いがあるのでしょうか？

A

　相続開始日は、被相続人を対象として判断しますので、このことの遺産課税方式、遺産取得課税方式による違いはありません。

　韓国相続税法で規定されている相続開始日とは、被相続人が死亡した瞬間が死亡開始の時期、即ち相続開始日となります。

　相続開始の時期を発生原因別に掲げると次のとおりです。
① 自然的死亡：実際に死亡した事実が発生する時点（推定効力）
② 認定死亡：家族関係登録簿に記載された死亡の年、月、日、時（推定効力）
③ 失踪宣告：失踪宣告日（みなし効力）
④ 不在宣告：宣告日（みなし効力）
⑤ 同時死亡：2人以上が同一危難で死亡時、同時死亡と推定（推定効力）

　韓国民法の失踪宣告による相続開始時点は失踪期間満了日です（韓民28）。普通失踪の場合の満了日は失踪日（最後の消息日）から5年、特別失踪（船舶、航空機事故等）の場合の満了日は危難発生日から1年をいいます（韓民27）。韓国相続税法では民法規定による満了日を相続開始時点とすると、国税賦課除斥期間（15年等）が経過して相続税課税が出来ない事例が発生するために、民法とは異なり失踪宣告日を死亡日（相続開始日）とみます（韓相税2②）。

　日本民法での相続開始の時期は、人が現実に死亡した瞬間が死亡したとみなされる時です。自然死亡の場合は、現実に死亡事実が発生した時（戸籍簿に記載された死亡日時）をいい、擬制死亡（失踪宣告）の場合は、普通失踪は7年間の失踪期間満了の時をいい、危難失踪（特別失踪）は危難の去った時を相続開始の時期とされます。

　韓国における相続開始日と日本における相続開始日の差は、普通失踪にあらわれています。韓国民法は失踪日から5年間、日本民法は7年間となっていますし、また、相続税法上の相続開始日は、韓国は失踪宣告日、日本は失踪期間満了時となっています。このことは、期間の差によって韓国では相続が発生しているが、日本では未だ発生していない場面や、日本では失踪期間満了で相続が発生しているが韓国では失踪宣告が未手続で相続が発生していない場面の事例も生じることを意味しています。相続税の申告時期、外国（納付）税額控除及び除斥期間の適用関係に差異の問題が生じるものと考えます。

（参考）韓国の失踪宣告による民法上の相続開始日と、相続税法上の相続開始日
(1) 事実関係
  ① 2010.5.1　行方不明
  ② 2018.9.1　失踪宣告の申請
  ③ 2021.3.1　失踪宣告
(2) 民法上の相続開始日　　2015.5.1
(3) 相続税法上の相続開始日　　2021.3.1

相続税法編

Q11 相続税納付義務

韓国相続税法は遺産課税方式を採っているとのことですが、とすると納税義務者は被相続人になるのでしょうか？ それとも、遺産取得課税方式と同様に相続人になるのでしょうか？

A

韓国相続税法は遺産課税方式を採っていますが、相続税を納付する者は相続人となっています。そのためか韓国相続税法上の規定は、相続人を納税義務者と規定せずに納付義務者と規定しています（もっとも、納税義務者も納付義務者と同義に解すると理解されています。）。

韓国相続税法では、相続人若しくは受遺者は賦課された相続税に対して相続財産（合算対象贈与財産と推定相続財産を含みます。）中、それぞれが受けた若しくは受けることになる財産を基準として計算した占有比率により相続税を納付する義務があります。

特別縁故者及び受遺者が営利法人である場合には、その営利法人が納付する相続税は免除されて、その営利法人の株主又は出資者中相続人とその直系卑属がいる場合には、その持分相当額を、その相続人及び直系卑属が納付する義務があります。

また、日本と同様に連帯納付義務制度があります。この場合の連帯納付義務は、相続人又は受遺者それぞれが受けた又は受ける財産（資産総額－負債総額－相続税額）を限度として連帯して納付する義務を負います。

(1) 相続税納付義務者の区分

相続税納付義務者を区分して示すと、次のとおりです（韓相法3の2）。

① 相続によって財産を取得した相続人（民法上の相続順位による相続人、代襲相続人、被相続人の配偶者、胎児など）
② 相続放棄した相続人

　相続放棄した相続人は相続税納付義務がありません。しかし、韓国相続税法では相続放棄した相続人であっても、相続開始前10年以内に被相続人から贈与を受けた財産があったり支出先不分明として推定相続財産がある場合には、相続税納付義務及び連帯納税義務があります（韓相法3の2）。
③ 民法上の特別縁故者

　韓国民法によれば、相続権を主張する者が存在しない時には、被相続人と生計を同じくしていた者、被相続人の療養看護をした者、その他被相続人と特別な縁故があった者等の請求により相続財産の全部又は一部を分与することができます。
④ 遺贈・死因贈与を受けた者
⑤ 贈与債務の履行中に贈与者が死亡した場合の、その贈与財産を取得した者（韓相法2一）
⑥ 遺言代用信託及び受益者連続信託によって信託の受益権を取得した者（韓相法2五）
⑦ 営利法人に遺贈等をする場合で、相続人とその直系卑属が営利法人の株主である場合、

その相続人及び直系卑属

　2014年以降は、遺贈又は死因贈与分からは遺贈等営利法人を利用した変則相続に対して課税を強化するために特別縁故者又は受遺者が営利法人を営む場合で、その営利法人の株主又は出資者中、相続人とその直系卑属がいる場合にはその持分相当額を、その相続人と直系卑属が納付する義務があります。

　非営利法人が相続財産の遺贈を受けた場合には、その遺贈を受けた財産の範囲内で相続税納付義務を負います（韓相法4の2⑦）。ただし、公益法人等（韓相令12）に該当すれば、遺贈を受けた相続財産の価額に対しては、相続税課税価額から除外します。

　日本相続税法における納税義務者は、相続人（相続時精算課税の適用を受けた者を含みます。）、個人とみなされる人格のない社団等及び持分の定めのない法人などとされています。

> **メモ**
>
> 　韓国では、相続を放棄した相続人であっても相続開始前に贈与を受けた者については相続税の納付義務者としていますが、日本の相続税法では、「相続又は遺贈によって財産を取得した人が、その相続の開始前3年以内にその相続に係る被相続人から贈与により財産を取得したことがある場合には」（日相法19）とありますので、相続放棄した者に係る贈与3年加算制度は適用されないと解されますので、相続税の納税義務は発生しないと考えます。この点が韓国相続税法との規定の違いといえます。
>
> 　このことは、日本居住相続人で相続放棄者に対して韓国で相続税が課されたとしても、日本での相続税の納税が発生していないので、韓国相続税相当額の外国納付税額控除制度は適用ないと考えます。

4 相続税の課税対象範囲

Q12 居住者、非居住者の違いによる日韓相続税の課税対象範囲の相違点

韓国相続税法は遺産課税方式を採っているとのことで納税義務者となる被相続人が、韓国居住者か、非居住者かによって、相続税の課税対象範囲が違ってくるとのことですが（Q7）、居住者、非居住者の区分規定及び課税対象範囲の違いについて、日本の相続税法上の取扱い及び差異についても併せて説明願います。

A

相続税の課税対象範囲については、相続税の課税対象となる者（韓国では被相続人、日本では相続人）が被相続人の死亡時に住所（韓国は居住を含みます。）を日本と韓国のどちらの国に置いているかによって、それぞれの国で無制限納税義務者（全世界にある財産が課税対象）となるか制限納税義務者（その国に所在する財産に限って課税対象）となるかに分かれます。

相続の遺産分割は、それぞれの国の民法に準拠しますが、税金の計算は納税義務者（被相続人、相続人）の住所地所在地国の税法の規定によって計算することになります。

以下、理解しやすいように住所（又は居所）を有する者を居住者、住所（又は居所）のない者を非居住者と区分表現して解説します。

Q12－2 居住者・非居住者の区分

韓国相続税は、被相続人が居住者であれば無制限納税義務者に、非居住者であれば制限納税義務者になります。

1　居住者と非居住者の判断

居住者とは、住所を置いたり183日以上居所を置いた者をいい、非居住者とは、居住者でない者をいいます。

住所は国内で生計を同じくする家族及び国内に所在する資産の有無等生活関係事実を総合して判断します。

ただし、非居住者が韓国内の永住を目的に帰国し、韓国内で死亡した場合には、居住者として扱われます。

※　永住帰国の申告及び永住帰国確認書の発給が必要です（「海外移住法」第12条及び同法施行令第13条）。

2　非居住者の要件

「相続税及び贈与税法」第2条による「居住者」とは、相続開始日現在国内に住所を置い

たり、183日以上居所を置いた者をいい、「非居住者」とは、居住者でない者をいいます。
　この場合、住所は、国内に生計を同じくする家族及び国内に所在する資産の有無等生活関係の客観的事実により判断することで、国外に居住又は勤務する者が外国国籍を持ったり、外国法令によってその外国の永住権を受けた者で国内に生計を同じくする家族がなく、その職業及び資産状態に照らして再び入国して主に国内に居住するであろうと認定されない場合等には、国内に住所がないものとみます。これに該当するかどうかは具体的な事実を確認して判断することになります。

　日本は、所得税法上は住所・居所の規定はありますが、相続税・贈与税法上は住所規定のみとなっています。しかし、住所は民法の住所規定の借用概念とされていることからすると民法上住所とみなされる居所概念も税法上の住所の範囲内と解することができます。
　なお、韓国相続税法（所得税法）上の住所概念は、税法独自の概念であり民法上の住所規定の借用概念ではないと裁判上での主張もあります。

（参考1）国内に居所を置いた個人の一時的出国期間
　国内に居所を置いていた個人が出国後、再び入国した場合に、生計を同じくする家族の居住地や資産の所在地等に照らして、その出国目的が観光、疾病の治療等で明白に一時的であるものと認定される時には、その出国した期間も国内に居所を置いた期間として見ます（韓所令4②）。

（参考2）日本に居住する韓国人の韓国への一時的入国期間
　この取扱いについては、「Q7　相続税課税対象範囲の区分（参考1）」を参照して下さい。

　日本相続税は、相続人が居住者であれば無制限納税義務者に、非居住者であれば無制限と制限納税義務者の2つに区分されるといった点を異にしています。なお、2017年改正後は短期滞在の外国人に係る居住制限納税義務者の規定が入りました。
　韓国税法及び日本税法の居住者・非居住者区分と、それによる課税範囲の相違は、次表のとおりです。

	韓国相続税法	被相続人が判定の対象者	日本相続税法	相続人が判定の対象者※4
居住者	国内に住所を置き、若しくは183日以上居所を置く者（韓相法1①一）		財産を取得した時において国内に住所を有する者（日相法1の3一）	
			居住無制限納税義務者	
			居住制限納税義務者※1	
非居住者	居住者でない者（韓相法1①二）		非居住無制限納税義務者※2	
			非居住制限納税義務者※3	

※1　出入国管理及び難民認定法別表第1の在留資格の者で、過去15年以内において日本国内に住所を有していた期間の合計が10年以下の者
※2　日本国籍を有する個人で財産を取得した時において国内に住所を有しない者（その者

（相続人）又は被相続人が相続開始前10年以内のいずれかの時において国内に住所を有していたことがある場合に限ります。）

※3 財産を取得した時において国内に住所を有しない者（非居住無制限納税義務者を除きます。）

※4 被相続人も判定の対象者となります。

Q12－3　韓国所得税法上の住所及び居住者規定

韓国相続税法での居住者規定は、所得税法の規定を準用しており、住所のみならず居所概念も含まれる点が日本の相続税法が住所と規定しているところと異なります。

① 韓国相続税法第2条第8号で規定する「居住者」とは、国内に住所を有する者若しくは183日以上居所を有している者をいいます。「非居住者」とは、居住者でない者をいいます。

その上で、住所と居所の判定は、韓国所得税法施行令第2条で規定し、「居住者」「非居住者」の判定については、所得税法施行令第2条の2及び第3条で規定し、居住期間の計算は同令第4条で規定しています。なお、非居住者が国内に永住する目的で帰国して、国内で死亡した場合には、居住者とみます。

(注) 韓国所得税法上においても、居住者の範囲の中に「非永住者」の概念がありますが、その規定は所得税法第1条の2（定義）ではなく、第3条（課税所得の範囲）で規定しています。日本の規定と同様に、外国人（韓国国籍を有しない者）に対する規定となっています。

○ 韓国所得税法施行令

条	規定の内容
第2条 （住所と居所の判定）	① 住所は、国内で生計を一にする家族及び国内に所在する資産の有無等生活関係の客観的事実により判定する。 ② 居所は、住所地以外の場所中相当期間にわたって居住する場所で、住所と同様に密接な一般的生活関係が形成されていない場所をいう。 ③ 国内に居住する個人が次の各号のいずれか一に該当する場合には、国内に住所があることと見る。 　1．継続して183日以上国内に居住することを通常必要とする職業を持つ時 　2．国内に生計を一にする家族がいて、その職業及び資産状態に照らして継続して183日以上国内に居住するものと認められる時 ④ 国外に居住又は勤務する者が外国国籍を持っているとか外国法令によってその外国の永住権を受けた者で国内に生計を同じくする家族がなく、その職業及び資産状態に照らして再び入国して主に国内に居住すると認められない時には、国内に住所がないものと見る。 ⑤ 省略

第2条の2 （居住者又は非居住者になる時期）	① 非居住者が居住者となる時期は、次の各号の時期とする。 　1．国内に住所を置いた日 　2．第2条第3項及び第5項により国内に住所を持ったり国内に住所があるものと見る事由が発生した日 　3．国内に居住所を置いた期間が183日になる日 ② 居住者が非居住者になる時期は、次の各号の時期とする。 　1．居住者が住所又は居所の国外移転によって出国する日の次の日 　2．第2条第4項及び第5項により国内に住所がないとか国外に住所があるものと見る事由が発生した日の次の日
第3条 （海外現地法人等の役職員等に対する居住者判定）	居住者や内国法人の国外事業場又は海外現地法人（内国法人が発行株式総数又は出資持分の100分の100を直接又は間接に出資した場合に限定する）等に派遣された役員又は職員や、国外で勤務する公務員は、居住者と見る。
第4条 （居住期間の計算）	① 国内に居所を置いた期間は入国する日の次の日から出国する日までとする。 ② 国内に居所を置いていた個人が出国後再び入国した場合に、生計を一にする家族の居住地や資産所在地等に照らしてその出国目的が観光、疾病の治療等で、明白に一時的であるものと認定される時には、その出国した期間も国内に居所を置いた期間と見る。 ③ 国内に居所を置いた期間が1課税期間において183日以上ある場合には、国内に居所を置いたものと見る。 　（注）2018年改正前は、2課税期間183日以上でした。 ④ 「在外同胞の出入国と法的地位に関する法律」第2条による在外同胞が入国した場合、生計を一にする家族の居住地や資産所在地等に照らして、その入国目的が観光、疾病の治療等企画財政部令で定める事由に該当して、その入国した期間が明白に一時的であるものと認められる時には、該当期間は国内に居所を置いた期間とみない。

※ 筆者は、「この規定で日本の無制限納税義務者の判定と衝突が起きるのが第3条カッコ書きである」と従前から考えてきました。

即ち、韓国親会社が100％出資した日本子会社に韓国から派遣されて勤務する役員及び社員は、たとえ日本に住所を有していたとしても（日本での無制限納税義務者）、すべからく韓国居住者（無制限納税義務者）と認定され、韓国居住時に築いた財産も日本と韓国で相続税が課税されることになるからです。

このような二重課税を調整する上からも、早期の日韓相続税条約の締結が望まれると主張してきましたが、2017年の日本相続税法改正により、短期滞在の外国人に係る居住制限納税義務者（過去15年以内において日本国内に住所を有していた期間の合計が10年以下の者）が設けられました。この規定によって韓国からの派遣者（Expats、エクスパッツ）に係る韓国所在財産についての相続税は課税されず、相続税の二重課税は解消されるものと考えます（無論、日本国内所在の被相続人に係る相続財産は課税対象となりますが。）。

② 日本所得税法上は、住所とは各人の生活の本拠をいいますが、本拠であるかどうかは客観的事実によって判定することとしています（日相基通1の3・1の4共－5《「住所」の意義》）。また、所得税法上では居住者に該当する者として「現在まで引き続き1年以上居所を有する個人」とありますが、相続税法ではこの居所規定がありません。しかし、住所は民法の住所規定の借用概念とすると、「居所を住所とみなす」との民法規定もあり、居住概念も住所に含まれる場面があると考えます。

③ 日本及び韓国の所得税法では、居住者を、永住者、非永住者に区分して課税対象を定めています。日本及び韓国の相続税法は所得の源泉がどこなのかといったことは課税に影響しませんので、死亡時における被相続人．相続人の住所によって、居住者・非居住者の2区分で課税対象範囲（無制限・制限）を定めているものと考えます。

○日本所得税法における居住者・非居住者の区分（日所法2）

区分		定義	課税対象範囲
居住者	永住者	○国内に住所を有する個人 ○現在まで引き続き1年以上居所を有する個人	○全ての所得（全世界所得）
	非永住者	○日本の国籍を有しておらず、かつ、過去10年以内において国内に住所又は居所を有していた期間の合計が5年以下である個人	○国外源泉所得以外の所得 ○国外源泉所得（国内払、国内送金分に限る）
非居住者		○居住者以外の個人	○国内源泉所得のみ

㊟ 韓国所得税法も、上表と同様な区分、定義、課税対象範囲となっています。
　異なる点は、非永住者について外国人と規定し、「国籍に触れていないこと」、これは韓国が二重国籍を認めている所以かと、更に期間計算が「当該課税期間終了日10年前から」となっており、日本との期間計算とその方法を異にしている点です。

（参考）韓国における居住者、非居住者の判定事例
1　調審2021．ソ6881．2023.1.5
　①　請求人は、2009.2から現在まで、日本プロ○○チームに入団して日本で居住中
　②　請求人の韓国国内居住可否
　　請求人の職業は日本において、職業及び資産状態で見ても韓国内に183日以上居住するものと認定されないと見ることができ、㋑請求人が外国国籍をもったり永住権を持っていない点、㋺日本でプロ○○選手として生活する前は、韓国で両親、姉と一緒に生活していて、結婚後にも2020年まで韓国内住民登録を置いていた点、㋩韓国内不動産を多数所有していて、2021年に不動産を追加購入した点、㊁課税期間中に日本で獲得した所得の大部分を韓国内の本人口座に送金した点等を理由に挙げて、韓国国内に住所を置いていた個人として、居住者と判断した。
　③　請求人の韓日租税条約上の居住者地位
　　請求人は、日本でプロ○○選手生活を営んでいる中にも、㋑韓国内両親と妻の居住地

相続税法編

に住所を置いている点、㋺韓国内に多数の不動産を保有して恒久的住居を持っていることと見られる点、㋩婚姻後、配偶者と子女もまた韓国内に居住を継続して、日本に居住していない事実、㈡日本で獲得した所得の大部分を韓国内請求人の口座に送金して、日本所在預金口座には比較的少ない金額が預金されている点等を理由に挙げて、請求人の恒久的住所が韓国にあって、重大な利害関係の中心地もまた韓国内と判断した。

2　調審2016.ソ3830.2017.1.9
　①　請求人は日本に居住しており、日本永住権を取得していて、韓国国内で不動産賃貸業を営んでいる。
　②　処分庁の主張
　　　請求人は1995年に婚姻した後、2015年まで総合所得税申告及び2015年譲渡所得税を居住者の地位で遂行していて、国内で多数の不動産を保有し、2013年から不動産賃貸業を営んで経常所得が発生したという点を挙げて、韓国居住者と主張した。
　③　請求人の韓国居住の当否
　　　請求人は、韓国国内で両親と同一世帯を築いて住民登録を維持していて、本人所有の不動産を利用して不動産賃貸業を営み、日本永住権者として配偶者及び子女と一緒に住所を置き、4つの法人を運用しているので、韓国日本両国内居住者と判明した。
　③　請求人の韓日租税条約の地位
　　　請求人は、㋑日本永住権を受けた者として配偶者及び子女全て日本に居住しており、韓国国内に生活を同じくしている家族はいない、㋺日本で不動産関連法人を営み、継続して1年以上居住することを要する職業を持っていることと見ることができ、㋩請求人の大部分の所得が日本で発生している、㈡本人及び配偶者、子女などもまた韓国国内在留期間が基準期間内183日以下という点などを根拠として、請求人の個人的及び経済的生活関係が形成される国家を日本と判断した。

Q12-4　日韓相続税の課税対象財産の範囲

　相続人、被相続人の居住形態による課税対象財産の範囲について図示しますと、次図のとおりです。
　日本の相続税法は基本的に相続人を基準として課税対象の財産の範囲を判定しますので、課税逃れ防止のため判定要素が年々複雑化・精緻化していますが、韓国は被相続人を基準としますので、シンプルといえましょう。

○日韓相続税における課税対象財産（納税義務）の範囲
（韓国は遺産課税方式、日本は遺産取得者課税方式を採っています。）

韓国相続税法			日本相続税法						
		相続人\被相続人	被相続人\相続人		国内に住所あり		国内に住所なし		
						一時居住者 (在留資格があり15年以内で国内住所が10年以下)	日本国籍あり		日本国籍なし
国外に居住※1	国内に居住※1						10年以内に国内に住所あり	10年以内に国内に住所なし	
国内財産のみ課税	国外に居住※1		国内に住所あり		◎	◎	○	○	○
			在留資格あり	外国人被相続人※2	◎	△	○	△	△
国内財産・国外財産ともに課税	国内に居住※1		国内に住所なし	10年以内に国内に住所あり	◎	◎	○	○	○ 経過措置※4 (非居住外国人)
				非居住被相続人※3 ＝（国籍なし）	◎	△	○	△	△
				10年以内に国内に住所なし	◎	△	○	△	△
				非居住被相続人で10年以内に国内に住所なし	◎	△	○	△	△

【凡例】
◎：居住無制限納税義務者＝国内・国外ともに課税
○：非居住無制限納税義務者＝国内・国外財産ともに課税
△：居住制限納税義務者＝国内財産のみ課税
△：非居住制限納税義務者＝国内財産のみ課税

※1　居住……住所若しくは183日以上居所を置くものをいいます。
※2　外国人被相続人……相続開始の時において在留資格を有し、かつ、国内に住所を有していたその相続に係る被相続人であるもの（相法1の3③二）
※3　非居住被相続人……相続開始の時において国内に住所を有していなかったその相続に係る被相続人であって、その相続開始前10年以内のいずれかの時において国内に住所を有していたことがあるもののうち、そのいずれかの時において日本国籍を有していなかったもの（相法1の3③三）
※4　経過措置……平成29年4月1日から令和4年3月31日までの間に非居住外国人（平成29年4月1日から相続の時までにおいて引き続き国内に住所がなく日本国籍がない者）から相続等により財産を取得した時において、相続人等が国内に住所がなく日本国籍がない場合には非居住制限納税義務者となります（平成29年改正法附則31②）。

Q12-5　外国人居住者に係る相続税の取扱い

1　日本国内勤務外国人出向者（日本派遣者）に係る相続税の取扱い

　日本の相続税課税制度は遺産取得課税制度を採っており、相続人が納税義務者となります。
　例えば、日本企業に出向してきている外国人派遣者の尊属が、本国でお亡くなりになった場合にも外国人派遣者は相続人となります。課税対象相続財産の範囲は、被相続人（本人）及び相続人が日本に居住していた期間及び在留資格によって、全世界相続財産（例えば、被相続人の本国所在相続財産プラス日本国内所在相続財産）が課税対象となるのか、日本国内所在相続財産が課税対象となるのか異なってきます（前者を無制限納税義務者、後者を制限納税義務者といいます。）

○　相続税の課税対象範囲規定
　前ページに日本の相続税の課税対象範囲図を示しています。
　その中で、外国人の在留資格及び日本居住期間の長短によって、課税対象範囲が異なります。
　例えば、①日本居住外国人が亡くなって（被相続人）、相続人が本国で居住している場合においては、相続人は非居住無制限納税義務者に該当しますが、被相続人が外国人被相続人に該当すると、本国居住相続人は非居住制限納税義務者に該当して、国内所在財産についてのみ相続税の課税対象となります。
　②本国居住外国人である父もしくは母が亡くなって（被相続人）、日本居住外国人が相続人になる場合においては居住無制限納税義務者に該当しますが、相続人が一時居住者に該当し、被相続人が非居住被相続人に該当すると、居住制限納税義務者に該当して、国内所在財産についてのみ相続税の課税対象となります。
　このように、日本の相続税の課税対象範囲を定める規定は、判断要素が相続人及び被相続人の居住の有無が関係して複雑です。

2　外国人に限って見た場合の課税対象範囲図

　令和3年4月1日以後の相続人及び被相続人とも外国人（日本国籍なし）の場合の相続税関係を前ページの表から抜き出して整理すると、次のとおりです。

相続人及び被相続人とも外国人（日本国籍なし）の場合の相続税の課税範囲図

被相続人				国内に住所あり		国内に住所なし
				一時居住者以外	一時居住者（在留資格があり15年以内で国内居住が10年以下）	
国内に住所あり	外国人被相続人	在留資格※	外	○	○	○
			該当	○	△	△
国内に住所なし	外国人被相続人	10年以内のいずれかの時に住所を有していたことがある者		○	○	○（平成29.4.1から令和4.3.31の間は国内財産のみ課税、以後は国内・国外財産ともに課税）
		そのいずれかの時においても日本国籍を有していなかった者＝非居住被相続人		○	△	△
	10年以内に国内に住所のない非居住被相続人			○	△	△

【凡例】：○　非居住無制限納税義務者＝国内・国外財産ともに課税
　　　　　△　非居住制限納税義務者＝国内財産のみ課税

※　在留資格とは、外国人が日本に滞在し、活動をするために必要となる資格のことで、出入国管理及び難民認定法別表第一に、職能ごとに次の五つに区分され、規定されています。

出入国管理及び難民認定法別表第一

区分	在留資格
一	外交、公用、教授、芸術、宗教、報道
二	高度専門職、経営・管理、法律・会計業務、医療、研究、教育、技術・人文知識・国際業務、企業内転勤、介護、興業、技能、特定技能、技能実習
三	文化活動、短期滞在
四	留学、研修、家族滞在
五	特定活動

　日本企業に派遣された者（エクスパッツ）の多くは出入国管理及び難民認定法による「企業内転勤」によるものと思われます。「企業内転勤」による在留期間は原則5年以内ですので、エクスパッツの方々は「一時居住者」に該当するものと思われます。

　エクスパッツの存続が被相続人ですと、ほとんどの被相続人は10年以内に日本国内に住所のない者に該当するかと思われます。ただし、被相続人が日本で不動産を所有していたのであれば、相続税の課税は発生します。

次に、エクスパッツ自身が被相続人になった場合には、外国人被相続人で在留資格ありですので、直系卑属がエクスパッツと共に日本で居住していたとしても一時居住者に該当し、日本国内所在財産に対してのみ相続税の課税対象となります。

3　二重課税の調整

相続税の日本での申告に当たって、本国においても相続税が課された場合、日本と本国での同一相続財産に対しての二重課税となり、この二前課税を解消するために外国税額控除制度があります。

(1) 日本で無制限納税義務者の場合の外国税額控除

本国所在の相続財産に対しても日本で相続財産として課税対象となりますので、日本での申告の際に本国で課された相続税は外国税額控除をすることにより二重課税を調整します。

(2) 日本で制限納税義務者の場合の外国税額控除

日本で課税された相続税は、本国での相続税申告の際に外国税額控除をすることで、二重課税を調整することになります。

Q12-6　相続のパターン例による課税範囲の違い

相続が発生した場合、被相続人が韓国における居住者又は非居住者にあたるのか、相続人が日本における居住者又は非居住者にあたるのかによって、韓国相続税法又は日本相続税法では、無制限納税義務者となるのか、制限納税義務者になるのか適用関係が複雑です。

韓国相続税では、居住者又は非居住者の判断にあたっては、国籍がどちらの国であるのかは影響しませんが、日本相続税法の適用にあたって被相続人が国内に住所がある場合及び相続人についても国籍の有無に基づいて相続税課税対象範囲を判断する局面があり、複雑です。

【例示1】基本的なパターン例

(1) 被相続人、相続人ともに日本に居住、相続財産が日韓両国にある場合

韓国（住所）	日本（住所）	韓国相続税法	日本相続税法
財産あり	財産あり 被相続人 ｜ 相続人	○被相続人 　制限納税義務者（韓国に所在する財産が課税対象となります）	○相続人 　無制限納税義務者（韓国と日本に所在する財産が課税対象となります）

(2) 被相続人が韓国に居住し、相続人が日本に居住、相続財産が日韓両国にある場合

韓国（住所）	日本（住所）	韓国相続税法	日本相続税法
財産あり 被相続人 ────	財産あり ── 相続人	○被相続人 　無制限納税義務者（韓国と日本に所在する財産が課税対象となります）	○相続人 　無制限納税義務者（韓国と日本に所在する財産が課税対象となります）

相続税法編

(3) 被相続人が日本に居住し、相続人が韓国に居住、相続財産が日韓両国にある場合
  (a) 相続人が日本国籍を有している場合

韓国（住所）	日本（住所）	韓国相続税法	日本相続税法
財産あり 相続人 ────	財産あり ── 被相続人	○被相続人 　制限納税義務者（韓国に所在する財産が課税対象となります）	○相続人 　無制限納税義務者（韓国と日本に所在する財産が課税対象となります）

  (a') 相続人が日本国籍を有していない場合

韓国（住所）	日本（住所）	韓国相続税法	日本相続税法
財産あり 相続人 ────	財産あり ── 被相続人	○被相続人 　制限納税義務者（韓国に所在する財産が課税対象となります）	○相続人 　無制限納税義務者（韓国と日本に所在する財産が課税対象となります）

(4) 被相続人、相続人ともに韓国に居住、相続財産が日韓両国にある場合
  (a) 被相続人が10年以内に国内に住所がなく、かつ、相続人が日本国籍を有しない場合
  (a') 被相続人が10年以内に国内に住所がなく、かつ、相続人が日本国籍を有していても、10年以内に国内に住所を有していない場合

韓国（住所）	日本（住所）	韓国相続税法	日本相続税法
財産あり 被相続人 ｜ 相続人	財産あり	○被相続人 　無制限納税義務者（韓国と日本に所在する財産が課税対象となります）	○相続人 　非居住制限納税義務者（日本に所在する財産が課税対象となります）

  (b) 被相続人が10年以内に国内に住所があり、かつ、相続人が日本国籍を有しているが韓国に居住場合
  (b') 被相続人が10年以内に国内に住所があり、かつ、相続人が日本国籍を有しておらず、韓国に居住していない場合

韓国（住所）	日本（住所）	韓国相続税法	日本相続税法
財産あり 被相続人 ｜ 相続人	財産あり	○被相続人 　無制限納税義務者（韓国と日本に所在する財産が課税対象となります）	○相続人 　非居住無制限納税義務者（日本と韓国に所在する財産が課税対象となります） 　但し、(b')の場合は経過措置があります。

(5) 被相続人が日本に居住し、相続人が韓国に居住（日本国籍なし）、相続財産が韓国のみにある場合

韓国（住所）	日本（住所）	韓国相続税法	日本相続税法
財産あり 相続人 （日本国籍なし）	被相続人	○被相続人 　制限納税義務者（韓国に所在する財産が課税対象となります）	○相続人 　非居住無制限納税義務者（韓国に所在する財産が課税対象となります） (注) 非居住無制限納税義務者とされることから、韓国で課された相続税額は外国税額控除の対象となります。

(6) 被相続人が韓国に居住し、相続人が日本に居住、相続財産が韓国のみにある場合

韓国（住所）	日本（住所）	韓国相続税法	日本相続税法
財産あり 被相続人	相続人	○被相続人 　無制限納税義務者（韓国に所在する財産が課税対象となります）	○相続人 　居住無制限納税義務者（韓国に所在する財産が課税対象となります） (注) 韓国で課された相続税額は外国税額控除の対象となります。

※　H29.4.1以後に適用される相続人が一時居住者、被相続人が一時居住被相続人の場合は考慮していません。

【例示２】最近の日本相続税法改正を踏まえた例示
(1) 被相続人及び相続人とも韓国居住しているが相続人の国籍は日本である場合で、相続財産が日韓両国にある場合

韓国（住所）	日本（住所）	韓国相続税法	日本相続税法
財産あり 被相続人 ｜ 相続人 （日本国籍）	財産あり	・被相続人 　無制限納税義務者 　（韓国と日本に所在する財産が課税対象となります）	・相続人（日本国籍） ①10年以内に住所あり 　…無制限納税義務者 ②10年以内に住所なし 　Ⓐ被相続人が10年以内に日本に住所あり 　　…非居住無制限納税義務者 　Ⓑ被相続人が10年以内に日本に住所なし 　　…非居住制限納税義務者 　　（日本に所在する財産が課税対象となります）

(2) 被相続人は韓国居住（10年以内に日本に住所なし）、相続人は日本居住であるが一時居住者に該当、相続財産が日韓両国にある場合

韓国（住所）	日本（住所）	韓国相続税法	日本相続税法
財産あり 被相続人 ──────	財産あり 相続人 （一時居住者に該当）	・被相続人 　無制限納税義務者 　（韓国と日本に所在する 　財産が課税対象となり 　ます）	・相続人 　居住制限納税義務者 　（日本に所在する財産が 　課税対象となります。 　H29. 4. 1改正）

※　相続人が韓国からの日本企業への派遣者で、日本滞在中に親が亡くなった例が該当すると考えます。

(3) 被相続人は日本居住だが外国人被相続人に該当し、相続人は韓国籍で韓国居住、相続財産が日韓両国にある場合

韓国（住所）	日本（住所）	韓国相続税法	日本相続税法
財産あり 相続人 （韓国籍） ──────	財産あり 被相続人 （外国人被相続人に該当）	・被相続人 　制限納税義務者 　（韓国に所在する財産が課 　税対象となります）	・相続人 　非居住制限納税義務者 　（日本に所在する財産が 　課税対象となります） （完全分離型課税）

※　被相続人が韓国からの日本企業への派遣者で、当該本人が日本滞在中に亡くなった例が該当すると考えます。

(4) 被相続人は日本居住だが外国人被相続人に該当し、相続人も一時居住者に該当して、相続財産は日韓両国にある場合

韓国（住所）	日本（住所）	韓国相続税法	日本相続税法
財産あり	財産あり 被相続人 （外国人被相続人に該当） ｜ 相続人 （日本に住所があるが 一時居住者に該当）	・被相続人 　制限納税義務者 　（韓国に所在する財産が 　課税対象となります）	・相続人 　居住制限納税義務者 　（日本に所在する財産が 　課税対象となります）

※　親及び子がともに韓国から日本企業への派遣者である例が該当すると考えます。

(5) 被相続人は韓国居住だが、10年以内に国内に住所があり、非居住被相続人に該当し、相続人は韓国籍で韓国居住、相続財産は日韓両国にある場合

韓国（住所）	日本（住所）	韓国相続税法	日本相続税法
財産あり 被相続人 （韓国籍） ｜ 相続人 （韓国籍）	財産あり	・被相続人 　無制限納税義務者 　（韓国と日本に所在する相続財産が課税対象となります）	・相続人 　非居住制限納税義務者 　（日本に所在する財産が課税対象となります）

※　被相続人が韓国からの日本企業への派遣者で、本国に帰国後に亡くなった例が該当すると考えられます。

（注）　用語の定義は『図解　相続税・贈与税（令和5年版）』（大蔵財務協会）p.61によります。なお、用語の説明は「Q12－4　日韓相続税の課税対象財産の範囲」を参照してください。

＜韓国相続税法から見た留意点＞

　韓国相続税法上の住所規定は、韓国所得税法上の住所規定を準用しています。

　このことは、韓国法人が100％出資する日本子会社に派遣された役職員は、韓国居住者と判定されることとなります（韓所令3）。

　つまり、この規定に該当する者が日本でなくなった場合には、韓国相続税法及び贈与税法では、無制限納税義務者に当たることになります。

（図示）相続財産が日韓両国にある場合

韓国（住所）	日本（住所）	韓国相続税法	日本相続税法
財産あり 韓国住所 ありとみなす 相続人 （韓国籍）	財産あり 被相続人 （外国人被相続人 に該当）	・被相続人 　無制限納税義務者 　（韓国と日本に所在する相続財産が課税対象となります）	・相続人 　非居住制限納税義務者 　（日本に所在する財産が課税対象となります）

相続税法編

Q13　無制限納税義務者と制限納税義務者の違いによる日韓相続税法各種規定の適用の違い

被相続人又は相続人が居住者か非居住者かによって相続税の課税対象範囲を異にすることは、併せて相続税申告にあたっての各種控除等の適用範囲にも影響するのでしょうか？

A

無制限納税義務者と制限納税義務者とでは、課税対象となる相続財産の範囲が異なることについては説明しましたが、この違いは課税対象相続財産の範囲のみならず、相続税の申告にあたっての各種の控除についても差異があります。

無制限納税義務者と制限納税義務者とで、葬儀費用等の各種控除の適用に差を設けていることは、日本・韓国とも同様ですので、どのような点に違いがあるのか、韓国・日本双方の各項目について説明すると次の表のとおりです。

(1) 韓国相続税法による被相続人が無制限納税義務者と制限納税義務者である場合の各種規定の差異

区分 項目	居住者 (無制限納税義務者)	非居住者 (制限納税義務者)
①申告期限	相続開始日の属する月の月末の翌日から6か月以内 ただし、相続人全員が外国に住所のある場合には9か月以内	相続開始日の属する月の月末の翌日から6か月以内 ただし、被相続人又は相続人全員が外国に住所のある場合には9か月以内
②課税対象財産	国内外に所在する全ての相続財産	国内に所在する全ての相続財産
③（課税価額計算時控除項目） 　公租公課金	相続開始日現在被相続人が納付すべき義務がある公課金で納付されなかった額を控除	国内所在相続財産に係る公課金を控除
被相続人の葬儀費用	控除可能	控除できず
被相続人の債務	控除可能	国内所在相続財産を目的とする伝貰権、賃借権、抵当権等で担保された債務は控除
④（課税標準計算）	相続税課税価額 －全ての相続控除^注 －鑑定評価手数料 　(注) 相続控除＝人的控除＋物的控除	相続税課税価額 －基礎控除、2億W －鑑定評価手数料

相続税法編

基礎控除、配偶者 その他の人的控除 一括控除 家業相続、営農相続	控除可能	基礎控除、2億Wだけ控除可能
金融財産相続控除 同居住宅相続控除 災害損失控除	控除可能	控除できず
鑑定評価手数料	控除可能	控除可能
控除適用総合限度額	適用	適用
⑤税額控除		
贈与税額控除	控除可能	控除可能
外国納付税額控除	控除可能	控除できず
短期再相続税額控除	控除可能	控除可能
申告税額控除	控除可能	控除可能
文化財等徴収猶予	控除可能	控除可能
⑥延納・物納	可能	可能
⑦管轄税務署	住所地管轄税務署	主たる財産の所在地管轄税務署

(2) 日本相続税法による無制限納税義務者と制限納税義務者に係る各種規定の差異（参考）

区分 項目	居住無制限 納税義務者	非居住無制限 納税義務者が 国内外財産を 取得している場合	非居住無制限 納税義務者が 国外財産のみを 取得している場合	居住・非居住 制限納税義務者
①申告期限	相続開始日 10か月以内	相続開始日 10か月以内	相続開始日 10か月以内	相続開始日 10か月以内
②課税対象財産	国内外に所在する 全ての相続財産	国内外に所在する 全ての相続財産	国外相続財産	国内相続財産
③(課税価額計算 時控除金額) 公租公課金	控除	控除	控除	その財産に係る公租公課
被相続人に係る 葬儀費用	控除	控除	控除	控除できず
被相続人の債務	控除	控除	控除	相続財産を目的とする留置権、特別の先取特権、質権又は抵当権で担保される債務
④(課税標準計算) 基礎控除	控除	控除	控除	控除
配偶者の税額軽減	適用	適用	適用	適用 (日相基通19の2-1)
未成年者控除	控除	控除	控除	控除できず
障害者控除	控除	控除できず	控除できず	控除できず

（参考）日本相続税法による債務控除をすることができる者

（出典）「図解　相続税・贈与税」（令和5年版）大蔵財務協会

※1　無制限納税義務者が相続又は遺贈により取得した財産の全てについて相続税の納税義務を負うのに対し、制限納税義務者は相続又は遺贈により取得した財産のうち法施行地にあるものだけについて相続税の納税義務を負うことになっているため、制限納税義務者の債務控除については、相続税の課税される財産によって担保される債務に限られ、葬式費用の控除は認められていません。
　2　債務控除は、相続人及び包括受遺者に限って適用されることになっており、相続の放棄をした者及び相続権を失った者については適用されません。しかし、その者が被相続人の葬式費用を現実に負担した場合には、その負担した金額をその者の遺贈によって取得した財産の価額から債務控除しても差し支えないことになっています（相基通13-1）。
　3　相続人等の間で債務の承継について、負担する金額が確定していないときは、民法第900条から第902条までの規定による相続分又は包括遺贈の割合に応じて負担する金額を計算することになります。ただし、これにより負担することとした場合の金額が相続又は遺贈により取得した財産の価額を超えることとなる場合において、その超える部分の金額を他の共同相続人又は包括受遺者の相続税の課税価格の計算上控除することとして申告することも、認められています（相基通13-3）。
　4　特別寄与者が支払を受けるべき特別寄与料の額が当該特別寄与者に係る相続税の課税価格に算入される場合には、その特別寄与料を支払うべき相続人が相続又は遺贈により取得した財産（被相続人が相続税法第21条の9第5項に規定する特定贈与者である場合のその被相続人からの贈与により取得した同条第3項の規定の適用を受ける財産を含みます。）については、その相続人に係る課税価格に算入すべき価額は、その財産の価額から当該特別寄与料の額のうちその者の負担に属する部分の金額（民法1050⑤）を控除した金額によります（相法13④、相法21の15②、令和元年7月1日以後に開始する相続について適用されます（平成31年改正法附則1三ロ））。

Q14 韓国籍の被相続人に係る日本相続税申告にあたっての韓国民法と日本民法の適用場面(1)

被相続人及び相続人は全員韓国籍ですが、全員日本に居住しています。日本で相続税を申告するにあたっての留意点について説明してください。

A

韓国は遺産課税方式、日本は遺産取得課税方式を採っています。韓国籍の被相続人に係る遺産を韓国民法に基づいて分割する場合で、日本で相続税申告するにあたり、韓国民法及び日本民法の適用場面を例に説明します。

なお、被相続人が韓国籍の場合は、法の適用に関する通則法第36条により「韓国民法」に基づいて遺産分割することとなります。

（例）被相続人及び相続人が日本居住者である場合

日本における相続税申告にあたっての韓国民法及び日本民法の適用場面と留意点を記すと、次のとおりです。

① 韓国における相続財産（課税価格の合計額）を計算するにあたっては、被相続人に係る遺産の総額を把握することとなります。このため、具体的な遺産の把握にあたっては、韓国民法に基づいて相続人に分割した相続財産、相続税・贈与税法に基づくみなし相続財産及び相続開始日前2年間の使途不明支出金の把握及び合算対象贈与財産の把握、債務控除など相続人の協力を得ないと韓国相続税法上の固有の課税対象財産の総額を把握することができないことになります。

　この中で留意する点は、相続時開始日前2年間の使途不明支出金です。韓国では相続財産に該当してもそのまま日本相続税法上の相続財産に該当するか否か個別に確認検討していく必要があると筆者は考えます。

② 基礎控除額を計算するにあたっての相続人の数は、日本民法に基づいて計算します。

③ 相続税の総額を計算する上での法定相続分は、韓国民法に基づく遺産分割したとしても日本民法に基づく法定相続分を基に計算します。ただし、未分割の場合は韓国民法による法定相続分を基に計算します。

④ 各相続人の税額負担の計算は、基本的には、韓国民法に基づく遺産分割（未分割の場合は法定相続分）に基づく割合で按分します。

相続税法編

（事例１）韓国民法に基づく法定相続分で分割した場合

注１　基礎控除額の計算及び相続税の総額の計算は、日本民法の規定による法定相続人の数及び法定相続分に基づいて計算することとなります。
注２　日本及び韓国における各種控除の記述は省略しています。
注３　韓国相続税法上は、相続人の１人が全額納付することも可能ですので、外国税額控除するに当たっては、相続人各人毎の納税することとなる金額の計算明細と納税したことの証明証憑書類が必要になります。
注４　相続財産中「みなし相続財産」には、日本・韓国とに基本的な差異はありません。しかし、大きな差異があるのは韓国の「相続開始日前２年間の使途不明支出金」の推定相続財産です。この使途不明支出金がそもそも日本の相続財産に該当するか否かの検討が必要となります。日本においても、例えば、死亡３年以内に相続人の家屋の建築資金に使途されたならば事前贈与財産の加算に該当すると考えます。
　　　　被相続人が生前の個人的使途であるならば、単に使途不明金であるとして、相続財産に該当しないと考えますが、どこまでその証明ができるかといった困難があります。

（事例２）相続税申告期限まで未分割であった場合

(注)1　財産が未分割のときは申告すべき相続人の判定及びその各人の課税価格の計算は、被相続人の本国法の規定による相続人及び相続分を基に計算することとなります(国税庁質疑応答事例)。
(注)2　日本及び韓国における各種控除の記述は省略しています。

Q15 韓国籍の被相続人に係る日本相続税申告にあたっての韓国民法と日本民法の適用場面(2)

被相続人及び相続人は全員韓国籍で相続人は2人、被相続人とその妻は韓国に居住しており、相続人妻は非居住制限納税義務者に該当します。もう1人の相続人である子は日本に居住し、居住無制限納税義務者に該当します。日本で相続税を申告するにあたっての留意点について説明してください。
相続財産は、日本・韓国両国に所在します。

A

次の事例で説明します。
(例)

(注) 被相続人は10年以内に日本に住所なしです。

(説明)
【韓国】
被相続人は韓国の居住者となりますので、日本と韓国にある相続財産について相続税の申告が必要となります。
日本所在の相続財産については、日本においても相続人に対して相続税が課税されますので、韓国相続税から外国納付税額控除をすることとなります。

【日本】
相続人妻は、非居住制限納税義務者として日本所在の相続財産に対して相続税の申告が必要です。課税対象となる相続財産は、日本国内所在財産に限られますので、たとえ当該財産に対して韓国相続税が課されていても、日本においての外国税額控除の対象とはなりません。韓国での被相続人に係る相続税申告にあたって、日本で課された相続税相当額を控除することとなります。
相続人子は、被相続人が日本国内に10年以内に住所なしであっても、居住無制限納税義務者に該当しますので、日本所在及び韓国所在の相続した財産が相続税の課税対象となります。その上で、韓国所在相続財産を当該子が相続した場合には、当該財産に課された韓国相続税相当額が日本での外国税額控除の対象となります。

（フロー図）相続財産が日本1、韓国1・5の割合で所在していた場合の相続財産分割パターン別解説

＜相続パターン別　日本での申告対応検討＞

〈妻の場合〉……非居住制限納税義務者

A）

B）

　日本所在の相続財産と韓国所在の相続財産を相続しますので、日本所在相続財産については、日本で申告納税義務があります。
　韓国所在の相続財産については、日本での申告納税義務はありません。

〈子の場合〉……居住無制限納税義務者

A）

　日本所在の相続財産のみ相続することは、たとえ日本所在財産について韓国で課税されたとしても、国外財産に係る課税ではありませんので、韓国で課された相続税相当額の外国納付税額は控除の対象となりません。

B）

　日本所在の相続財産と韓国所在の相続財産を相続することは、国外財産である韓国所在の相続財産に係る相続税相当額は外国税額控除の対象となります。

（小括）

　遺産が日本、韓国両国に所在する場合には、両国の相続税率、基礎控除額、配偶者に対する相続税額の軽減、外国（納付）税額控除の適用の有無など考慮して、遺産分割することが、タックスプランニングの上で、重要であると考えます。

　例えば、

① 配偶者が日本民法上の相続人に該当すれば、当然相続人として600万円の基礎控除額の対象となるし、また、配偶者の税額軽減の適用を受けることになると考えます。

② 韓国及び日本所在の相続財産を配偶者や子が相続した場合には、韓国所在相続財産に課された相続税は、日本での相続税申告時に外国税額控除されることとなります。

（注）日本の相続税は、遺産取得課税方式を採っており、相続財産の総額から法定相続人の数による基礎控除額を控除することとなります。この基礎控除額の計算（3,000万円＋600万円×法定相続人の数）ですが、本事例の場合は、法定相続人2人なのか、日本での相続税の納税義務者の人に限定されるのか、疑問があるところですが、課税の水平的公平から日本での相続税の納税義務のある相続人に限られないと解します。つまり、妻が非居住制限納税義務者に該当し、韓国所在財産のみを相続する場合であっても、相続税法第15条第2項の日本民法上の法定相続人に該当すると考えます。

　したがって、相続財産を日本所在財産とするのか、韓国所在財産にするのかによって基礎控除額の計算には変更がないこととなります。しかし、外国税額控除のみならず、配偶者の税額軽減額は変動することになりますので、タックスプランニングが重要といえます。

相続税法編

Q16　韓国民法による相続分割に伴う日本における相続税申告との調整

韓国籍の被相続人に係る遺産の分割は韓国民法によるとのことですが、このことが日本における相続税申告に与える影響はどのような点にあるのでしょうか？

A

　被相続人が韓国籍の場合、法の適用に関する通則法第36条により遺産分割に係る民法の適用は韓国民法によります。韓国の国際私法においても、第49条第1項で、「被相続人の本国法による」と定めています。
　一方、日本における相続税の申告に当たっての法定相続人等の計算は、課税の公平の観点から日本民法を適用することとなります。このことが、日本における相続税申告に当たってどのように影響するのか、以下、例をもって説明します。

（例1）法定相続分の違いからくる影響

●相続人が配偶者と子の場合
　前提：遺産分割は、韓国民法による法定相続分で分割した。

相続税法編

●日本における相続税申告に当たっての計算順序

（影響）
配偶者に対する税額軽減の適用対象財産が1/2から1.5になり、その減少した分、子の相続税の額に影響することとなります（子の数によって配偶者の相続財産が変動することから、子の相続財産も変動し、負担する税額も変動することとなります）。

相続税法編

（例２）法定相続分の順位を異にすることからくる影響

●相続人が配偶者と兄弟姉妹の場合
　前提：遺産分割は、韓国民法による法定相続分で分割した。

配偶者と兄弟姉妹がいる場合に、日本ではそれぞれが法定相続人となりますが、韓国民法では兄弟姉妹は法定相続人とならず、配偶者の単独相続となります。

●日本における相続税申告に当たっての計算順序

（影響）
1．兄弟姉妹は相続放棄の手続きが必要かといった疑問について、法の適用に関する法律第36条で「被相続人の本国法による」とあり、韓国民法では兄弟姉妹は相続人とならないので、相続放棄の手続きは不要と考えます。
2．日本相続税の申告に当たって、基礎控除額を計算する上で兄弟姉妹の人数を確認する必要がありますので、被相続人及び兄弟姉妹の戸籍原本が必要となるでしょう。
3．日本の民法によって相続を行った場合（被相続人の遺言により日本民法を適用する場合がある）には夫の兄弟姉妹が相続財産を取得しますが、この場合の兄弟姉妹の相続税に対しては２割加算されることとなります（日相法18）。

（例3）代襲相続の範囲の違いからくる影響

●相続人である父がすでに死亡しており、その子が代襲相続する場合
　前提：代襲相続は、韓国民法に基づいて行った。

●日本における相続税申告に当たっての計算順序

（影響）
1．日本相続税法第18条で、配偶者と1親等の血族以外の者については相続税額が2割加算されます。この例の母に対して2割加算の対象になるか否かについては、日本民法における代襲相続の要件として「代襲相続人及び被相続人の直系卑属者であること」とされていることからすると、母は直系卑属とされておらず、2割加算の対象になると解することとなります。筆者としては、すでに死亡した父が本来相続する遺産を妻と子に按分したに過ぎないと考え、また当然に適用する韓国民法という公法に基づく遺産分割であり、それに基づく税額の負担按分であること、母の相続分については再び子に対する相続が発生することからすると、2割加算の対象とする必要性は薄いのではないかと考えます。事例が発生した場合には、課税当局との相談を願います。
2．代襲相続人の母については祖父の配偶者ではないので、配偶者に対する税額軽減の適用はありません。

相続税法編

Q17　相続放棄の場合の日本相続税申告に与える影響

韓国民法に基づいて相続放棄した場合には、当該放棄した者を日本相続税法上相続人として扱うのか否か、相続放棄による代襲相続は日本民法と韓国民法は同じ取り扱いなのか、違うとすると、そこから相続税申告に与える影響はないのでしょうか？

A

1　日本民法

　相続放棄の結果、相続の放棄者は初めから相続人でなかったものとみなされます（日民法939）ので、放棄者に対して代襲相続することはありません。

2　韓国民法

　相続放棄の結果、相続の放棄者は相続人とはなりません。しかし、韓国民法第1000条で、第1順位の相続人を「被相続人の直系卑属」と規定していますので、子が相続放棄しますと「孫」が相続人となる場合が生じてきます。

　例をもとに説明しましょう。

（例）前提：韓国民法により遺産分割した（下図）。

（注）○の数字は、韓国民法による法定相続割合を示しています。

（日本民法の規定）

　子A、B及びCが相続を放棄した場合においては、日本民法の規定による相続人は、尊属が相続人となる（日民法889）ことから、父、母及び配偶者となります。しかし、相続税法第15条で定める基礎控除に係る相続人の数は、配偶者、子A、B、及びCの4人となります（なお、相続放棄した場合であっても、生命保険金は受取人固有の権利として受け取ることができます）。

（韓国民法の規定）

　韓国民法は第1順位の相続人を「被相続人の直系卑属」と規定していることから、子が全員相続放棄すれば、次に近親の直系卑属である「孫」が相続人となります。

　韓国民法では、子全員が相続放棄することで、世代を超えた相続が法制上可能であるといえます。

　なお、韓国相続税法においても、世代を超える相続に対する「割増課税制度」があります。

●韓国民法に基づき相続放棄した場合の日本における相続税申告に当たっての計算順序

(影響)
　相続や遺贈によって財産を取得した者が、その被相続人の1親等の血族及び配偶者のいずれでもない場合には、その者(例によれば孫D～I)の相続税額にその相続税額の2割に相当する金額を加算することになります（日相法18①）。

5　相続税の課税対象財産

Q18　相続財産の所在地国判定基準

相続財産が、韓国にあるのか日本にあるのか、所在地の判定はどのような判定基準に基づくのでしょうか？

A

① 相続税の課税対象財産は、無制限納税義務者の場合は全世界財産、制限納税義務者の場合はその国に所在する財産のみが相続税の課税対象財産になりますので、被相続人や相続人の住所がどこにあるのかとともに、相続財産の所在地が重要となってきます。その上で、相続財産の所有地の判定において日本と韓国が同一相続財産について自国の所在地にあると判定すると、相続税の二重課税が発生することとなります。その意味でも課税対象財産である相続財産がどこの国に所在するのか、その判定基準は何か、が重要となります。

財産が、韓国国内にあるのか、日本国内にあるのかについては、次の基準（次ページ表：主な財産の所在地の判定）によって判定することとなります。

　(注)　韓国相続税法においては、被相続人が居住者か非居住者かによって、非居住者であれば被相続人の財産が韓国国内にある場合にだけ相続税納税義務が生じます。相続開始時に非居住者である場合には国内にある財産の所在地を管轄する税務署長が相続税を課税します（贈与税においても贈与者と受贈者が全て非居住者である場合、贈与財産の国内所在地を管轄する税務署長が贈与税を課税することとなります）。

なお、韓国相続税法に規定されている財産の種類に沿った日本相続税法による所在地の判定についても付記しました。所在地の判定基準は、日本・韓国でも同様な基準となっていますので、日本・韓国が同一種類の財産について、両国とも自国に所在するとした規定（重複した規定）は概ね無いといえましょう。

② 相続財産の所在地国判定は、制限納税義務者にとっては、課税対象財産を確定する上で重要な要素であり、無制限納税義務者にとっては、外国納付税額控除を適用する上で重要な要素となります。

● 主な財産の所在地（韓国相続税法第5条）の判定

項	号	財産の種類	所在地の判定	日本相続税法10条による所在の判定
①	一	不動産又は不動産に関する権利	その不動産の所在地	その不動産の所在による
	二	鉱業権又は租鉱権	鉱区の所在地	鉱区所在、採石権の所在による
	三	漁業権・養殖業権又は入漁権	漁場に最も近い沿岸	漁場に最も近い沿岸の属する市町村又はこれに相当する行政区画の所在による
	四	船舶	航籍の所在地	船籍又は航空機の登録をした機関の所在（船籍のない船舶については、その所在（相基通10-1））による
	五	航空機	航空機の定置場の所在地	
	六	株式、出資持分、社債	発行法人の本店又は主たる事務所の所在地 ただし外国法人が韓国で発行した株式等はその取引を取り扱う金融会社の営業所の所在地	その社債若しくは株式の発行法人の本店又は主たる事務所の所在による
	七	金銭信託（資本市場及び金融投資業に関する法律の適用を受ける信託業を経営する者）	信託財産を引き受けた営業場の所在地。ただし、金銭信託以外の信託財産に対しては信託した財産の所在地	これらの信託の引受けをした営業所の所在による
	八	金融財産（第6、7号を除く）	当該財産を取り扱う金融会社の営業所の所在地	その受入れをした営業所又は事業所の所在による
	九	金銭債権	債務者の住所地（第6号から第8号までに該当する場合は除く）	貸付金債権の債務者の住所又は本店若しくは主たる事務所の所在による
	十	第1号から第9号を除いた有形財産又は動産	その有形財産の所在地、動産が現存する場所	その動産の所在による
	十一	特許権、商標権等登録を要する権利	その権利を登録した機関の所在地	特許権、実用新案権、意匠権、商標権等の登録をした機関の所在による
	十二	著作権、出版権、著作隣接権	著作物の目的物が発行されている場合はその発行場所	これらを発行する営業所又は事業所の所在による
	十三	第1号から第12号を除いたその他の営業場をもつ者のその営業に関する権利	その営業場の所在地	その営業所又は事業所の所在による
②		その他の財産	その財産の権利者の住所	その財産の権利者であった被相続人の住所による
③		第1項から第2項までによる財産の所在地の判定	相続開始時の現況による	相続、遺贈又は贈与により取得した時の現況による

（参考）韓国相続税法第5条で具体的に個別列挙されていない財産の所在地についての、日本相続税法第10条での所在地の規定は、次の表のとおりです。

日相法第10条	財産の種類	韓国相続税法上の規定	所在地の判定
①五	生命保険金又は損害保険金等	みなし相続財産（韓相法8）	その契約に係る保険会社の本店又は主たる事務所の所在地
①六	退職手当金、功労金その他これらに準ずる給与	みなし相続財産（韓相法10）	その給与を支払った者の住所又は本店若しくは主たる事務所の所在地
①九	集団投資信託又は法人課税信託に関する権利	みなし相続財産（韓相法9）	これらの信託の引受けをした営業所、事業所その他これらに準ずるものの所在地
①十二	相法7条の規定により贈与又は遺贈により取得したものとみなされる金銭		そのみなされる基因となった財産の種類に応じ所在地を判定する

Q18－2　相続財産の所在地を判定する要素

相続財産の所在地を判定する要素としては、不動産の場合にはその所在地、動産の場合にはその所在地、金融資産の場合にはその資産を取り扱う事業所の所在地であります。

これらをまとめて表示しますと、次のとおりです。

この判定要素は日本・韓国とも同様であると考えてよいでしょう。

（財産の所在地の判定類型別分類）

韓国（韓相法5、8、9、10）	類型	日本（日相法10）
①不動産又は不動産に関する権利 ②有形財産又は動産 ③鉱業権採鉱権 ④漁業権、養殖業権又は入漁権 ⑤営業に関する権利	財産の所有地によって判定	①動産・不動産・不動産の上に存する権利 ②鉱業権、採鉱権、採石権 ③漁業権又は入漁権 ④営業上・事業上の権利
①金融財産 ②保険金 ③退職金等 ④金銭債権 ⑤株式、出資持分又は社債 ⑥金銭信託、信託財産	債務者の所在地によって判定 （本店又は主たる事務所の所在地）	①預金・貯金・積金・預託金 ②保険金 ③退職手当金・功労金・その他これらに準ずる給与 ④貸付金債権 ⑤社債・株式法人に対する出資 ⑥集団投資信託又は法人課税信託に関する権利 ⑦国債・地方債・外国公債
①船舶 ②特許権・商標権等登録の必要な権利 ③著作権 ④航空機	登録地の機関所在地によって判定 定置場の所在地	①船舶・航空機 ②特許権・実用新案権・意匠権・これらの実施権で登録されているもの・商標権・回路配置利用権・育成者権・これらの利用権で登録されているもの ③著作権
○その他の財産	その財産の権利者の所在地によって判定	○その他の財産

Q18－3　相続財産所在地からの二重課税発生の有無

　相続財産の所在地は、国際相続において課税することができる国を決定する重要な要素であります。

　相続財産の中で「金銭債権」の所在地については、債務者の所在地によって判定することとなっています。

　このことは、韓国においては、被相続人が韓国居住であると、相続財産となる金銭債権の債務者の住所が日本である場合でも韓国での課税対象相続財産となります。これを相続した相続人が日本非居住（制限納税義務者）であっても債務者が日本居住者なので、日本での課税対象相続財産となり、二重課税が発生します。この場合は、債権者の住所の特定が重要になります。

　このような例は、特許権、著作権、著作隣接権を日本と韓国両国で登録した場合にどう判断するかよって、二重課税が生じることにもなります。

　国際相続においては、被相続人や相続人の居住地国のみならず、債務者の所在地国及び債権者の所在地国、更には相続財産の所在地国の判定が、相続税額の計算・申告に当たっては重要な要素といえましょう。

　贈与税の場合においても、受贈者が日本と韓国双方に贈与税申告をしなければならない例があります。

（例）贈与の場合
　贈与者……日本居住……債権者
　受贈者……韓国居住（韓国籍）……債務者……（贈与事由）債務免除を受けた場合

・この事例では、贈与者が日本居住なので受贈者が日本国籍がなく日本に住所がない場合でも、受贈者は非居住無制限納税義務者となり、日本での贈与税の申告が必要です。また、この場合は、債務者の所在地国である韓国でも受贈者に対して贈与税の課税対象となります。日本においては、受贈者は非居住無制限納税義務者（贈与者が日本居住者）に該当しますので、韓国で課された贈与税は、日本での贈与税申告にあたって外国（納付）税額控除の対象とすることとなります。結果、税率の差について日本で納税することとなります。
　　(注)　日本では、贈与税率は相続税率より高率ですが、韓国では相続税率を贈与税率に適用します。
　　　　この違いも課税制度（遺産課税制度と遺産取得課税制度）の違いから来ていると理解します。

相続税法編

Q19　韓国相続税の対象となる財産の範囲

韓国相続税法で規定している課税対象となる財産の範囲については、日本相続税法の規定と異にする点があるのでしょうか？

A

韓国相続税対象財産と日本相続税対象財産の範囲規定は、基本的な規定には差異はないといえますが、大きく違う点もあります。

1つは推定相続財産規定です。もう1つは加算贈与財産の加算すべき贈与期間の違いです。以下順を追って説明します。

(相続税課税対象財産の範囲)

韓国相続税法上の相続税課税対象財産の範囲は、次のとおりとなります。

```
    本来の相続財産（韓相法5、7）
  ＋ みなし相続財産（韓相法8、9、10）──┬─ 保険金
                                      ├─ 信託財産
                                      └─ 退職金等
  ＋ 推定相続財産（韓相法15）──┬─ 相続開始前処分財産中使用が不分明金額
                              └─ 相続開始前負担付債務中使用が不分明金額
  ─────────────────────────────────────
  ＝ 課税対象相続財産……この相続財産に事前贈与財産加算があります。
```

相続財産には、被相続人に帰属する財産であって、金銭に換価することができる経済的価値がある全ての物権及び財産的価値がある法律上又は事実上の全ての権利を含むとされていますが、被相続人の一身に専属するもの（一身専属権）であって被相続人の死亡により消滅するものは、相続財産に含まれません（韓相法7）。

1　本来の相続財産（韓相法7）

本来の相続財産の代表的なものとしては、①不動産又は不動産に関する権利　②鉱業権及び租鉱権　③漁業権、養殖業権又は入漁権　④船舶　⑤航空機　⑥株式、出資持分　⑦信託財産　⑧無形財産等があります。

韓国における具体的な財産を個別名称で挙げると、次のとおりです。

土地、建物、賃貸権、分譲権、ゴルフ会員権、預金、保険金（解約還付金）、株式（上場、非上場）、ファンド、国・公共社債、貸与金、車輌、船舶、航空機、動物、営業権、特許権、定期金（年金等）、国外財産等

(留意点)

①　相続財産とは、相続開始日に被相続人が現に所有している現存する財産をいいます。

② 被相続人が国内に「住所を置き、又は183日以上居所を置いた場合（いわゆる居住者の場合）は、韓国国内外の相続財産が課税対象となります。
③ 日本の相続税法の規定は、「その者（相続又は遺言により財産を取得した他人）が相続又は遺贈により取得した財産」（日相法2）となっており、韓国相続税法上の「被相続人に帰属する財産」と規定ぶりが違います。

これは、遺産課税方式（韓相法7）を採っているのか遺産取得課税方式（日本）を採っているのかの違いといえます。
④ 2015.12.15に削除されましたが、第4条の2（経済的実質による課税）の規定がありました。この規定は、第三者を通じた間接的な方法、2以上の行為又は取引を経由する方法で相続税や贈与税を負担するのを減少させたものと認められる場合には直接取引したと見て、相続税又は贈与税の課税対象とするものでしたが、廃止に伴って2015.12.15に第45条の4（特殊関係法人から提供を受けた事業機会で発生した利益の贈与擬制）及び第45条の5（特定法人との取引を通じた利益の贈与擬制）が新設されています。

2 相続財産に当たるか否かの質疑例

(1) 名義信託財産

被相続人が、死亡前に相続人たちに対し、贈与したものではなく、名義信託したものと認定され、みなし贈与規定により贈与税が賦課された場合にも、実質的な贈与ではないので、名義信託財産に対する贈与擬制規定に関係なく、相続財産に該当する（大法院2003ト14475.2005.7.28）。

この取扱いは、日本の税制からみるとなじめない点です。一旦、贈与課税を受けると、当該財産は受贈者に権利が移ると考えますが、韓国では、借名財産に対して名義人に贈与税を課した後も依然として借名なので、本来の所有者の財産のままで、死亡したら相続財産に含まれるというものです。

韓国の税理士にこの点を質問したところ、みなし贈与税は罰料金的贈与税の課税であって、本来の贈与税とは理解していないとのことでした。

(2) 法人の帳簿に計上されている被相続人名の仮受金債権

被相続人が代表者である法人の帳簿に計上されている被相続人名義の仮受金債権が、財産的価値のある実質上の債権である場合には、相続財産に含まれる（財経院財産46014-5.1998.1.6）。

(3) 相続開始日現在回収不可能な債権等

被相続人に帰属される債権中、全部又は一部が相続開始日現在回収不能な場合は、相続財産に算入しない（財産税課－2663.2008.9.4）。

(4) 遺族が受領した刑事合意金、賠償金

交通事故によって死亡した被相続人の遺族が、加害者側と合意して遺族慰労金名目で受けることになる刑事合意金は、相続開始日現在、被相続人に帰属する財産と見ることがで

きず、相続税課税対象に該当しない（書面－2018－法令解釈財産－2398.2020.03.13）。

3 みなし相続財産（韓相法8、9、10）

日本の相続税法と同様に、保健金、信託財産、退職金等のみなし相続財産の規定があります。

(1) 保険金

被相続人が死亡保険又は損害保険に加入して、保険料を納付して死亡した場合、保険受益者である相続人は、被相続人の固有財産（保険金支払の請求権）として保険金を受領します。これは、被相続人が相続人に経済的利得を無償で移転する結果になるので、実質課税原則上、当該保険金を相続財産としてみなしているためです（韓相法8）。

① 相続財産とみなす保険金の要件

相続財産とみなす保険金は、以下の全ての要件を満たしたものをいいます。

イ 生命保険又は損害保険の保険金

ロ 被相続人の死亡によって受けるもの

ハ 被相続人が保険契約者になった保険契約によって支払いを受けるもの。この場合、保険契約者が被相続人ではない場合にも、被相続人が現実的に保険料を納付しているときには被相続人を保険契約者としてみます。

② 相続財産とみなされる保険金額

相続財産とみなされる保険金額は、相続開始日現在払い込まれた保険料のうち被相続人が払い込んだ保険料の比率に相当する金額となります。

相続人が実質的に保険料を納付した部分は、相続財産に該当しません。

（式）

$$\text{支払を受けた保険金の合計額} \times \frac{\text{被相続人が負担した保険料の金額}}{\text{当該保険契約による被相続人の死亡時まで払い込まれた保険料の合計額}} = \text{みなし相続財産}$$

（例）

・被相続人の死亡によって支払われた生命保険金額……6,000万W

・相続開始日現在払い込まれた保険料……1,000万W

・払い込まれた保険料のうち被相続人が払い込んだ保険料……600万W

$$6,000万W \times \frac{600万W}{1,000万W} = 3,600万W \text{（みなし相続財産）}$$

③ 保険契約の受益者が相続人でない場合

相続人ではない者が遺贈等を受けたとみて相続財産に含めて、この保険金を受領した者は、受遺者として相続税納付義務を負担します（調審2020 全882.2020.12.11）。

④ 日本相続税法においても韓国相続税法と同様、被相続人の死亡によって取得した生命保険金や損害保険金で、その保険料のうち全部又は一部を被相続人が負担したものに対応する部分の保険金は相続財産とみなされます（日相法3①一）。

⑤ 注意したいのは、従前は日本相続税法上の生命保険金等は、日本の保険法上の免許を受けた者に限定していましたが、平成19年度税制改正により、外国保険業者から支払われた死亡保険金についても、みなし相続財産として相続税の課税対象として取り扱われるようになりました。このことは、被相続人が、外国（韓国）の居住地国で契約者となり保険料を支払っていた事例ですと、日本と韓国においてもみなし相続財産となり保険金についても日本と韓国において、両国での相続財産とされる結果、二重課税となる要素があるといえます。

> メモ
> 日相令1の2一で規定する……
> 外国保険業者とは⇒外国生命保険会社等以外の外国の法令に準拠して外国において保険業を行う者をいいます。
> （外国生命保険会社等とは⇒日本に支店を設けて免許を受け、生命保険業を当該支店等において行う外国生命保険会社等をいいます。）

⑥ みなし相続財産に該当する死亡保険金については、日本相続税法上、非課税限度額の計算がありますが、韓国相続税には同様の規定はありません。

したがって、韓国においてみなし相続財産として保険金を相続財産の対象とした場合には、日本で相続税を申告する際、課税対象となる保険金額を次のイ又はロによって再計算する必要があります。

イ　死亡保険金の非課税限度額の計算

非課税限度額＝

500万円×法定相続人の数

(注)　相続放棄した者も法定相続人に含みます。

ロ　各人の非課税金額の計算

非課税限度額＝

（500万円×法定相続人の数）

$\times \dfrac{その相続人の受け取った保険金の合計額}{相続人全員の受け取った保険金の合計額}$

(2) 信託財産

① 被相続人が信託した財産は相続財産とみなされます（韓相法9①）。

信託法による委託者が、受託者と財産信託契約を締結し、委託者の財産権を受託者の名義に移転して、受託者をして指定された受益者のために、その財産権若しくはその利益を管理・処分することができます。この場合、受託者はその財産に対して名目上の所

有者にすぎず、信託財産の実質的な所有者は委託者であるとして、被相続人が信託する財産若しくは被相続人が信託利益を受ける権利を所有した場合には、その財産を相続財産として見ます（韓相法9）。

（相続財産として見る信託財産の範囲）
⑦　被相続人が信託した信託財産価額を相続財産と見ます。ただし、他人が信託利益を受ける権利を所有している場合は、その利益に相当する価額は、贈与税対象として除外します。
ロ　被相続人が信託利益の受益者である場合は、その信託利益を受ける権利の価額を相続財産と見ます。
ハ　受益者連続信託の受益者が死亡することで他人が新しく信託の受益権を取得する場合は、その他人が取得した信託の利益を受ける権利の価額（死亡した受益者の相続財産に含む）を相続財産と見ます。

（「信託の利益を受ける権利」の所有時期の判定基準）
　信託の利益を受ける権利を所有しているか否かは、元本又は受益が受益者に実際支給される時を基準として判定しますが、次表の「区分」欄に掲げる場合は、次表の「所有時期」欄に掲げる時が所有の時期とされます。

区　分	所有時期
受益者が利益を受ける前に委託者が死亡した場合	委託者の死亡日
信託契約上、支給約定日まで元本（受益）が受益者に支給されない場合	元本（受益）の支給約定日
元本（受益）を数回に分割して支給する場合	当該元本（受益）の最初の分割支給日
信託契約締結日に元本（受益）の利益が確定されておらず、分割して支給する場合	当該元本（受益）の実際分割支給日
委託者が信託財産を実質的に支配・統制する場合（信託契約廃止権、受益者・変更権、信託終了後残余財産帰属権を委託者が保有）	当該元本（受益）の実際分割支給日

（いくつかの例示）
⑦　被相続人が信託した財産とは
　　他人が信託利益を受ける権利を有している場合には、その利益に相当する価額は相続財産とは見ません。
ロ　被相続人が信託によって他人から信託の利益を受ける権利を所有
　　その利益に相当する価額を相続財産に含みます。
ハ　受益者連続信託の受益者が死亡することで他人が新しく信託の受益権を取得する場合
　　その他人が取得した信託の利益を受ける権利の価額は、相続財産に含みます。

② 日本相続税法においては、信託行為や信託に係る受益者の変更などがあった場合の信託の利益（日相法4）を受けると相続財産とみなされます。

③ 韓国固有の概念である名義信託は、実質的な取引関係（贈与契約等）がなく売買等の形式を借りて目的財産の名義だけを他人の名義に譲渡しておくことをいいます。
　即ち、外観上の所有名義は受託者であるが実質的には財産を預けた委託者が財産の権利・処分権を持つ場合をいいます。
　被相続人が他人名義にしておいた名義信託財産は名義信託による贈与税賦課と関係なく、被相続人が隠匿した財産として相続財産に含まれます。
㊟ 「名義信託」とは韓国相続税・贈与税法上の固有の概念で、日本では信託とは見ていません。

（参考）相続人に贈与したのではないが、名義信託をしたものと認定されて、贈与擬制規定により贈与税を賦課することができるとしても、実質的な贈与ではないので、「名義信託財産に対する贈与擬制」の規定に関係なく、「相続財産」に該当する（大法院2003.5.14475、2005.7.28）とされています。

(3) 退職金等
① 被相続人の死亡により退職金、退職手当、功労金、年金又はその他のこれと類似するものであって被相続人に支給されるものが相続財産とみなされます（韓相法10）。
　ただし、国民年金法により支給される遺族年金や公務員年金法による遺族年金、軍人年金法による遺族年金等は除かれています。
　なお、「退職金、退職手当、功労金、年金又はその他のこれと類似するもの」とは、退職給与支給規定によって支給を受ける金品と被相続人が勤務している事業と類似した事業であって被相続人と同じ地位にある者が受けた、若しくは受けることができると認定される金額を勘案して被相続人の地位・功労等により支給される金品をいいます。いわば日本における功績倍率的な思考も含めたところでの退職金等の算定規定であるといえます。

② 日本相続税法においては、被相続人の死亡によって受けた被相続人に支給されるべきであった退職手当金、功労金その他これらに準ずる給与で、被相続人の死亡後3年以内に支給が確定したものは相続財産とみなされます（日相法3①二）。

③ みなし相続財産に該当する死亡退職金については、日本相続税法上、非課税限度額の計算がありますが、韓国相続税には同様な規定はありません。
　非課税限度額の計算は、死亡保険金の場合と同様です。

4　推定相続財産
(1)　相続財産を推定する金額基準
　被相続人が相続開始日前に被相続人の財産を処分し、又は債務を負担した場合であって、

次のいずれかに該当すると、相続財産があったもの（債務がないもの）と推定して、相続税課税価額に算入することとなります（韓相法15）。

推定ですので、相続人側から反証、立証があれば、相続財産から除かれます。立証できなかった推定相続財産は現金で相続を受けたものと推定します

① 相続開始日前1年以内[※1]に財産種類別[※2]に計算して被相続人の財産を処分した金額や被相続人の財産から引き出した金額が2億W以上である場合及び相続開始日前2年以内[※1]に財産種類別に計算して5億W以上である場合で、用途が客観的に明白[※3]でない場合

② 相続人が弁済する義務がある債務で、被相続人が負担した債務を合わせた金額が、相続開始日前1年以内[※1]に2億W以上である場合及び相続開始日前2年以内[※1]に5億W以上である場合で、その債務の用途が客観的に明白でない場合[※3]

③ 被相続人が国又は地方自治体及び金融機関ではない者に対して負担した債務である場合で債務負担契約書、債権者確認書、担保設定及び利子支払に関する証憑等による使用処分を究明した結果、相続人が弁済する義務がないものと推定される場合
　　この場合は、期間に関係なく相続税課税価額に算入されます。

　※1　相続開始日前1年（2年）以内の期間の計算
　　　　民法により、日、週、月又は年を定める時には初日不算入で期間を計算します。
　※2　財産種類別に一定期間内に2億W（5億W）以上の計算
　　　　財産種類別とは、下記の3区分によります。
　　　㋑　現金・預金及び有価証券
　　　㋺　不動産及び不動産に関する権利
　　　㋩　㋑及び㋺以外のその他の財産
　　　　したがって、㋑㋺㋩の合計が3億Wであったとしても、その内訳が㋑1億W、㋺1億W、㋩1億Wであった場合、相続財産を推定する金額基準に該当しないこととなります。
　※3　「用途が客観的に明白でない場合」とは
　　　　被相続人が財産を処分したり、債務を負担した場合で、その使用用途が客観的に明白でない場合とは、次のいずれか一つに該当する場合をいいます。
　　　㋑　被相続人が財産を処分して受け取った金額や被相続人の財産から引き出した金銭等又は債務を負担して受けた金額を当該支出等した取引相手方（以下「取引相手方」といいます。）が取引証明の不備等で確認されない場合
　　　㋺　取引相手方が金銭等の授受事実を否認したり、取引相手方の財産状態等からみて金銭等の授受事実が認定されない場合
　　　㋩　取引相手方が被相続人と特殊関係人であって、社会通念上支出事実が認定されない場合
　　　㊁　被相続人が財産を処分したり債務を負担して受けた金銭等で取得した他の財

産が認定されない場合
- ㋭ 被相続人の年齢、職業、経歴、所得及び財産状態等からみて、支出事実が認定されない場合

(2) 立証が必要な金額と推定金額

推定相続財産に該当するとして立証が必要な金額と推定相続財産として相続財産に加算される金額の計算は以下のとおりです。

区分	立証が必要な金額	推定相続財産対象金額
①処分又は引出	立証が必要な金額＝ 処分等の金額 － Min（処分等の財産×20％ 又は2億W）	推定相続財産対象金額＝ 未立証金額－ Min（処分等の財産×20％ 又は2億W）
②債務 （債権者：国、地方自治体及び金融機関）		
③債務 （債権者：②以外の者からの債務で相続人が弁済義務がない場合）	立証関係なし	関連額債務金額

(3) 例による説明

（例1）推定相続財産対象価額

○ 相続開始日前1年以内に預金引出額1億W、不動産処分金額は3億Wである場合、財産種類別推定相続財産対象は？
① 預金引出額1億Wは2億W未満なので、使途疎明対象とならない。
② 不動産処分金額3億Wは2億W以上なので、使途疎明対象となる。

（例2）推定相続財産価額の計算

○ 1年前に土地を50億Wで処分し、50億W中10億Wは銀行に入金し、20億Wは使途が確認された。入金された10億Wは3か月後に全額引き出され、そのうち1億Wだけ使途が確認された。推定相続財産価額は？

① 不動産（土地）……18億W
（計算）
50億W－10億W－20億W＝20億W
20億W－Min（50億Wの20％，2億W）
＝18億W……推定相続財産価額

② 預金……7億W
（計算）
10億W－1億W－Min（引出金額10億Wの20％，2億W）
＝7億W……推定相続財産価額

③ 推定相続財産価額の合計額
①＋②＝18億W＋7億W＝25億W

> **メ モ**
>
> （例2）で土地50億Wで処分したもののうち10億Wを預金したとありますが、実務上で留意したいのは、土地売却代金のうち10億Wを預金したことの立証は納税者側にあるということです。立証できないと、土地売却代金のうち10億Wは使途が確認されないとして推定相続財産価額の計算の対象とされ、預金は別途相続財産とされる、即ち、合わせて20億Wが相続財産と認定されることになることもあるということです。
>
> 資金の流れの確認と立証が重要なことについては、日本・韓国とも同様といえます。

6 相続税がかからない財産

Q20 韓国相続税の対象とならない財産の範囲

韓国相続税法で規定している課税対象とならない財産の範囲については、日本相続税法の規定と異にする点があるのでしょうか？

A

韓国相続税法上の相続税の課税対象とならない財産には、①非課税となる財産　②課税価額不算入財産があります。

> 課税対象外財産＝非課税財産（韓相法11、12）
>   　　　　　　＋課税価額不算入財産（韓相法16、17）

1　非課税財産

韓国相続税法上、次の財産が非課税財産とされています。

(1) 戦死者等に対する相続税非課税（韓相法11）

戦死、あるいはその他これに準ずる死亡又は戦争あるいはその他これに準ずる公務の遂行中に受けた負傷又は疾病による死亡である場合には相続税を全額非課税とします。

(2) 非課税とされる相続財産（韓相法12）

次に該当する財産は、その財産の性質、公益的な見地又は社会政策的見地から相続税は非課税とされています。

① 国家等に遺贈等をした財産、国・地方自治団体又は地方自治体組合・公共図書館・公共博物館に遺贈（死因遺贈を含みます。）した財産

② 罹災救護金品、治療費、不遇な者を援助するために遺贈（死亡贈与を含みます。）した財産

③ 相続人が申告期間に国家に贈与した財産

> 日本相続税法においても、相続財産などを申告期限までに国などに寄附した場合における寄附財産については、租税特別措置法第70条第1項で同様の規定をおいています。

④ 韓国民法1008条の3（墳墓等の承継）に規定された財産中祭司を主宰する相続人を基準として次に定める財産

イ　禁養林野墓土（2億W限度）

被相続人が祭司を主宰していた先祖の墳墓に属する9,900㎡（1町歩）以内の禁
被相続人が祭司を主宰していた先祖の墳墓に属する9,900㎡（1町歩）以内の禁養

林野とその墳墓に属する1,980㎡（600坪）以内の墓土である農地をいいます（当該禁養林野＋墓土＝2億W限度）

ただし、相続開始後に禁養林野と墓土として使用することにした財産は相続税非課税財産に該当しません。

ロ　族譜（家系図）と祭具

> 日本相続税法においても、墓所・霊廟及び祭具並びにこれらに準ずるもの（日相法12①二）は非課税財産とされています。具体例として、相続税基本通達12-1で次のように規定されています。
> 「法第12条第1項第2号に規定する「墓所、霊びょう」には、墓地、墓石及びおたまやのようなもののほか、これらのものの尊厳の維持に要する土地その他の物件をも含むものとして取扱うものとする。」

─メモ─
日本と韓国との墳墓の非課税の取扱いには差がありませんが、墳墓の規模の違いが注目されます。

韓国においては墳墓に属する9,900平方メートル（1町歩：3,000坪）の禁養林野が、近年の都市化により禁養林野の土地が開発されて高層マンションが建てられている例もあり、一族内での分配について争いがあるとも伝え聞かれます。

日本で居住する相続人は相続の有無にかかわらず、改めて禁養林の現況を確認することも必要かと思います。

（参考）

① 富裕層に属する者の中には、貴重な、価値のある美術品を所有している者も多いかと思いますが、相続税の関係から、これらの美術品については、往々にして私蔵が、死蔵となってしまっているケースが多いかと思います。

日本相続税法の平成30年税制改正において、文化財に対する取扱いについて、特定の美術品に係る相続税の納税猶予制度が創設されました。

美術品のうち、一定のものについて美術館に寄託していた場合に、その所有者が死亡したときについては、一定の条件の下に相続税の納税が猶予される制度が創設されました。

この税制改正を機に、貴重な文化財の保存につながることが期待されます。

② 韓国においても、従前は指定文化財は非課税扱いでしたが、現行は、納税猶予制度となっています。

2　課税価額不算入財産

(1) 被相続人が公益法人等へ出捐した財産に対する相続税課税価額不算入（韓相法16）

相続財産のうち被相続人が公益法人等に出捐した財産の価額に対しては、相続税申告期限内に出捐した場合に限り、相続税課税価額に算入されません。

しかし、公益法人等に対する相続税免税制度を悪用して相続税の免税を受けた後に、その出捐者が使用、収益するなど便法的である相続行為を規制するために、色々な事後管理規定を置いていて、違反時には相続税・贈与税を追徴し、加算税を付加するようにしてい

ます。
　これらの規定をフロー図で示すと、次のとおりです。

公益法人等への出捐財産に対する相続税価額不算入規定（韓相法16①）

内国法人の議決権ある株式を公益法人等に出捐する場合（韓相法16②）

　日本相続税法においても、宗教、慈善、学術その他公益を目的とする事業を行う人で一定の要件に該当する人が、相続や遺贈によって取得した財産で、その公益を目的とする事業の用に供することが確実なものは、相続税の非課税財産とされています（日相法12①三）。
　一定の要件に該当する人とは、専ら公益を目的とする事業で、その事業活動によって文化の向

上、社会福祉への貢献その他公益の増進に寄与することが著しいと認めこれら事業を行う個人（人格のない社団又は財団等を含みます。）とされています。

> (注) 韓国は遺産課税方式を採っていることから、専ら被相続人の立場としての規定振りであり、日本は遺産取得課税方式を採っていることから、専ら相続人の立場としての規定振りとなっています。

(2) 相続人が出捐した財産の課税価額不算入

被相続人の遺言・死因贈与によるのではなく、相続人が相続財産を公益法人等に出捐する場合には、次の要件の全てを満たすことによって、課税価額不算入とすることができます。

① 相続人の意思（合意）によって、相続した財産を相続税申告期限内に出捐する。
② 相続人が出捐した公益法人等の理事現員（5人未満の場合は5人とみる）の5分の1を超過して理事になってはならず、理事の選任等公益法人等の事業運営に関する重要事項を決定する権限を持ってはならない。

また、相続開始当時には、相続人等が公益法人等理事に該当していたり、理事から退いた後に相続税申告期限内に相続財産を当該公益法人等に出捐する場合にも、出捐された財産価額はこれを相続税課税価額に算入しない。

(3) 公益信託財産に対する相続税課税価額不算入（韓相法17）

相続財産のうち被相続人又は相続人が公益信託法による公益信託として宗教、慈善、学術、その他の公益を目的とする信託を通して公益法人等に出捐する財産の価額は相続税課税価額に算入されません。

当該公益信託は以下の要件の全てを充たす必要があります。

① 公益信託の受益者が公益法人等である、若しくはその公益法人等の遂行者であること（韓相令14）
② 公益信託の満期日まで信託契約が中途解約されたり取り消されていないこと（韓相令14）
③ 公益信託の中途解約又は終了時残余信託財産が国家、地方自治体及び他の公益信託に帰属されること（韓相令14）
④ 相続税課税標準申告期限までに信託を履行しなければならないこと、ただし、法令上又は行政上の事由で信託履行が遅れたならば、その事由が終わった日の属する月の末日から6か月以内に信託を履行しなければならない。

> 日本相続税法においても、相続や遺贈によって財産を取得した人が、その相続や遺贈についての相続税の申告期限までに、その相続財産に属する金銭を、特定公益信託のうちその目的が教育又は科学の振興、文化の向上、社会福祉への貢献その他公益の増進に著しく寄与する特定公益信託の信託財産とするために支出された場合は、その支出した金銭の価額は、その相続や遺贈についての相続税の課税価額の計算の基礎に算入されません。その支出した金銭は相続税の課税対象にならないことになります（日措法70③）。ただし、その支出によって支出をした者又はその親類その他これらの人と特別の関係にある人の相続税や贈与税の負担が不当に減少する結果となると認められる場合を除きます。

(3) 持株会社組合員がその組合を通して取得した株式（2000.12.31以前取得、額面価額500万W以下）の特例

持株会社組合員が、その組合を通じて2000年12月31日までに取得した株式の価額（額面価額500万W以下に相当する価額）は、相続税課税価額に算入しません。

もし、株式の価額が500万Wを超過した場合には、500万Wまで相続財産に算入しないこととなります。また、持株会社を通さないで、法人から直接賞与金又は退職金として株式の支給を受けた場合には、相続税課税対象財産となります。

Q20－2　相続人が相続後に相続財産を韓国公益法人等に寄附（贈与）した相続財産の日本での取扱い

① 日本居住者である相続人は、相続した全世界遺産に対して相続税の納税義務がありますので、韓国の公益法人に出捐した財産が、日本において相続財産に含まれるのか否か関心のあるところです。

② 例えば、被相続人が残した韓国財産についてその一部を相続人が韓国公益法人等に寄附（贈与）した場合には、韓国相続税法規定の一定の要件を備えていれば、韓国相続財産への不算入の適用があります。

③ 日本においては、相続財産を相続人が相続税の申告期限までに特定の公益法人に贈与した場合、租税特別措置法第70条の適用申請をして国税庁長官の承認を受けたものは、相続税が非課税となります。

しかし、特定の公益法人とは、租税特別措置法施行令第40条の3で、公益社団法人、公益財団法人、学校法人、社会福祉法人など限定列挙されており、韓国相続税法で規定された一定の要件を備えた法人であっても、同令規定の公益法人には該当しないと考えます。

したがって、相続人に対しての相続税の課税対象財産と考えます。

さらに、相続人に対してみなし譲渡所得課税の対象（所法59①一）になることにも注意を要します（租税特別措置法第40条による国税庁長官の承認を得ることは、上記規定により困難と思われます）。

④ 被相続人の遺贈による韓国公益法人等への寄附の場合どのように考えるかですが、そもそも相続人への相続財産になっていないので、課税対象相続財産から除かれるものと考えることができます。

しかし、この場合であっても、租税特別措置法第40条で譲渡所得非課税の事前承認を得ないと、被相続人に係るみなし譲渡所得課税の問題があります。

この場合も、承認は上記規定により困難と思われ、みなし譲渡所得課税対象になると考えます。

⑤ 追って、寄附（贈与）を受けた韓国公益法人等への課税問題も発生するのではないかと考えます。

いずれにしろ、このような事例が生じる場合には、早期に所轄税務署との、事実関係を基にした多方面での課税関係の相談が必須と考えます。

相続税法編

> **メモ**
>
> 　韓国相続税法では、被相続人の死亡原因によって相続税そのものを非課税とする措置が講じられていますので、当該条文を紹介します。
>
> ○　戦死者等に対する相続税非課税（韓相法11）
> 　戦死その他これに準ずる死亡又は戦争その他これに準ずる公務の遂行中に負った負傷又は疾病による死亡により相続が開始する場合は、相続税が課されません。
> 　そして、戦死に準ずる死亡及び戦争に準ずる公務の範囲とは、事変又はこれに準ずる非常事態による討伐又は警備等作戦業務を遂行することをいいます（韓相令7）。

Q21　相続財産の価額から控除する公課金等債務控除の範囲

　相続財産の価額から控除される公課金等の債務は、韓国において被相続人が居住者か非居住者かによって範囲を異にするとのことですが、その違いについて説明願います。
　また、日本においても、相続人が無制限納税義務者か制限納税義務者かによって相続財産から控除できる債務の範囲を異にしているとのことですが、どのような点が違うのですか。

A

　相続税は、遺産に担税力を求めて課税する税金ですので、担税力を減殺する債務や公租公課、葬式費用については、相続する財産の価額から控除して相続税の課税価格を計算することとなります。
　この場合、韓国相続税法にあっては、被相続人が居住者か否か、日本相続税法にあっては、相続人が無制限納税義務者か制限納税義務者否かによって、控除される債務の範囲を異にしています。

1　韓国相続税法における債務控除の範囲
(1)　被相続人が居住者（無制限納税義務者）の場合（韓相法14①）
　相続開始当時、被相続人が韓国居住者である無制限納税義務者の場合の控除できる債務の範囲は、次表のとおりです。

債務の範囲	規定の内容
公課金 （韓相令9①）	相続開始日現在の被相続人が納付する義務があるもので、相続人に承継された租税、公共料金、その他これと類似したもので、国税基本法第2条第8号で定める公課金（国税徴収法に基づく滞納処分によって徴収できる債権中一定のもの）をいいます。 　ただし、相続開始日以後、相続人の帰責事由で納付又は納付する加算税、加算金、延滞処分費、罰金、過料、過滞料等は含まれません。
葬儀費用 （韓相令9②）	次の区分による金額を合計した金額が1,500万Wを限度（①＋②）として、葬儀費用として控除できます。 ①　被相続人の死亡日から葬儀日までに葬儀に直接要した金額（奉安施設又は自然葬地の使用に必要とされた金額を除きます。）。この場合、その金額が500万W未満の場合は、500万Wとし、その金額が1,000万Wを超えるときは、1,000万Wとします。 ②　奉安施設又は自然葬地の使用に必要とする金額。この場合、その金額が500万Wを超えるときは、500万Wとします。 　(注)　日本相続税法では、葬儀費用についての金額基準は設けていません（葬儀費用の範囲については規定がある）ので、相続人が居住無制限納税義務者に該当すると、日本での相続税申告に当たっての調整項目の1つになると考えます。

相続税法編

債務 （韓相基通14－0 …3債務の範囲）	① 相続開始当時被相続人が負担しなければならない確定された債務で、公課金以外の全ての負債（限度なし。ただし立証が必要） ② 相続開始日前10年以内に被相続人が相続人に対して負った贈与債務及び相続開始日前5年以内に被相続人が相続人でない者に対して負った贈与債務は除きます。 ③ 債務の範囲 　イ　債務とは、名称いかんにかかわらず、相続開始当時、被相続人が負担履行しなければならない確定している債務で公課金以外の全ての負債をいいます。 　ロ　相続開始日現在、消費貸借による被相続人の債務に対する未払利子は控除できる債務に該当します。 　　　ただし、法人税法第52条規定による不当行為計算の否認で計上した認定利子は含まれません。 　ハ　被相続人が負担している保証債務中、主債務者が弁済不能の常態で相続人が主債務者に求償権を行使することができないと認定された部分に相当する金額は債務として控除することができます。 　ニ　被相続人が連帯債務者である場合、相続財産から控除できる債務額は被相続人の負担分に相当する金額に限って控除することができます。 　　　ただし、連帯債務者が弁済不能の状態になって被相続人が弁済不能者の負担まで負担するようになった場合で、当該負担分に対して相続人が求償権行使によって返済を受けることができないと認定された場合には、債務として控除することができます。 　ホ　相続開始日現在支払をしなかった被相続人の生前の病院治療費は、債務と認定して相続財産価額から控除します。 　ヘ　被相続人の事業と関連して雇用した使用人に対する相続開始日までの退職金相当額は、相続開始当時の被相続人の債務に含まれます（使用人の退職金相当額は、会社の株式評価額算定に当たっても債務となる点が日本の相続税法との相違点です。）。 　　　＊　配偶者及び直系尊卑属との消費貸借を認定できるかどうかの判断 　　　　　原則的に配偶者及び直系尊卑属との消費貸借は認定されないことで、この場合に消費貸借認定可否は、債務負担契約書、債権者確認書、担保設定書及び利子支払に関する証明、弁済内容等の事実を所轄税務署長が調査して判断する事項である（財3,46014-1600,1997.7.1）とされています。 ③ 控除可能な債務の立証方法（韓相令10） 　債務として控除できる金額は、立証できるものに限られます。 　イ　国家、地方自治体団体及び金融会社等に対する債務は当該機関に対する債務であることを確認することができる書類 　ロ　イ以外の者に対する債務は債務負担契約者、債権者確認書、担保設定及び利子支給に関する証ひょう等によって、その事実を確認できる書類

(注) 公課金、葬儀費用、債務の合計額が相続財産価額を超過する場合、超過額はないものとみます。

(2) 被相続人が制限納税義務者（非居住者）の場合（韓相法14②）

相続開始当時、被相続人が非居住者である制限納税義務者の場合に、控除できる債務の範囲は次のとおりです。

債務の範囲	規定の内容
公課金	韓国国内に所在する相続財産に係る公課金及び死亡当時国内に事業場がある場合でその事業場に備え付けてある帳簿で確認される公課金
留置権等	韓国国内に所在する相続財産を目的とする留置権、質権、伝貰権、賃借権（事実上賃貸借契約が締結された場合を含みます。）、譲渡担保権、抵当権又は「動産・債権等の担保に関する法律」による担保権として担保された債務
事実上の債務等	被相続人の死亡当時、国内に事業場がある場合で、その事業場に備置きして、記録した帳簿により確認される事業上の債務

2 日本相続税法における債務控除の範囲

(1) 居住無制限納税義務者の場合（日相法13）

相続財産を取得した時において、日本国内に住居所を有している相続人が居住無制限納税義務者として控除できる債務の範囲は次のとおりです。

債務の範囲	規定の内容
公租公課 （日相法14②）	被相続人の死亡の際債務の確定しているものの金額の外、被相続人に係る所得税等の税額が含まれます。 ただし、相続人及び包括受遺者の責めに帰すべき事由により納付し、又は徴収されることとなった延滞税、利子税及び各種の加算税に相当する税額等は含まれません。
葬式費用 （日相基通13-4） （日相基通13-5）	1　葬式費用に該当する費用は次のとおりです。 (1) 葬式や葬送に際し、又はそれらの前において、埋葬、火葬、納骨又は遺がい若しくは遺骨の回送その他に要した費用 (2) 葬式に際し、施与した金品で、被相続人の職業、財産その他の事情に照らして相当程度と認められるものに要した費用 (3) 上記(1)又は(2)に掲げるもののほか、葬式の前後に生じた出費で通常葬式に伴うものと認められるもの (4) 死体の捜索又は死体若しくは遺骨の運搬に要した費用 2　葬式費用に該当しないもの 次の費用は、葬式費用として取り扱わないものとされています。 (1) 香典返戻費用 (2) 墓碑及び墓地の買入費並びに墓地の借入料 (3) 法会に要する費用 (4) 医学上又は裁判上の特別の処置に要した費用
保証債務 及び連帯債務 （日相基通14-3）	1　保証債務については、主たる債務者が弁済不能の状態にあるため、保証債務者がその債務を履行しなければならない場合で、かつ、主たる債務者に求償して返還を受ける見込みがない場合には主たる債務者が弁済不能の部分の金額は、その保証債務者の債務として控除できます。 2　連帯債務については、連帯債務者のうちで債務控除を受けようとする者

	の負担すべき金額が明らかとなっている場合には、その負担金額を控除し、連帯債務者のうちに弁済不能の状態にある者がおり、かつ、求償して弁済を受ける見込みがなく、その弁済不能者の負担部分を負担しなければならないと認められる部分の金額も控除できます。
（日相法13③）	3　控除されない債務 次に掲げる相続税の非課税財産の取得、維持又は管理のために生じた債務の金額は、債務控除の対象となりません。 (1)　墓所、霊びょう及び祭具並びにこれに準ずるもの (2)　個人の公益事業用財産

(2) 非居住無制限納税義務者の場合（日相法13）

　日本国籍を有する個人で、相続財産を取得した時において国内に住居を有しない相続人（相続人又は被相続人が相続開始前10年以内のいずれかの時において国内に住所を有していたことがある場合に限ります。）が、非居住無制限納税義務者として控除できる債務の範囲は、居住無制限納税義務者の場合と同様です。

(3) 制限納税義務者の場合（日相法13②）

　相続財産を取得した時において国内に住所を有する制限納税義務者及び国内に住所を有しない相続人（非居住制限納税義務者）が、控除できる債務は次のとおりです。

債務の範囲	規定の内容
公租公課	取得した相続財産に係る公租公課
留置権等	取得した相続財産を目的とする留置権、特別の先取特権、質権又は抵当権で担保される債務
取得に要した債務	相続財産の取得、維持又は管理のために生じた債務
贈与	相続財産に関する贈与の義務
営業上生じた債務	被相続人が死亡の際この法律の施行地に営業所又は事業所を有していた場合においては、その営業所又は事業所に係る営業上又は事業上の債務

※　葬式費用は控除の対象となりません。

相続税法編

7　合算対象事前贈与財産

Q22　相続前贈与財産の相続財産加算制度

日本では、相続前贈与財産の加算は3年間から最長7年間に改正されましたが、韓国でも同様の制度があり、10年とのことです。加算期間に差異がありますが、このことによる留意すべき点がありましたら、説明願います。

A

1　日本の制度

日本相続税法においては、相続などにより財産を取得した人が、相続の開始前3年以内に被相続人から財産を贈与された場合に相続税の課税価額に加算することとなります（日相法19）。税法改正によって、順次、加算期間が延長され、最長7年となります。

「相続などにより財産を取得した人が」とありますので、相続放棄者に係る3年以内の贈与は、相続財産に加算する必要はないと解されます。

③　贈与時に課された贈与税は相続税から控除されることとなります。

④　相続税から控除する贈与税額の計算（概要）

相続税額＝相続税算出税額－贈与税控除額※

※　贈与税控除額

次のイ又はロのいずれか少ない金額

イ　贈与当時の当該贈与財産に対する贈与税算出税額

ロ　相続税算出税額　×　$\dfrac{\text{相続財産に加算した贈与財産に対する贈与税課税標準}}{\text{相続税課税標準}}$

> **メモ**
>
> 贈与財産を相続財産に加算する制度は、日本・韓国とも同様ですが、加算する期間が日本は3年（最長7年）、韓国では10年と違いがありますので、日本での相続税申告にあたっては3年間の贈与分に再計算する必要があることが、留意点の1つといえます。なお、この場合の納付した相続税については、変更を要しないものと考えます。
>
> さらに留意すべき点は、例えば韓国での税務調査において、相続人名義預金が被相続人からの贈与であると認定され相続財産に加算される場合に、相続人名義預金が「相続人自ら設定した」ことについての立証責任は、税務署側ではなく相続人側にある点です。日本での、立証責任が税務署側ですので、韓国での贈与認定がそのまま日本において相続税加算贈与となるのかには疑問が生じますが、相続税加算贈与とされたものについて、日本側において、改めて日本税務署側が立証することの必要はないのではないかと考えます。

2　韓国の制度

(1)　合算対象の贈与財産の範囲

相続開始日前10年以内に被相続人が相続人に贈与した財産価額と、相続開始日前5年以内に被相続人が相続人ではない者に贈与した財産価額は、相続財産価額に算入して相続税課税価額に加算します。

ただし、租特法第30条の5（創業資金対する贈与税課税特例）、同法第30条の6（家業承継に対する贈与税課税特例）が適用される贈与財産は、合算期間に関係なく相続財産価額に算入して相続税率で精算します。これは、日本の相続時精算課税に類似した制度と言えるでしょう。

① 贈与を受けた相続人とそれ以外の者の区分

　イ　相続人かどうかの判断時点

　　相続開始日現在を基準として判断します（調審2017．ソ3396.2018.1.31、大法院2016．ツ54275.2018.12.13）

　ロ　相続人と相続人でないものの区分

　　贈与財産を合算する時、相続人の範囲は、民法による先順位相続人に限定されます。したがって、相続財産の全部又は一部を受けた者で民法第1000条から第1003条までの規定による先順位相続人でない場合、後順位相続人は相続人でない者に該当します。

　　（例）
　　・相続人である直系卑属……贈与10年加算
　　・相続人でない兄弟姉妹……贈与5年加算

　ハ　相続放棄者

　　相続人は、相続が開始される当時に相続人の地位にいた者を示しているので、相続が開始された後に相続を放棄した者も相続人に該当することとなります（大法院93ヌ．8092.1993.9.28）。したがって、相続開始前10年以内の贈与財産が、加算対象となります。

② 贈与財産の合算期間の計算

　贈与財産の合算期間の計算は、国税基本法第4条により、起算日初日は不算入とし、満了日を含んだ期間内に成立した贈与の財産を含みます。

　（例）
　　相続開始日が2022.1.3である場合
　　遡及して10年になる日は2012.1.3から2022.1.3の死亡時間前までに成立した贈与の財産をいいます。

③ 加算する贈与財産の合算価額

　イ　加算する価額は、贈与日現在の評価価額です。当該贈与が贈与税の賦課がされていなかったとしても、贈与加算の対象となります。

　ロ　負担付贈与財産は、債務を控除した価額を加算します。

④　被相続人が相続開始当時非居住者に該当している場合

　被相続人が、相続開始当時非居住者に該当している場合には、被相続人が相続開始日前10年以内に相続人に贈与した財産価額と、相続開始日前5年以内に相続人でない者に贈与した財産価額中、国内にある財産を贈与した場合のみ加算します（韓相法13②）。

⑤　合算対象から除かれる事前贈与財産

　合算対象から除かれる事前贈与財産には、非課税贈与財産、課税価額不算入贈与財産、みなし贈与財産などがあります。主なものを例示すると、次の表のとおりです。

区　　分	財産の種類
非課税贈与財産	・非課税になる贈与財産（韓相法46）
課税価額不算入財産	・公益法人等に出捐した財産（韓相法48） ・公益信託した財産（韓相法52） ・障害者が贈与を受けた財産（韓相法52の2）
合算排除贈与財産	・財産取得後当該財産の価値が増加する場合（韓相法31） ・転換社債等の株式転換等による利益の贈与（韓相法40） ・株式等の上場による利益の贈与（韓相法41の3） ・財産取得後財産増加による利益の贈与（韓相法42の3） ・財産取得資金等の贈与推定（韓相法45） ・名義信託財産の贈与擬制（韓相法45の2）　等
贈与税減免等	・営農子女が贈与を受けた農地等（租特法71）
その他	・贈与者である被相続人より受贈者である相続人が先に死亡した場合で、その相続人が贈与を受けた財産 ・贈与者が贈与財産の返還を受けて死亡した場合で、当該贈与財産が相続財産に含まれている場合

Q23 韓国制限納税義務者であった相続人が贈与を受けた国外財産の相続時の10年加算の要否

相続時に相続人が被相続人から相続開始日前10年以内に贈与を受けた財産を加算することになっていますが、相続人が贈与を受けた当時韓国非居住者で、しかも国外財産の贈与（韓国での贈与税課税対象とならない）である場合に、加算することになるのでしょうか？
また、日本の相続税法上の取扱いはどのようになるのでしょうか？

A

韓国の相続税法上の取扱いについて、例を基に説明します。
（事例）
　○被相続人は20年前から韓国居住者
　○相続人は、相続発生時は韓国居住者であるが、5年前の贈与時は日本居住者（韓国非居住者）であった。

（検討）
　韓国の贈与税法は、遺産取得課税方式を採っており、受贈者が国外（日本）に居住している場合には、韓国内財産（及び国外にある預金、株式等の財産）が贈与税の課税対象となります。
　したがって、日本居住受贈者に対する5年前の日本所在不動産の贈与は、韓国では課税されませんが、日本では贈与税の課税対象となります。
　次に、相続時より10年以内に相続人に贈与した財産は、相続時に加算することとなっていますが、韓国財産課税－952.2009.5.15によると、「相続税課税額に加算する財産価額とは、相続開始日現在居住者である被相続人が相続開始日前10年以内に相続人に贈与した国内・国外等全ての財産をいうことである」とあり、また、「相続当時非居住者である被相続人が、相続開始前10年以内（相続人でない者は5年以内）に贈与した場合の贈与加算は、国内財産の贈与に限る」とあります。しかし、非居住受贈者に対する国外財産の贈与の取扱いについては、明確に記述されていません。
　このことを文面どおりに読むと、事例の5年前の贈与財産についても、被相続人が相続開始日現在韓国居住者であることから、相続財産価額に加算することとなります（この取扱いは、被相続人を主体とする遺産課税方式を採っていることにあると考えます。）。
　しかし、この場合に問題になるのは、贈与加算するとなると、韓国で贈与税の課税対象とならず、かつ贈与税を納税していないことから、既納付贈与税の控除がされないこととなります。しかも、日本で納税した贈与税は相続税の納税ではないので、相続時において外国納付税額控除の対象外になるのではないかと考えられる点です。
　そうすると、そもそも贈与時の贈与税課税対象外としていることの規定の意義がないこと

となります。

　このことから、「10年以内に相続人に（韓国で贈与税の課税対象となった贈与財産を）贈与した国内・国外等全ての財産」と解するのが法及び取扱規程の趣旨と筆者は考えますが、この点に触れた韓国相続税文献は、今のところ探し切れていません。

　ちなみに、日本の相続税の取扱いは、旧相基通19－4（相続の開始前3年以内に被相続人からの贈与により国外財産を取得している場合）において、「加算の対象となる相続開始3年以内の贈与とは、贈与税の課税価額の基礎に算入された（算入されるべき）もの」となっており、加算の必要がないこととなります。

（参考1）

> 相基通19－4（相続の開始前3年以内に被相続人からの贈与により国外財産を取得している場合）
> 　贈与税の制限納税義務者が贈与により法施行地外にある財産を取得した場合には当該財産の価額は贈与税の課税価格に算入されないのであるから、当該贈与をした者の相続の開始に係る相続税の課税価格の計算において当該財産の価額は、当該贈与を受けた者が当該相続の開始した時に相続税の無制限納税義務者に該当する場合であっても、法第19条第1項の規定の適用はないのであるから留意する。

（参考2）令和5年12月1日に、次のとおり改正がありました。

> 相基通19－4（加算期間内に被相続人からの贈与により国外財産を取得している場合）
> 　贈与税の制限納税義務者が贈与により法施行地外にある財産を取得した場合には当該財産の価額は贈与税の課税価格に算入されないことから、当該贈与をした者の相続の開始に係る相続税の課税価格の計算における当該財産の価額については、当該贈与を受けた者が当該相続の開始の時に相続税の無制限納税義務者に該当する場合であっても、法第19条第1項の規定の適用はないことに留意する。

　以上の点からも、韓国相続税規定も日本相続税規定と同様に解釈することが相当と考えますが、現実に事例が発生した場合には、課税価額及び外国税額控除の調整に影響がでると考えますので、事前に韓国の税務当局に確認することを勧めます。

Q24 日本の事前贈与加算期間の延長からくる日韓事前贈与加算期間の調整

日本の相続贈与税法が改正され、令和6年1月1日以後に贈与により取得した財産については、相続税課税価額加算期限が順次延長されたとのことですが、このことに関して、留意すべき点について説明願います。

A

1 加算期間の計算方法の違いからくる調整

韓国の事前贈与加算期間の始点は、相続開始日の前日から10年間の贈与財産を遡及加算します。日本の場合も同様（3年間から順次7年間）ですが、贈与税は暦年課税制度及び相続が発生した年の贈与は贈与財産に加算することとされているなど（韓国は贈与税申告が必要）、日本での相続税申告に当たりいくつかの調整する事項があると考えます。

（例）

（注）令和13年1月1日相続開始日から、贈与7年以内加算となります（次ページ「（参考2）贈与税改正経過措置」参照）。

2 具体的な調整事項

(1) 相続発生時贈与の調整事項

日本の贈与税は暦年課税制度を採り、韓国の贈与税はその都度申告制度を採っています。そのため、相続発生年内の事前贈与は、日本では相続財産に加算するだけで足りますが、韓国では贈与税の申告が必要となり、かつ、相続財産加算となり、贈与税控除の対象となります。

したがって、韓国での相続開始年の贈与に係る贈与税控除はしないところで相続税額を、日本の相続税申告に当たっての外国税額控除対象とすることとなると考えます。

(2) 遡及年度内に生じた贈与財産の加算と外国税額控除

　日本での相続税法の改正で、最長過去7年間の贈与財産加算がありますが、韓国では過去10年間の贈与加算となっています。

　日本で加算された過去年分については、韓国での贈与加算期間内であり、日本、韓国とも相続税算出に当たっては贈与税額控除をする課税体系となっている考えられますので、日本での相続税額の計算に当たっての韓国相続税相当額が外国税価額控除の対象額になると考えます。

(3) 日本での贈与加算期間を超えて韓国で贈与加算があった場合の調整と外国税額控除

　日本での贈与加算期間より韓国での贈与税加算期間が長い場合の調整ですが、韓国での日本を超過した加算贈与額及び贈与税額控除がなかったものとして、韓国相続税を再計算して、当該相続税額を外国税額控除の対象額として日本での相続税申告に調整を加えることで、二重課税を調整することになると考えます。

（参考１）日本の通達

相基通19－6（「課せられた贈与税」の意義）

　法第19条第1項に規定する「課せられた贈与税」には、加算対象贈与財産に対して課されるべき贈与税（法第37条第1項及び第2項の規定による更正又は決定をすることができなくなった贈与税を除く。）も含まれるものとして取り扱うものとする。この場合において、当該贈与税については、速やかに課税手続をとることに留意する。

　なお、法第19条第1項の規定の適用により相続税の課税価格に加算される相続の開始前3年以内に取得した財産以外の財産の価額が零となる場合であっても、当該財産に係る贈与税は、同項に規定する「課せられた贈与税」に含まれることに留意する。

（参考２）贈与税改正経過措置

　令和6年1月1日から令和8年12月31日までの間に相続又は遺贈により財産を取得する者については、相続開始前3年以内にその相続に係る被相続人から財産を贈与によって取得したことがある場合には、その贈与財産（非課税財産を除きます。）を加算対象贈与財産として、その価額を相続税の課税価格に加算した上で、相続税の総額や各相続人等の相続税額を計算することとされています（令和5年改正法附則19②）。

　令和9年1月1日から令和12年12月31日までの間に相続又は遺贈により財産を取得する者については、令和6年1月1日からその相続開始の日までの間にその相続に係る被相続人から財産を贈与によって取得したことがある場合には、その贈与財産（非課税財産を除きます。）を加算対象贈与財産として、その価額を相続税の課税価格に加算した上で、相続税の総額や各相続人等の相続税額を計算することとされています（改正法附則19③）。

出典：「図解　相続税・贈与税（令和5年版）」大蔵財務協会刊 p.193

相続税法編

8　韓国相続税課税価額の計算

Q25　相続税課税価額の計算

韓国相続税法で規定している「相続税課税価額の計算」フローについて教えてください。

A

相続税課税価額とは、相続税課税対象となる相続財産の価額のことをいいます。

相続税課税価額は、まず被相続人を基準とした総相続財産価額を算定し、次にその金額から非課税及び課税価額不算入財産の価額と公課金、葬儀費用及び債務を控除して、これに相続開始前一定期間内の被相続人が相続人あるいは相続人ではない者に贈与した財産価額を加算して計算します。

(1)　被相続人が居住者である場合の相続税課税価額（Q4参照）

総相続財産価額 （韓相法7-10、15）	○本来の相続財産（相続遺贈死因贈与） ○みなし相続財産（保険金、信託財産、退職金等） ○推定相続財産（相続開始日前1年（2年）内処分・引出・債務負担額中使途不分明支出財産価額

(−)

非課税相続財産 （韓相法11-12）	○戦死者等の非課税 ○国等に遺贈等した財産、禁養林野等

(−)

課税価額不算入財産 （韓相法16-17）	○公益法人等に出捐した財産 ○公益信託として公益法人等・出捐した財産

(−)

公債金額 （韓相法14）	○公課金、葬礼費、債務（相続財産を超過する部分は"0"とします。）

(＋)

合算対象事前贈与	○相続開始日前10年以内に被相続人が相続人に贈与した財産価額 ○相続開始日前5年以内に被相続人が相続人ではない者に贈与した財産価額

(＝)

相続税課税価額

(2)　被相続人が非居住者である場合の相続税課税価額

被相続人が居住者である場合との相違点

① 国内に所在する相続財産に限って相続税が課税される

② 合算対象贈与については、贈与した財産価額中、国内にある財産を贈与した場合だけ、加算となる。

③ 公課金及び債務は、相続税対象となる相続財産に関する公課金及び相続財産を目的

とする債務に限られる。
④　被相続人の死亡当時国内に事業場がある場合でその事業場に備置して記録した帳簿によって確認される事業場の公課金及び債務に限られる。

Q25－2　日韓相続税法上の留意点

日本と韓国の相続税法における相続財産から控除できる「債務」の範囲は、同様の規定ぶりといってよいでしょう。

なお、日韓相続税法上のいくつかの留意すべき点は以下のとおりです。

①　相続人が韓国に住所を有し、日本の制限納税義務者に該当する場合で、日本の銀行からの借入金があったとしても当該借入金が営業上生じた債務でない場合には、日本における債務控除の対象となりません。

②　被相続人が日本に住所を有し、相続人が韓国に住所を有する場合、一般的に韓国、日本とも制限納税義務者にあたりますので、例えば、日本において相続した財産より債務が多くても、その債務超過部分は韓国の相続財産から控除することはできないことになります（それぞれの国で営んでいる事業に関係しないので）（逆の場合も同様です）。

③　被相続人に係る葬式費用が債務として控除できるのは、日本相続税法上は相続人が無制限納税義務者の場合、韓国相続税法上は、被相続人が居住者（無制限納税義務者）の場合であるので、例えば、被相続人が日本で住所を有し、相続人が韓国で住所を有する場合は、一般的にいずれも制限納税義務者にあたるので、日本・韓国どちらの国で葬儀を行っても、その費用は、日韓両国の相続税法上、債務控除の対象とならないことになります。

以下、葬式費用についてのパターン別の取扱いを表にしました。

○　債務控除のうち葬式費用についての取扱い

被相続人の住所	相続人の住所	控除の可否	
		韓国	日本
韓国＝無制限	韓国（日本＝制限）	可	否
韓国＝無制限	日本＝無制限	可	可
日本（韓国＝制限）	韓国（日本＝制限）	否	否
日本（韓国＝制限）	日本＝無制限	否	可

(注)1　無制限＝無制限納税義務者
　　　制限＝制限納税義務者
(注)2　非居住無制限納税義務者の場合のあてはめは省略しています。

日本における葬式費用の債務控除ができるのは、相続人が無制限納税義務者に限られますが、韓国においても無制限納税義務者に該当する場合には葬式費用の債務控除ができることから、日本と韓国の合算申告にあたっては、同一支出の両国重複債務控除の有無のチェックが必要な場合も出てくると考えます。

相続税法編

Q26 相続税課税価額から控除される各種相続控除の範囲

韓国相続税法で規定している課税価額から控除されるものに、基礎控除、配偶者控除などの相続控除がありますが、その範囲と日本相続税法の規定と異にする点について説明して下さい。

A

日本及び韓国相続税算出にあたり控除できるものに、基礎控除、配偶者相続控除などがありますが、韓国相続税法による具体的な各種控除項目と金額及び日本相続税法との違いについては次のとおりです。

1 韓国相続税法における課税価額から控除可能な相続控除額
① 被相続人が居住者（無制限納税義務者）である場合
Min（下記㋑～㋫の合計、下記㋥控除適用総合限度額）

② 被相続人が非居住者（制限納税義務者）である場合
相続控除額＝Min（基礎控除2億W、下記㋥控除適用総合限度額）

区分	相続控除（2016.1.1以後）
①基礎控除（韓相法18） 2億W＋家業・営農相続控除額	○基礎控除額：2億W ○家業相続控除額（2014年以後） ・家業相続財産価額（最大600億W限度） ○営農相続控除額：営農相続財産価額（控除限度：30億W）
②その他の人的控除（韓相法20） ・子女控除	○子女数（胎児を含む）×1人あたり5,000万W ・未成年者控除、老年者控除、配偶者控除と重複控除可能
・未成年者控除	○未成年者数（胎児を含む）×1,000万W×19歳までの残余年数（子女控除と重複控除可能） ・相続人（配偶者除く）及び同居家族中未成年者に限る
・老年者控除	○老年者数×1人あたり5,000万W ・相続人（配偶者除く）及び同居家族中65歳以上の者に限る
・障害者控除	○障害者数×1人あたり1,000万W×期待余命年数 ・相続人（配偶者含む）及び同居家族中障害者
③一括控除（韓相法21） ・①と②の控除を受ける代わりに一括控除を選択適用可能	○一括控除＝Max［5億W，（基礎控除2億W＋その他の人的控除）］ ・相続人が配偶者単独である場合：一括控除適用なし ・2020年から期限後申告にも一括控除の選択を許容 ・申告期限内無申告の場合：一括控除（5億W）適用

相続税法編

④配偶者相続控除（韓相法19） ・申告期限の日から9か月までに配偶者相続財産を分割登記等をして控除可能 ・申告期限の日まで分割登記等がされていない場合には5億W控除可能 ・配偶者の相続財産から5億W未満の場合には5億W控除可能	○配偶者相続控除額＝Max［Min（イ，ロ），5億W］ 　イ　配偶者が実際に相続を受けた価額 　　・配偶者該当分（＝本来・みなし相続財産－非課税財産－債務・公課金） 　ロ　控除限度額＝Min（ⓐ，ⓑ） 　　ⓐ（相続財産価額※×配偶者法定相続分）－（合算対象贈与財産中配偶者が贈与を受けた財産の課税標準） 　　ⓑ　30億W 　※　相続財産価額＝（本来・みなし・推定相続財産）－（相続人ではない受遺者に遺贈・死因贈与した財産）＋（相続人が贈与を受けた合算対象贈与財産）－（非課税・課税価額不算入財産＋債務・公課金）
⑤金融財産相続控除（韓相法22） ・相続財産に限って適用可能	○純金融財産価額（金融財産－金融債務）が ・2,000万W超過時：Min［Max（2,000万W，純金融財産価額×20％），2億W］ ・2,000万W以下時：純金融財産価額全額 　＊申告期限内に未申告の借名金融財産は控除排除
⑥災害損失控除（韓相法23）	○申告期限内に火災・自然災害で滅失、毀損時、その損失価額
⑦同居住宅相続控除（韓相法23の2）	○住宅価額（附随土地を含む）の100％（6億W限度） ・死亡日から遡及して10年以上同居して、一世帯一住宅であること
⑧控除適用総合限度額（韓相法24） ＝相続税課税価額－［相続人でない者に遺贈・死因贈与した財産＋相続人の相続放棄で後順位相続人が受けた相続財産＋相続財産に加算された贈与財産価額（課税価額5億W超過時適用、贈与財産控除・災害損失控除差減）］	

（参考）控除適用総合限度額制度の趣旨

　基本的に、控除適用総合限度額は本来の相続人たちが受けたり、あるいは受ける総相続財産（相続・遺贈・死因贈与＋みなし＋推定相続財産）に対する課税価額の合計額まで相続控除を許容するとの趣旨です。

Q26-2　配偶者が相続放棄しても配偶者相続控除を受けることができるか

　相続人が人的控除対象者として相続放棄等で相続を受けない場合でも、人的控除は可能です。

　したがって、被相続人の配偶者がいる場合に、配偶者が相続を放棄したとしても、配偶者相続控除の最小金額である5億Wを控除することができます。

Q26-3　相続放棄者がいる場合の配偶者相続控除の計算方法

　配偶者相続控除額をを計算する際には、相続放棄者がいる場合でも、法定相続比率はその者が相続を放棄しない状態での法定持分比率を適用します。

例えば、相続財産が35億Wであって、相続人が配偶者と2人の子どもである場合に、子どものうち1人が相続を放棄したとすると、配偶者控除額は、相続人2人としての35億W×1.5/2.5＝21億Wではなく、相続人3人としての35億W×1.5/3.5＝15億Wとなります。

Q26-4　相続で取得した財産がなくとも相続税を支払わなければならない？

相続税は、相続人たちが各々相続を受けた財産価額に比例して納付するものであり、相続によって取得した財産がない場合には、相続税の納付義務はありません。

ただし、相続人間には連帯納付義務があるので、他の相続人が負担する相続税を納付しない場合には、代わりに納付義務があります。

また、相続人が被相続人から事前に贈与を受けた事実があれば、相続放棄をしたとしても、事前贈与財産価額を限度として、相続税納税義務及び連帯納税義務を負うこととなります（財産相続　46014－1364、2000.11.17）。

2　韓国及び日本の各種相続控除額の違い（まとめ）

区分		国別　韓国	日本
基礎控除		2億W（原則）	3,000万円＋600万円×法定相続人の数
配偶者相続控除		配偶者の法定相続分（30億Wを限度）	税額軽減 Min（配偶者の法定相続分, 1億6,000万円）
その他の人的控除	子女控除	子女1人に対して5,000万W（原則）	（基礎控除で手当）
	未成年者控除	1,000万W×19歳までの残余年数（年）1,000万W	（税額控除）
	老年者控除	65歳以上の相続人1人に5,000万W	―
	障害者控除	1人に1,000万W×期待余命年数に達するまでの期間（年）	（税額控除）
金融財産相続控除		2億Wを限度	―
災害損失控除		申告期限内に災難による減失・毀損された財産の価額	―

※　一括控除、同居住宅相続控除及び控除適用総合限度額の制度は、日本にはありません。

（参考）日本の納税者義務別の相続税法の特例・控除適用関係概要図

	居住無制限納税義務者	非居住無制限納税義務者	居住制限納税義務者	非居住制限納税義務者
債務控除 （相法13）	相続税法第13条第1項各号に定めるものの金額のうち、その者の負担に属する部分		相続税法第13条第2項各号に定めるものの金額のうち、その者の負担に属する部分	
配偶者控除 （相法19の2）	適用あり			
未成年者控除 （相法19の3）	適用あり		適用なし　※1	
障害者控除 （相法19の4）	適用あり	適用なし　※1		
外国税額控除 （相法20の2）	適用あり		適用なし	
小規模宅地の特例 （措法69の4）	適用あり		国内財産のみ適用あり　※2	
納税地 （措法69の4）	住所地　※3	相続税法第62条第2項適用あり　※4	住所地　※3	相続税法第62条第2項適用あり　※4

※1　未成年者控除、障害者控除の適用について、相続人が制限納税義務者（障害者控除では非居住無制限納税義務者を含む）であっても、被相続人がアメリカ国籍を有している又はアメリカに住所を有している場合には、「遺産、相続及び贈与に対する租税に関する二重課税の回避及び脱税の防止のための日本国とアメリカ合衆国との間の条約」により、適用ができます。

　　未成年者控除、障害者控除の適用を受ける場合には、届出書を相続税法第27条又は第30条に規定する申告書に添付しなければなりません。

2　海外に所在する宅地等も本特例の対象となりますが、居住制限納税義務者及び非居住制限納税義務者の場合は国内財産のみが課税の対象となるので、国外に所在する宅地等について本特例を適用する余地はありません。

　　また、持ち家に居住していない者に係る本特例の対象とされている者（措法69の4③二ロ、いわゆる「家なき子」の場合）には、居住制限納税義務者又は日本国籍のない非居住制限納税義務者は含まれません（措規23の2④）。

3　相続税法附則（昭和25年法律第73号）第3項の適用がある場合を除きます。同項の適用がある場合は、納税地は、被相続人の死亡の時における住所地となります。

4　国内に住所及び居所を有しないこととなるものは、納税地を定めて、納税地の所轄税務署長に申告しなければなりません（相法62②）。

（出典：「図解　相続税・贈与税（令和5年版）大蔵財務協会」）

Q26-5　同居住宅相続控除制度とは

　一世帯一住宅を必要とする者の相続税負担を緩和するために導入されて、2009.1.1以後相続財産分から適用されました。2020.1.1以後の相続より、相続住宅価額からその住宅に担保された債務を差し引いて、控除金額は差引き後の金額の100％（6億W限度）です。

　この制度は日本の小規模宅地の評価特例制度と類似した制度といえますが、韓国は相続控除として位置付け、日本は不動産の評価を減額する位置付けとしている点が異なっています。

　この点は、日本で合算申告するに当たって、韓国所在の相続財産の評価額の減額と見るか否かによって相続税算出額に変動を与えるものと考えます。

1　同居住宅相続控除対象

　次の要件の全てを満たした場合には、同居住宅相続控除額（6億Wを限度）を相続税課税価額から控除します。

① 　被相続人と相続人（直系卑属。2022.1.1以後決定・更正分から代襲相続を受けた直系卑属の配偶者を含む。）が相続開始日から遡及して10年以上継続して同居していること。

② 　被相続人と相続人が相続開始日から遡及して10年以上継続して一世帯を構成しながら一世帯一住宅（被相続人の引っ越しによる一時的二住宅等を含む。）に該当すること。

　　この場合、相続開始日現在一世帯一住宅として10年の期間中、被相続人が無住宅の期間がある場合にも控除可能。

③ 　相続開始日現在、無住宅者であったり、被相続人と共同して一世帯一住宅を保有した者で被相続人と同居した相続人（直系卑属及び代襲相続を受けた直系卑属の配偶者）が相続を受けた住宅であること。

2　同居期間の例外

　被相続人と相続人が、次の①～④の事項に該当して、同居できない場合には、継続して同居したものとみます。

① 　兵役
② 　「初・中等教育法」による学校（幼稚園、初等学校及び中学校は除外）及び「高等教育法」による学校への就学
③ 　職場の変更や転勤等、勤務上の都合
④ 　1年以上の治療や療養が必要な疾病の治療又は療養

3　同居住宅相続控除金額

〔相続住宅価額（附随土地の価額を含む）－住宅及び附随土地に担保された被相続人の債務〕×100％（6億Wを限度）

Q26-6　韓国と日本の控除方法の違い

　韓国は遺産課税方式を採っていることから、各種相続控除額は相続税課税価額（Q4「韓国相続税の計算手順」参照）から控除することとなっており、各相続人別に控除する方式に

はなっていません。

　日本の相続税法上の各種相続控除には、基礎控除及び配偶者の税額軽減がありますが、これらの控除は税額控除となっています。

Q26－7　韓国の相続税計算事例

　相続控除の適用関係について簡単な事例を基に説明すると、以下のとおりです。

（前提条件）
- ・相続開始日　　　　　　　　：　2023.4.5
- ・相続財産　　　　　　　　　：　住宅（付随土地含む）10億W、土地8億W、預金5億W（合計23億W）
　債務9,300万W
- ・証憑書類のある葬儀費用　　：　500万W
- ・各種公課金　　　　　　　　：　200万W
- ・相続人　　　　　　　　　　：　配偶者、子女2人（33歳と18歳）
- ・相続財産は、韓国民法法定相続分で分割
- ・住宅は同居住宅相続控除対象である

（相続税計算過程）
① 　相続税課税価額：22億W

　　相続財産23億W－公課金200万W－葬儀費用500万W－債務9,300万W
　　＝22億W

② 　相続控除額の計算

　　基礎控除：2億W

　　その他の人的控除
- ・子女控除：1億W（子女1人当たり5,000万W）
- ・未成年者控除：1,000万W（年間1,000万W×19歳までの期間1年）

　　○一括控除額：5億W（基礎控除2億W＋その他人的控除1億1,000万Wを適用せずに一括控除を選択適用）

　　○配偶者相続控除：9億W（21億W×3/7＝9億W）

　　○金融財産控除：1億W（5億W×20％）

　　○同居住宅相続控除：6億W（10億W×100％＝10億W……6億W限度）

③ 　課税標準：1億W

　　相続税課税価額22億W－配偶者相続控除9億W－一括控除5億W－金融財産控除1億W－同居住宅相続控除6億W＝1億W

④ 　算出税額：1,000万W（1億W×税率10％）

⑤ 　納付する相続税額：970万W（自進申告控除3％＝30万Wを控除）

Q27 相続税納付義務を負う相続人のそれぞれの負担額の計算

韓国相続税は遺産課税方式を採っていますが、相続税納付義務は相続人が負うこととなります。そこで、各相続人が負う納付義務の相続税額の計算はどのようにするのでしょうか？

A

相続人又は受遺者が賦課された相続税に対して相続財産（合算対象贈与財産と推定相続財産を含みます。）中、それぞれが受けたあるいは受ける財産を基準として計算した占有比率により算出された相続税を、各相続人（受遺者）が納付する義務があります。

1 相続人又は受遺者

相続人又は受遺者別相続税納付義務比率は相続人又は受遺者別課税標準が全体相続税課税標準に占める比率で算定することになります。

（計算式）

相続人別納付する相続税額＝

配分する相続税額（相続税算出税額―相続人又は受遺者ではない者の贈与税額控除額）
　×相続人別相続税納付義務比率※

$$※\ \underline{相続人別相続税納付義務比率} = \frac{\begin{pmatrix}加算した\\相続人別\\贈与財産\\課税標準\end{pmatrix} + \begin{bmatrix}相続税\\課税\\標準\end{bmatrix} - \begin{pmatrix}加算した\\贈与財産\\課税標準\end{pmatrix} \times \frac{\begin{bmatrix}相続人別\\相続税課税\\価額相当金額\end{bmatrix} - \begin{pmatrix}加算した\\相続人別\\贈与課税価額\end{pmatrix}}{\begin{bmatrix}相続税\\課税価額\end{bmatrix} - \begin{pmatrix}加算した\\贈与財産価額\end{pmatrix}}}{\begin{bmatrix}相続税\\課税標準\end{bmatrix} - \begin{pmatrix}相続人又は受遺者ではない\\者に相続開始日前5年以内\\に贈与した財産の課税標準\end{pmatrix}}$$

2 営利法人の株主等

特別縁故者又は受遺者が営利法人である場合で、その営利法人の株主又は出資者が相続人とその直系卑属である場合には、その持分相当額をその相続人とその直系卑属は納付する義務があります（韓相法3の2②）。

（計算式）

（参考）相続税の課税を受けた株式等を譲渡する時は、当該相続財産価額をその株式等の取得価額に加算する方法で譲渡差益を調整します（韓所法163⑩）。

Q27－2　日本において韓国相続財産を合算申告する際に韓国で各相続人が納付すべき税額を確認（外国（納付）税額控除対象額）するに当たっての留意点

(1)　韓国相続税は遺産課税方式であることから、各相続人が納付すべき相続税額の計算についての厳格な計算規定がされているとは必ずしも言えません。また、計算するに当たっては、複雑です。

一方、日本相続税は遺産取得課税方式であることから、各相続人の納付相続税額を確定した上での韓国での各相続人別の相続税納付税額を確定したところでの、外国税額控除をすることとなります。

そこで、日本で韓国財産を合算相続税申告するに当たっては、韓国において各相続人が負担すべき相続税額を把握・確認することが必要となります。

この場合には、
①　「相続人別相続税財産評価明細書」を基に、相続人別の相続割合を把握する。
②　韓国所轄税務署に提出した相続税申告書を基に、各相続人毎の納付すべき税額の計算書類を入手する。
③　相続税は賦課課税制度を採っており、税務調査があると「相続人又は受遺者別納付税額及び連帯納付義務者通知」があるので、これを基に各相続人別の納税額を確認する。
といった方法があります。

(2)　日本の相続税に係る外国税額控除の規定は、「外国所在財産に課された外国税額」となっており、具体的な負担額の計算方法までは規定されていません。

したがって、韓国の遺産課税方式における相続人毎の相続財産比率に対応した相続税負担額計算を外国税額控除相当と考えます。

Q28 相続税率

韓国の相続税率と日本の相続税率とには、違いがあるのでしょうか？

A

韓国、日本とも超過累進課税を採用しています。相続税率は次表のとおりです。適用税率は日本の税制改正により2015.1.1以後の最高税率は日本が高くなっていますが、韓国での20％の適用税率の範囲内に、日本では15％税率があります（韓相法26、日相法16）。

韓国		日本	
課税標準	税率	課税標準	税率
1億W以下	10％	1,000万円以下	10％
1億W超 5億W以下	20％ （1,000万W控除）	1,000万円超 3,000万円以下	15％ （50万円控除）
		3,000万円超 5,000万円以下	20％ （200万円控除）
5億W超 10億W以下	30％ （6,000万W控除）	5,000万円超 1億円以下	30％ （700万円控除）
10億W超 30億W以下	40％ （1億6,000万W控除）	1億円超 2億円以下	40％ （1,700万円控除）
		2億円超 3億円以下	45％ （2,700万円控除）
30億W超	50％ （4億6,000万W控除）	3億円超 6億円以下	50％ （4,200万円控除）
		6億円超	55％ （7,200万円控除）

なお、韓国においては、自主（進）申告税額控除（3％）があり、表面最高税率は50％－1.5％＝48.5％となり、日本とは約6.5％の開差が生じています。

(注) 韓国贈与税率は、相続税率と同じです。

Q29 相続税額の割増制度

日本では、相続財産を取得した相続人が一親等の血族以外の世代を超えた相続の場合、相続税額の割増がありますが、韓国相続税法では遺産課税方式なのでこのような制度はないのでしょうか？

A

韓国相続税法においても、日本と同様に割増課税制度があります。一般的には遺産課税方式ですので、被相続人の遺産総額に相続税率適用することで終わることになりますが、世代を超えて相続することになる場合には、相続税を課税する機会が1回減少することになりますので、その超える分に相当する税負担額を割増しして課税することとなります。このことは、一面、遺産取得課税方式を取り入れてるともいえます。

1 韓国における世代を超えた相続に対する割増課税（韓相法27）

相続人又は受遺者が被相続人の子女を除く直系卑属、すなわち2親等以上の直系卑属である相続人等が受けた相続財産については、相続税算出税額の30％（40％）に相当する税額を加算します。ただし、配偶者は常に相続人となることから対象から除かれ、また、代襲相続の場合も対象から除かれます。

（算式）

相続税算出税額（割増前） × (被相続人の子女を除外した直系卑属が受ける相続財産価額) / (総相続財産価額（相続人や受遺者が贈与を受けた財産評価額を含む）) × 30％（40％） ＝ 割増課税額

2 韓国民法との関係

韓国民法においては、相続の第1順位の1つに「直系卑属」としていることから、2親等以上の直系卑属が相続人となることになりますが、相続税負担が子から孫に世代を超えることから相続税法で日本と同様に割増課税をする規定となっています。

3 日本における相続税の加算

相続や遺贈によって財産を取得した人が、その被相続人の一親等の血族（代襲相続人となった孫等を含みます。）及び配偶者のいずれでもない人である場合には、その相続人の相続税額に20％の割増課税がされます（日相法18①）。

なお、被相続人の一親等の血族には、被相続人の直系卑属で当該被相続人の養子となっている者（いわゆる孫養子等）は含まれません。これを図示すると次のとおりです。

4 韓国と日本の規定の違い

　韓国民法は、第一順位の相続者を「直系卑属」としていることから直系卑属の相続人が存在している限り、直系尊属には相続権がありませんので、割増課税の対象は2親等以上の直系卑属等となります。日本民法は第一順位の相続者を「子」としていることから割増課税の対象は一親等の血族以外の者と規定されているものです。

　なお、韓国における世代を超えた相続に対する割増課税額についても相続に課された税であることには変わりがないので、日本における外国税額控除の対象となる税額に当たると考えます。

Q30 税額控除の種類

相続税算出税額から控除される税額にはどのようなものがあるでしょうか。韓国と日本で違いがあるのでしょうか。
また、制度の違いからくる留意点も説明してください。

A

韓国相続税法における税額控除には次のものがあります。
1　贈与税額控除（韓相法28）
2　外国納付税額控除（韓相法29）
3　短期再相続に対する税額控除（韓相法30）
4　（自進）申告税額控除（韓相法69）

1　贈与税額控除（韓相法28）
(1)　相続税の課税価額を計算するにあたって、
　① 相続開始日前10年内に被相続人が相続人に贈与した財産価額
　② 相続開始日前5年内に被相続人が相続人でない者に贈与した財産価額
　③ 家業承継及び創業資金に対する贈与税課税特例（租税特別制限法第30条の5等）適用（10％税率、日本の相続時精算課税に類する制度）

は相続財産に加算されることに伴って、贈与時に納付した贈与税（贈与時の贈与財産に対する贈与税算出税額）を相続税算出税額から控除するというものです。

韓国の贈与税は遺産取得課税方式を採っており、贈与税の納税義務者は受贈者ですが、相続税は遺産課税方式を採っていることから、相続時に相続財産として擬制することで、贈与税額控除の概念がでてきているものと考えます。

(2)　贈与税の控除額は、各相続人等が受ける相続財産に占める相続財産に加算した贈与財産の割合を限度とされます。したがって、控除する贈与税額が各相続税算出税額を超過する場合は、超過した金額はないものとします。贈与税控除限度額は、①加算した贈与財産の贈与当時の贈与税算出税額と、②控除限度額のうち、いずれか少ない金額となります。

《控除限度額の計算》
（計算式1）受贈者が相続人あるいは受遺者（相続人等）である場合

$$\text{各相続人等が納付する相続税算出税額（注）} \times \frac{\text{各相続人等が相続財産に加算した贈与財産の贈与税課税標準}}{\text{各相続人等が受けた相続財産（贈与財産を含む）の相続税課税標準相当額}} = \text{贈与税額控除限度額}$$

　（注）　各相続人等が納付する相続税額＝相続税算出税額×相続人別納付義務比率※

※ 相続人等別相続税納付義務比率の計算方法は、次の計算式によります。

（計算式２）受贈者が相続人及び受遺者ではない場合

　相続人及び受遺者でない者に事前贈与した財産に対する贈与税算出税額相当額は、次の控除限度額の範囲内で直接総相続税算出税額から減算します。

$$相続税算出価額 \times \frac{加算した事前贈与財産に対する贈与税課税標準}{相続税課税標準（事前贈与財産を含む）} = 贈与税額控除限度額$$

(3) 贈与の加算期間を過ぎた期間に係る贈与課税の取扱い

　韓国国税基本法第26条の２第１項４号又は第４項（相続税・贈与税に係る除斥期間）に規定する期間の満了により贈与税が賦課されない場合と、相続税課税価額が５億W以下である場合には、当該贈与算出税額は贈与税額控除の対象となりません。

　ちなみに韓国相続税・贈与税の除斥期間は10年間、不正行為による脱漏や無申告の場合には15年間となっていますので、例えば、15年前に贈与し贈与税が単純無申告であった場合で相続が発生したときには、当該贈与した財産は贈与税の加算期間10年間を超えていますので、相続税に加算されず、贈与税額控除の対象ともなりませんが、別途贈与税のみが課されることになると考えます。

（留意点）

① 贈与財産の加算期間の違いからくる留意点

　韓国においては贈与財産の加算期間は５年間又は10年間ですが、日本では３年間（改正により最長７年間になります。）です。したがって、韓国において例えば10年前の贈与財産について相続税財産の対象とされた場合は、日本における相続財産の申告対象からは除いて申告することとなります。この場合の韓国で課された贈与税額控除後の相続税については、贈与税と相続税の二重課税となっていないこと、〝外国の法で課された相続税相当額″には変わりがないことから、日本において贈与加算金額がなしとなっても、韓国で課された外国税額控除対象税額には変更がないと筆者は解しています。

② 相続開始の年に贈与を受けた財産の取扱いの違いからくる留意点

　日本相続税法では、相続又は遺贈により財産を取得した者が、その相続開始の年の1月1日から相続開始の日までの間、その相続に係る被相続人から贈与により財産を取得している場合には、その贈与財産の価額は、相続税の課税価格に加算することになります。したがって贈与税は課税しないこととされています（日相法21の2④）。これは、贈与税の暦年課税制度からくる帰結と考えます。

　一方、韓国贈与税法では、贈与税納税義務のある者は、贈与を受けた日が属する月の末日から3か月以内に申告しなければなりません（韓相法68）。その上で、相続税申告にあたっては、当該贈与を加算した贈与税額を控除することとなります。これは、被相続人の死亡年度に発生した贈与は、日本では贈与税の申告は必要ないが、韓国においては申告と納税が必要ということです。

　このことは、韓国での贈与税申告時においては、日本での贈与税申告が不要ですので、日韓両国での二重課税は発生していないこととなります。これを相続税申告時に引き当てて図示すると、次のとおりです。

　この結果、相続財産には変更がないが、韓国における相続税額は贈与税額控除分が減少することになります。日本において外国税額控除するにあたっては、韓国で納付した贈与税相当額は計算式上控除されないこととなります。このような未調整となる二重課税を調整するためには、日本においては贈与税額を韓国納付相続税に加算したところで、控除対象外国納付税額として調整せざるを得ないと筆者は解しています。この場合、韓国贈与税申告書及び納税証憑書類の日本相続税申告書への添付が必要と考えます。

(韓国での贈与税額控除の計算事例)

① 被相続人の死亡　2017. 4. 1
② 配偶者、長男、次男に法定相続持分で相続した
③ 被相続人が2016. 4. 1に長男に贈与した財産：1億W（贈与財産課税標準：70百万W、既納付贈与税額：13百万W）
④ 相続財産価額：1,000百万W
⑤ 相続課税価額：1,100百万W（長男に贈与した財産1億Wを含む）
⑥ 相続控除：700百万W
⑦ 相続税課税標準：400百万W

イ　相続税算出税額
　　相続税算出税額 = 4億W×20% − 10百万W = 70百万W

ロ　相続人各々が納付しなければならない算出税額

区分	相続人別納付義務比率 （単位：百万W）	相続人が納付しなければならない算出税額
配偶者	$\left[(400-70) \times \dfrac{1,000 \times 1.5 \div 3.5}{1,100-100}\right] \div 400 = 0.3536$	24,752,000W
長男	$\left[70 + (400-70) \times \dfrac{1,000 \times 1 \div 3.5}{1,100-100}\right] \div 400 = 0.4107$	28,749,000W
次男	$\left[(400-70) \times \dfrac{1,000 \times 1 \div 3.5}{1,100-100}\right] \div 400 = 0.2357$	16,499,000W

ハ　贈与税額控除（長男）

　　Min（①，②）＝ 12,249,573W

　　① 13百万W

　　② $28,749,000W \times \dfrac{70}{\left[70 + (400-70) \times \dfrac{1,000 \times 1 \div 3.5}{1,100-100}\right]} = 12,249,573W$

　(注)　贈与税の割増税額があった場合の当該割増分については、贈与税額控除の対象とはなりませんので注意が必要です。

ニ　受贈者が相続人又は受遺者ではない場合の相続税の扱い

　韓国相続税法上は、受贈者が相続人又は受遺者ではない場合であっても、相続開始日前5年以内の贈与額は相続財産に加算することとなっていることから、当該者は相続税の納付義務者となります（そのため贈与税額控除の対象となっています）。

　しかし、日本においては、当該者は相続税の納税義務者となっていません。したがって、当該者に対する韓国相続税を日本で二重課税の調整をする必要はないこととなります。

相続税法編

○相続人・受遺者別　納付する相続税算出税額及び既納付贈与税額控除額の計算事例

相続開始日は2022.3.1で、被相続人が2014年に配偶者（7億W）、長男（8億W）及び孫（5億W）に贈与していて、相続控除合計額は1,400百万Wです。

（単位：百万W）

区　分		合計	配偶者 （相続人）	長男 （相続人）	次男 （相続人）	孫 （受遺者）
①相続財産価額（債務等差引後の金額）		1,800	1,000	200	400	200
②贈与財産加算額		2,000	700	800	—	500
③相続税課税価額　①+②		3,800	1,700	1,000	400	700
④相続控除額計		1,400				
⑤各者の相続税課税標準 （1段階計算）	直接配分	1,300	ⓐ100	ⓑ750		ⓒ450
	間接配分	1,100	ⓓ611	ⓔ122	ⓕ245	ⓖ122
	合　計	2,400				
⑥各者の相続税算出税額（2段階計算）		800	ⓗ237	ⓗ290.7	ⓗ81.7	ⓗ190.6
⑦贈与税額控除 （3段階計算）	㋑算出税額	255	ⓘ10	ⓙ165		ⓚ80
	㋺控除限度額	—	ⓘ33.3	ⓙ250		ⓚ149.9
	㋩控除税額	255	ⓘ10	ⓙ165		ⓚ80
⑧差引税額　⑥−㋩		545	22.7	125.7	81.7	110.6

※　複雑な計算になりますが、これは相続税が遺産課税方式、贈与税が遺産取得課税方式によるものであり、これら2つの方式の合理的調整によるものと考えられます。

（計算式）

1段階目の計算	相続税課税標準を相続人・受遺者別に配分

⑴　加算した贈与財産の贈与税課税標準の金額を直接配分する。

　　直接配分する相続税課税標準：1,300百万W（＝2,000百万W−贈与財産控除計700百万W＊）

　ⓐ　配偶者に直接配分した課税標準：100百万W（＝700百万W−600百万W＊）

　　　＊　法定贈与財産控除：配偶者600百万W

　ⓑ　長男に直接配分した課税標準：750百万W（＝800百万W−50百万W＊）

　　　＊　法定贈与財産控除：直系卑属50百万W

　ⓒ　孫に直接配分した課税標準：450百万W（＝500百万W−50百万W＊）

　　　＊　法定贈与財産控除：直系卑属50百万W

⑵　課税価額を基準として間接配分する。

　　間接配分する相続税課税標準：1,100百万W

　○　間接配分対象課税標準（1,100百万W）

　　　＝総相続税課税標準（2,400百万W）＊−直接配分した課税標準（1,300百万W）

　　　＊　相続税課税価額3,800百万W−相続控除額計1,400百万W＝2,400百万W

　　　　2,400百万W−直接配分1,300百万W＝1,100百万W（間接配分）

　○　配分基準となる相続税課税価額：1,800百万W＊

　　　＊　配偶者（1,000百万W）＋長男（200百万W）＋次男（400百万W）＋孫（200百万W）

　　　＊　贈与財産加算額を除外した相続財産の課税価額を意味する。

相続税法編

ⓓ 配偶者の課税価額をもとに配分した課税標準：611百万W＊

＊ 1,100百万W×（1,000百万W÷1,800百万W）

ⓔ 長男の課税価額をもとに配分した課税標準：122百万W＊

＊ 1,100百万W×（200百万W÷1,800百万W）

ⓕ 次男の課税価額をもとに配分した課税標準：245百万W＊

＊ 1,100百万W×（400百万W÷1,800百万W）

ⓖ 孫のの課税価額をもとに配分した課税標準：122百万W＊

＊ 1,100百万W×（200百万W÷1,800百万W）

| 2段階目の計算 | 相続税算出税額を相続人・受遺者別に配分 |

○ 1段階目で計算した各相続人の相続税課税標準を基準として相続税算出税額を配分

区　分	合計	配偶者	長男	次男	孫
各相続人の相続税課税標準	2,400	711 (ⓐ+ⓓ)	872 (ⓑ+ⓔ)	245 (ⓕ)	572 (ⓒ+ⓖ)
各相続人の相続税算出税額	800	237 (ⓗ)	290.7	81.7	190.6

各相続人の相続税算出税額＝

算出税額（800百万W）×（各相続人の課税税率÷全体の課税標準）

| 3段階目の計算 | 相続人・受遺者別の贈与税額控除額の計算 |

ⓘ 配偶者の贈与税額控除：Min（イ，ロ）＝10百万W

　イ 配偶者の贈与財産700百万Wに対する贈与税算出額：10百万W

　ロ 控除限度額：33.3百万W

$$\underset{(237百万W)\ ⓗ}{配偶者の算出税額} \times \underset{配偶者の相続税課税標準（711百万W）\ \ ⓐ+ⓓ}{\overline{配偶者の贈与税課税標準（100百万W）\ \ ⓐ}}$$

ⓙ 長男の贈与税額控除：Min（イ，ロ）＝165百万W

　イ 長男の贈与財産800百万Wに対する贈与税算出額：165百万W

　ロ 控除限度額：250百万W

$$\underset{(290.7百万W)}{長男の算出税額} \times \underset{長男の相続税課税標準（872百万W）\ \ ⓑ+ⓔ}{\overline{長男の贈与税課税標準（750百万W）\ \ ⓑ}}$$

ⓚ 孫の贈与税額控除：Min（イ，ロ）＝80百万W

　イ 孫の贈与財産500百万Wに対する贈与税算出額：80百万W

　ロ 控除限度額：156.6百万W

$$\underset{(190.6百万W)}{孫の算出税額} \times \underset{孫の相続税課税標準（572百万W）\ \ ⓒ+ⓖ}{\overline{孫の贈与税課税標準（450百万W）\ \ ⓒ}}$$

㊟ 贈与税の割増課税があった場合にはの当該割増分については、贈与税額控除の対象とはなりませんので、注意が必要です。

相続税法編

| 4段階目の計算 | 相続人・受遺者別の相続税納税額 |

○　125ページ表中の⑧のとおりです。

区　分	合計	配偶者 （相続人）	長男 （相続人）	次男 （相続人）	孫 （受遺者）
各相続人毎の納税額	545	22.7	125.7	81.7	110.6

　韓国相続税法は、遺産課税方式を採っていますので、相続税を相続人の誰がどのように納付するかは重要な点ではなく、例えば、相続人の1人が相続税の金額を納付することでもしいて問題とはなりません。

　各相続人毎の納税額を計算することの重要性は、連帯納付義務額の限度がいくらになるかにあると考えます。

　日本の相続税法上は、遺産取得課税方式を採っているので、外国税額控除する上で、相続人毎の納付すべき税額の計算は重要となります。

2　外国納付税額控除（韓相法29）

(1) 韓国の居住者である被相続人の死亡により相続税が課税される場合に、外国にある相続財産に対して外国の法令により相続税を賦課された場合は、その賦課された相続税に相当する金額が相続税算出税額から控除されます。

この場合に居住者としているのは、非居住者に対しては、制限納税義務者であることから、外国にある相続財産に対しては、韓国において相続税の課税対象にしていないことによるものです（贈与税の場合には、遺産取得課税方式を採っていることから受贈者が国内に居住していると国内・国外財産とも課税対象となることに注意が必要です）。

（算式）

$$\text{外国納付税額控除額}^{※1} = \text{相続税算出税額}^{※2} \times \frac{\text{外国に所在する相続財産の課税標準}^{※3}}{\text{相続税の課税標準}^{※4}}$$

※1　外国の法令によって賦課された相続税額とのいずれか少ない方の額が限度とされます。
※2　相続税課税標準に税率を適用して計算した金額（韓相法26）
　　これは、世代省略割増税額及び各種税額控除前の税額ということになります。
※3　外国の法令により相続税が賦課された相続財産の課税標準
※4　相続税課税価額から基礎控除、配偶者相続控除等の相続控除及び相続財産の鑑定評価手数料を控除した金額（韓相法25①）

(2) 外国納付税額控除の適用を受けようとする者は、「外国納付税額控除申請書」を、相続税課税標準申告とともに管轄税務署長に提出しなければなりません（参考資料「外国納付税額控除申請書」参照）。

（留意点）

外国納付税額控除については、日韓両国とも現在のところ、法令通達において細部にわたった規定がされておりません。これは事例が少なかったことも起因しているかと思いますが、今後は具体的事例の解決にあたり、いくつかの確定すべき事項（例えば、外国納付税額控除対象額の算定は相続人別に税額計算することになるが、韓国での各相続人の納付すべき税額の計算は適正か？　事前贈与財産加算における贈与税の取扱いは？　また、外国に所在する財産の課税標準の算定は、外国法令に基づいての評価額なのか？　など）があると考えます。

※　外国納付税額控除についての詳細は、後掲「Q31　外国納付税額控除」を参照して下さい。

3　短期再相続に対する税額控除（韓相法30）

相続開始後10年内に相続人又は受遺者の死亡によって再び相続が開始される場合には、相続財産のうち再相続分に係る既に相続税が課された相続税相当額を相続税算出税額の計算から控除します。

日本の相続税法では、相次相続控除があり、控除額の計算は、①10年以内の再相続である

こと、②控除率は１年毎に低減する、など日韓両国とも同様な制度になっています。
具体的な控除額の計算は、次の算式に基づいて行うこととなります。

（算式）

次の①により計算した金額に、②の控除率を乗じて計算した金額を相続税算出税額から控除します。ただし、前の相続税算出税額を超えて税額控除することはできません。

① 前の相続税算出税額 × $\dfrac{\text{再相続分の財産価額}^{(注)}（事前贈与を含む） \times \dfrac{\text{前の相続税課税価額}}{\text{前の相続財産価額（事前贈与を含む）}}}{\text{前の相続税課税価額}}$

　　(注) 再相続分の財産価額は、再相続された財産別に計算した前の相続財産価額から前の相続税相当額を差し引いて計算します（韓相法30③）。

② 控除率

再相続期間	控除率	再相続期間	控除率
１年以内	100分の100	６年以内	100分の50
２年以内	100分の90	７年以内	100分の40
３年以内	100分の80	８年以内	100分の30
４年以内	100分の70	９年以内	100分の20
５年以内	100分の60	10年以内	100分の10

③ 短期再相続に対する税額控除は再相続されたそれぞれの相続財産別に区分して計算することとなります。

（設例）

	前の相続（2016.12）	今回の相続（2022.10）
		※３年以内再相続
・再相続財産	1,500,000,000₩	1,700,000,000₩（評価増）
		新規財産　500,000,000₩
・相続財産課税価額	1,500,000,000₩	2,200,000,000₩
・相続税課税価額計	1,300,000,000₩	1,900,000,000₩
・算出税額	360,000,000₩	600,000,000₩

（計算）

① $360,000,000 \times \dfrac{1,140,000,000 \times \dfrac{1,300,000,000}{1,500,000,000}}{1,300,000,000}$

= 273,600,000₩

　(注) 1,500,000,000 − 360,000,000 = 1,140,000,000₩

② 控除率　80％（3年以内）
　　　273,600,000×0.8＝218,880,000₩

4　（自進）申告税額控除（韓相法69）

　相続税課税標準申告期間に相続税申告書を提出した場合には、申告税額控除を適用します。この場合の規定は期間内に相続税を納付しているか否かを問いません。

　控除率は、2016.1.1以後10％、2017.1.1以後7％、2018.1.1以後5％、2019.1.1以後は3％です。

（計算式）2019.1.1以後の場合
［(相続税算出税額＋世代省略割増課税額)－(文化財資料等の徴収猶予税額＋贈与税額控除＋外国納付税額控除＋短期再相続税額控除＋他の法律による控除又は減免税額)］×3％

Q31 外国納付税額控除

日本と韓国にある財産を相続した場合の日本と韓国の相続税の計算にあたっては、韓国又は日本で納付した相続税相当額を日本又は韓国で税額控除できるとのことですが、どのような場合に外国納付税額控除が発生するのでしょうか？

A

韓国においても日本と同様、外国納付税額控除制度がありますが、韓国相続税法は遺産課税方式を採っていますから、韓国外国納付税額控除が発生するのは、被相続人が韓国居住者であり、かつ韓国で課された国外相続財産に対して日本でも相続人に相続税が課税された場合に限られます。韓国において外国納付税額控除が発生する基本的な事例には、次のものがあります。

(注)1　韓国では「外国納付税額控除」と定義し、日本では「外国税額控除」と定義しています。本書では、同義に使用しています。また、住所を有する者を居住者と表記しています。

(注)2　非居住無制限納税義務者については考慮していません。

(事例1) 相続人が韓国において居住している場合（一般的な例）

（説明）
(1) この事例では、韓国においては、被相続人に対して韓国所在及び日本所在の相続財産が課税対象となり、日本においては、相続人に対して制限納税義務者として日本所在の相続財産が課税対象となります。したがって、日本で課税された相続財産に係る相続税が韓国における外国納付税額控除の対象となります。なお、日本においては、相続人が制限納税義務者のため日本所在相続財産が課税対象となり、外国税額控除の適用はありません。
(2) 韓国相続税法は遺産課税方式を採っているので課税対象者は被相続人、日本相続税法は遺産取得課税方式を採っているので課税対象者は相続人と課税対象者を異にしますが、外国の法令により賦課された相続税に相当する税に該当することから、外国税額控除の対象になると考えます。

（事例2）相続人が日本において居住している場合（一般的な例）

（説明）

この事例では、韓国においては、被相続人に対して韓国・日本両国に所在する相続財産を課税し、日本においても相続人は日本居住者として無制限納税義務者となり日本・韓国両国に所在する相続財産に対して課税されることから、完全二重課税が発生し、韓国と日本の両国においてそれぞれ外国納付税額控除を行うこととなります。

この場合、申告期限との関係で問題が生じます。韓国での申告期限は6か月（又は9か月）以内、日本での申告期限は10か月以内、よって日本での申告にあたっては韓国で納付した相続税相当額を計算した上で外国税額控除できますが、韓国において外国納付税額控除する場合には、韓国相続税法第21条第2項で「外国納付税額控除申告書を相続税課税標準申告とともに提出」とあり、日本での相続税申告の提出が韓国のそれよりも遅れると、要件を満たさないこととなります。

この調整は、①一つは、日本において6か月（又は9か月）以内に相続税の申告をして、それを基に韓国において相続税の申告をし（日本側での相続税申告に係る納税は10か月以内となります。）、その上で、韓国の申告を踏まえて、外国税額控除をした相続税申告書を10か月以内に再提出する（この方法で韓国所轄税務署が承知した事例があります。）、②もう一つは、相続税国税基本法第45条の2に係る更正請求によることになる、と考えます。請求期限は法定申告期限後5年以内となります。もっとも、韓国は賦課課税方式をとっており、全件調査によって納税額が確定するので、その際に職権更正で、税額控除してもらうのも方法かと考えます。

なお、相続回復請求訴訟等による相続人間の相続財産価額の変動等があった場合には、相続税法上の規定による更正等の請求特例（韓相法79）によって、事由が発生した日から6か月以内に更正請求書を提出することとなります。

（事例3）相続人がそれぞれ韓国と日本において居住している場合

（説明）

前記（事例1）（事例2）の混合事例です。

相続税法編

　韓国では、被相続人に係る相続税額から、日本において課税された相続人Ａ、Ｂに係る相続税を外国納付税額控除の対象とします。相続人Ａは、日本においては制限納税義務者ですので、日本の相続税計算においては、外国納付税額控除は発生しません。相続人Ｂは、（事例２）と同じく無制限納税義務者として日本・韓国両国に所在する相続財産に対し課税されることから、日本側においても二重課税が発生し、相続した韓国財産に課された相続税については外国納付税額控除として調整することとなります。
　相続人Ａ、Ｂが相続する財産いかんによって、外国納付税額控除の適用額に違いが出てくることとなります。

Q31-2　日本相続税法における外国税額控除制度

　日本の相続税法上における外国税額控除制度は、次のとおりです。
　　（注）　日本相続税法では「外国税額控除」と規定していますが、韓国相続税法では、「外国納付税額控除」と規定しています。

1　外国税額控除の適用要件
　①　相続又は遺贈により財産を取得したこと
　②　①により取得した財産は、法施行地外にあるものであること
　③　①により取得した財産について、その財産の所在地国において相続税に相当する税が課税されたこと

　この要件から分かるとおり、外国税額控除が適用される者は、相続人が日本における無制限納税義務者いわゆる居住無制限納税義務者及び非居住無制限納税義務者であり、制限納税義務者には適用がありません。
　「相続税に相当する税」とは、実質において日本の相続税に相当する税ということで相続の名称を指しているのではないということです。
　したがって、韓国は遺産課税方式を採っており、被相続人に帰属する財産に対しての課税であっても、外国税額控除の対象となる相続税に相当する税といえます。

2　控除額
　相続税額から控除できる外国税額は、相続又は遺贈によって取得した外国所在財産に対して課された外国相続税（日本の相続に相当する税）に相当する額です。控除額の限度額は、①外国所在財産に課された外国相続税と②次の計算式による税額とのいずれか小さい金額です。

贈与税額控除から相次相続控除までの諸控除を控除した後のわが国の相続税額 × (外国に所在する財産の価額（債務控除後の金額）) / (相続又は遺贈により取得した財産の価額のうち課税価格計算の基礎に算入された部分の金額)

　　（注）１　外国の法令により課された相続税に相当する税額は、その国の法令により課された相続税額を納付すべき日における対顧客直物電信売相場（TTS）により邦貨換算します。

-133-

⑵2 「課税価格計算の基礎に算入された部分」とは、債務控除した後の金額をいいます（日相基通20の2－2）。

⑶3 「相続又は遺贈により取得した財産の価額」には、相続時精算課税の適用を受けた財産の価額を含みます（日相基通20の2－2）。

　上記の計算の趣旨は、外国の法令により課された相続税に相当する税額を日本で課された相続税額に食い込んでまでは控除しないということです。ですから、二重課税が完全に調整されることにはなりません。

　また、日本相続税法上の外国税額控除の対象となる日本で課した相続税額は、贈与税額控除から相次相続税額控除までの諸控除を控除した後の税額ですので、例えば在外財産に対する相続税額控除（外国税額控除）を適用する前段階で相続税額が零又は赤字となると、実質外国税額控除はできないこととなります。特に、配偶者に対しては相続税額の軽減措置が大きく違うのと、法定相続分も違いますので、韓国相続税を全額控除できない例が発生するかと考えます。

　外国税額控除の計算に至るまでの相続税の税額控除の順序は、次の表のとおりです（日相基通20の2－4）。

順序		
	①	贈与税額控除
	②	配偶者に対する相続税額の軽減
	③	未成年者控除
	④	障害者控除
	⑤	相次相続控除
	⑥	在外財産に対する相続税額の控除（いわゆる外国税額控除）

3　日本と韓国の外国税額控除対象税額の違い

　外国（納付）税額控除の対象となる相続税額は、韓国では相続税課税標準に税率を適用して計算した税額と規定しています（韓相法26）。このことは、贈与税額控除、短期再相続税額控除（相次相続控除）及び申告税額控除をする前の税額を指しています。

　これに対し、日本は、上記2の表の①～⑤の税額控除をした後の金額としています。

　このうち②～④については、韓国相続税法上は相続控除として課税価額から控除されますので、外国税額控除対象税額に差異は生じないと思われます。

　問題は、①の贈与税額控除と⑤の相次相続控除（韓国：短期再相続税額控除）です。

　韓国の外国（納付）税額控除対象税額には、①と⑤は控除されていませんが、日本のそれには①と⑤が控除された後の金額とされています。この部分を、日本で外国税額控除額を計算するに当たって「外国所在財産に課された外国相続税」を調整するのかという疑問がありますが、筆者は、「課された外国相続税」と規定しているので、調整不要と考えます。

　しかし、日本の相続財産加算贈与財産が3年間から7年間に延長されることを鑑みると、贈与税額控除前を外国税額控除の対象とするのか、贈与税額控除後を対象とするのか、外国税額控除枠に大きく違いが出てくるのではないかと考えています。国税当局からのFAQが望まれます。

4　日本において外国税額控除をするにあたっての留意点
　① 　外国税額控除の規定は、無制限納税義務者にのみ適用されることから、居住無制限納税義務者のみならず、非居住無制限納税義務者に対しても適用されますが、制限納税義務者に対しては適用されません。
　② 　相続開始の年において被相続人から受けた外国所在贈与財産については、たとえ韓国で贈与税が課されても、日本では贈与税は課税されず、相続財産として相続税のみが課税される（日相法19の2④）ことから、その贈与により取得した財産については、外国税額控除の対象となる外国に所在する相続財産の価額に含まれることとなります。
　③ 　相続税に相当する税とは、税の名称にかかわらず、相続又は遺贈により財産を取得したことを起因として課税される税が該当し、国税のみならず地方税であっても該当します。
　④ 　その取得した財産が、日本国内に所在するか否かの所在地の判定は、日本相続税法第10条の規定に基づいて行われます。

相続税法編

Q32 日本と韓国における相続税に係る外国（納付）税額控除制度についての留意点

相続税申告に際して外国税額控除を適用するにあたっての日本と韓国における留意点について説明して下さい。

A

外国税額控除制度は、日本・韓国の二重課税を調整する上で最重要項目と考えます。そこで、日韓両国の相続税法の条文に則して解説します。

1 日本における相続税外国税額控除制度の税法規定からみた留意点

日本相続税法第20条の2（在外財産に対する相続税額の控除）において、

「相続又は遺贈によりこの<u>法律の施行地外にある財産</u>①を取得した場合において、<u>当該財産についてその地の法令により</u>②<u>相続税に相当する税</u>③が課せられたときは、<u>当該財産を取得した者</u>④については、（略）算出した金額から<u>その課された税額に相当する金額を控除した金額</u>④をもって、その納付すべき相続税額とする。ただしその控除すべき金額が、その者についてこれらの規定により算出した金額に当該財産の価額が当該相続又は遺贈により取得した財産の価額のうち課税価額計算の基礎に算入された部分のうちに<u>占める割合を乗じて算出した金額を超える場合においては、その超える部分の金額については、当該控除をしない。</u>⑤」と規定しています。

以下、各下線部分について説明します。

① 韓国に所在する財産についての取扱い

相続税法第10条において財産の種類別に所在地の判定基準を規定しており、この規定に基づいて韓国に所在する財産が法律の施行地以外にある財産か否かを判定します。

② その地（韓国）の法令の取扱い

財産の所在地である日本・韓国以外の第三国における当該財産に係る課税は控除の対象とはならないこととなります。

③ 「相続税に相当する税」とは

韓国の相続税は遺産課税方式を採り、被相続人を課税対象者としていますが、「相続税に相当する税」に該当することから、外国税額控除の対象となります（相続税に相当する税とは、相続税・遺産税又は贈与税の名称にかかわらず、相続又は遺贈により財産を取得したことにより課税される税であり、それが国税・地方税を問わないと解されています。）。

④ 「当該財産を取得した者」とは

日本では、遺産取得課税方式を採っていることから、外国税額控除を適用できる者は、国外財産を相続した相続人に限られることになります。韓国においては、遺産課税方式を

採っていますので、各相続人毎ではなく、全体の納付すべき金額を計算する段階で外国納付税額控除を適用することとなります。

　したがって、日本で外国税額控除を適用するに当たっては、相続人各人毎の納付すべき税額を計算することが必須となります。

⑤　韓国で「課された税額に相当する金額」とは

　外国税額控除の対象となる税は、課された税であることが前提となります。韓国の申告期限は9か月以内（6か月以内の場合もあり）ですが、この提出された申告書を基に日本において外国税額控除の計算をすることとなります（外国税額控除の規定は、無制限納税義務者のみに適用されるもので、国内所在財産のみに課税される制限納税義務者には適用されません。）。

　なお、税法上、課された税額（申告又は更正決定によって確定した税額）であればよく、現に納付済か否かは問わないものと考えますし、現に適法とされた事例があります。

⑥　算出した金額を超える場合

　外国税額控除額の計算式は、次のとおりです。

イ

$$\text{贈与税額控除から相次相続控除までの諸控除を控除した後の日本の相続税額} \times \frac{\text{外国に所在する財産の価額}^{(注1)}}{\text{相続又は遺贈により取得した財産の価額のうち、課税価額計算の基礎に算入された部分の金額}^{(注2)}}$$

　　(注)1　外国に所在する財産の価額とは、外国にある財産の合計額からその財産に係る債務の金額を控除した金額をいいます（日相基通20の2－2）。
　　(注)2　課税価額の計算の基礎に算入された部分の金額とは、債務控除後の金額をいいます（日相基通20の2－2）。

ロ　韓国所在財産に課された相続税額に相当する金額
ハ　イ、ロのうち、小さい金額が外国税額控除の対象金額となります。
ニ　ロの金額がイの金額を超過した場合でも、当該超過した金額は、算出した金額を超える場合に該当し、外国税額控除の対象となりません。また、所得税や法人税のような繰越控除制度はありません。

⑦　邦貨換算

　韓国で課された税額の邦貨換算は、原則として韓国の法令により納付すべき日における「対顧客直物電信売相場（TTS）」により行うこととなります（日相基通20の2－1）。

　なお、国外にある財産の邦貨換算は、「対顧客直物電信買相場（TTB）」によります（日財評基通4－3）。

　この邦貨換算方法は、納税者（相続人）に有利となります。

2　韓国における相続税の外国納付税額控除制度の税法規定からみた留意点

　韓国相続税法第29条（外国納付税額控除）の規定は、「居住者の死亡により相続税を賦課する場合に、<u>外国にある相続財産</u>①に対して<u>外国の法令により</u>②<u>相続税を賦課</u>③された場合には、大統領令で定めるところにより、<u>その賦課された相続税に相当する金額を相続税算出税額から控除する</u>④。」となっています。

　また、韓国相続税施行令第21条（外国納付税額控除）第1項の規定は、「法第29条により相続税算出税額から控除する外国納付税額は次の計算式により計算した金額とする。ただし、その<u>金額が外国の法令により賦課された相続税額を超過する場合にはその相続税額を限度とする</u>⑤。」
となっています。

$$相続税算出税額 \times \frac{外国の法令によって相続税が賦課された相続財産の課税標準^{※1}}{相続税法第25条第1項による相続税の課税標準^{※2}}$$

　　※1　当該外国の法令による相続税の課税標準をいいます。
　　※2　相続税法第25条第1項は、相続税の課税標準の計算規定です。

　さらに、第2項において「第1項の規定によって外国納付税額控除を受けようとする者は、企画財務部令が定める「外国納付税額控除申請書」を相続税課税標準申告書と一緒に納税地管轄税務署長に提出しなければならない。」と規定しています。

① 「日本にある相続財産」についての取扱い

　韓国相続税法第5条において、財産の種類別に所在地の判定基準を規定しており、この規定に基づいて、日本に所在する財産が韓国の法律の施行地以外にある財産か否かを判定します。

② 「日本の法令により」の取扱い

　財産の所在地国外として韓国・日本以外の第三国における当該財産に係る課税は控除されないこととなります。

③ 「相続税を賦課」とは

　韓国は賦課課税方式を採っていることから、「賦課」の用語を使用していますが、日本においては相続税申告に係る相続税が控除対象となります。

④ 「賦課された相続税に相当する金額」とは

　日本に所在する相続財産に対して賦課された相続税です。韓国相続税法第29条に「居住者の死亡により」と規定されていることから被相続人が韓国居住者（無制限納税義務者）の場合に適用されることとなります。

⑤ 計算式について

計算式の基本的な点は日本のそれと同様といえますが、いくつかの違いがあります。

イ 「相続税算出税額」とは、韓国相続税法第26条で規定する相続税課税標準に税率を適用して計算した金額をいいます。このことは、韓国相続税法で規定している各種税額控除前の金額を指すこととなり、日本で各種税額控除後の金額を指していることと異なります。

ロ 計算式の分子は、「外国の法令により相続税が賦課された相続財産の課税標準をいう」と規定されています。条文の文理解釈上、「外国の法令により相続税が賦課された、(韓国相続税法で評価した) 相続財産の課税標準をいう」なのか、「外国の法令により相続税が賦課された (外国税法で評価した) 相続財産の課税標準をいう」のか疑問があります (これは、韓国独特の分かち書きの表記上からくる文理解釈の困難と考えます) が、韓国における評価の原則は、国外財産についても韓国相続税・贈与税法で評価されていることからすると、韓国相続税法に基づく評価によるものと考えます (なお、韓国の文献の中には「当該外国の法令による相続税の課税標準」と記述しているものもあります。)。日本の規定も同様に解するものと考えます。日本の外国税額控除額の計算式の分子についても、「外国に所在する財産の価額」とあり、この価額は日本相続税法で評価された価額 (日評通5-2 (国外財産の評価)) と解されています。

このことから、日本及び韓国においても国外財産については自国の相続税法に基づいた財産評価の仕直しが必要になるということになります。ただし、評価が困難な場合には相手国の法令に基づく評価額を適用する規定もあります。

ハ 韓国と日本の外国 (納付) 税額控除の規定ぶりの違いについても着目されます。

(イ) 日本においては、

　　Ⓐ 外国で課された税金 ＞ Ⓑ日本相続税法での控除限度額

Ⓑを超える部分については控除しないと規定し、

(ロ) 韓国においては、

　　Ⓐ 外国で課された税金 ＜ Ⓑ韓国相続税法での控除限度額

Ⓐを超える部分については控除しないと規定しています。

(ハ) 外国 (納付) 税額控除限度額は、Min (Ⓐ, Ⓑ) であることには違いはないものの、この規定ぶりの違いが、どのような面で影響するのかは、今後の事例の蓄積を待つこととなるでしょう。

Q33 日本と韓国における相続税納税額のパターン別二重課税の外国（納付）税額控除調整事例

Q27で、日本と韓国における相続パターン別（基本例）の外国税額控除事例の説明がありましたが、その他に日韓相続税二重課税調整が発生する例がありましたら、ご説明願います。

A

次のような例が挙げられます。

＜事例1＞被相続人が日本居住者、相続人が韓国居住者で、相続財産が日韓両国にある場合

（韓国）　被相続人は、制限納税義務者として、韓国にある相続財産について韓国で相続税申告が必要です。
（日本）　相続人は、制限納税義務者として、日本にある相続財産について日本で相続税申告が必要です。
（二重課税の調整）　日本及び韓国とも二重課税になっておらず、納税額の調整は不要です。
（25.4.1改正後）　日本では、被相続人は国内に住所があることから、相続人は無制限納税義務者として日本・韓国所在の財産について相続税申告が必要ですが、韓国財産に係る相続税は、外国税額控除の対象となり、結果、論理的には日本の財産のみに係る相続税を納付することとなります。

＜事例2＞相続人が韓国居住者、被相続人が日本居住者で、相続財産が韓国のみにある場合

（韓国）　被相続人は、制限納税義務者として、韓国にある相続財産について相続税申告が必要です。
（日本）　相続人は、被相続人が日本に居住していることから、無制限納税義務者として、韓国にある相続財産について相続税申告が必要です。
（二重課税の調整）　日本において、韓国国内財産に課された韓国相続税相当額を外国税額控除して納税額を調整します。

＜事例３＞被相続人が韓国居住者、相続人が日本居住者で、相続財産が日本のみにある場合

(韓国)　被相続人は、韓国では無制限納税義務者であるので、日本にある相続財産について韓国で相続税申告が必要です。
(日本)　相続人は、日本では無制限納税義務者として、日本にある相続財産について日本で相続税申告が必要です。
(二重課税の調整)　日本所在の相続財産について、韓国で相続税が課されても、相続人の日本での相続税の申告に際しては、国外財産に該当しないので、韓国相続税相当額は外国税額控除としての納税額の調整はされませんが、韓国においては日本国内財産に課された相続税相当額について、外国税額控除の調整をすることになります。

＜事例４＞相続人、被相続人とも韓国居住者で、相続財産が日本のみにある場合

(韓国)　被相続人は、韓国では無制限納税義務者として、日本にある相続財産について韓国で相続税申告が必要です。
(日本)　相続人は、日本では制限納税義務者として、日本にある相続財産について日本で相続税申告が必要です（非居住無制限納税義務者に該当する場合もあります。）。
(二重課税の調整)　韓国において、日本相続税相当額を外国税額控除して納税額を調整しますが、日本においての相続財産は日本所在相続財産ですので、韓国で課された相続税相当額の外国税額控除はしません。

＜事例５＞被相続人及び相続人Ａは韓国居住者、相続人Ｂは日本居住者で、相続財産が日本、韓国双方にある場合

(韓国)　被相続人は、韓国では無制限納税義務者ですので、日本・韓国双方にある相続財産について相続税申告が必要です。

相続人A及びBは、韓国では相続税課税対象者ではありませんが、相続税の納付義務者となります。

（日本）　相続人Aは、日本で制限納税義務者ですので、日本にある相続財産について相続税申告が必要です。但し、相続人の日本国籍の有無と、被相続人の日本国の過去の住所の有無によっては、非居住無制限納税義務者に該当します。

相続人Bは、日本では居住無制限納税義務者ですので、日本・韓国双方の相続財産について日本で相続税申告が必要です。

（二重課税の調整）　相続人Bは、相続した財産のうち韓国に所在する財産で自己の相続分について課された相続税相当額を外国税額控除して納税額を調整します。

相続人Aは、日本では制限納税義務者となりますと、日本所在相続財産ですので、日本での韓国相続税相当額の外国税額控除はしません。非居住無制限納税義務者に該当しますと、韓国所在相続税については、韓国相続税相当額を外国税額控除することとなります。

被相続人は、韓国での相続税申告に際し、日本所在の相続財産に係る相続税相当額を外国納付税額控除して納税額を調整します。

＜事例６＞被相続人及び相続人Aは韓国居住者、相続人Bは日本居住者で、相続財産が韓国のみにある場合（基本例）

（韓国）　被相続人は、韓国では無制限納税義務者として、韓国にある相続財産について韓国で相続税申告が必要です。

相続人Aは、韓国では相続税課税対象者ではありませんが、相続税の納付義務者となります。

（日本）　相続人Aは、日本では制限納税義務者であり、韓国にある相続財産について日本での相続税申告は不要です。但し、事例５と同様に、非居住無制限納税義務者に該当しますと、韓国にある相続財産について日本で相続税申告が必要です。

相続人Bは、日本では無制限納税義務者として、韓国にある相続財産について日本で相続税申告が必要です。

（二重課税の調整）　相続人Bは、韓国財産のうち自己の相続分について課された韓国相続税相当額を外国税額控除して納税額を調整します。相続人Aも非居住無制限納税義務者に該当すると、相続人Bと同様に納税額の調整をします。

被相続人は、韓国での相続税申告に際し、相続人BないしAが納税する日本相続税相当額は国外相続財産に係る相続税ではないので、外国納付税額控除による納税額の調整はできません。

＜事例7＞被相続人、相続人Aは韓国居住者、相続人Bは日本居住者で、相続財産が日本のみにある場合

(韓国)　被相続人は、韓国では無制限納税義務者として、日本にある相続財産について韓国で相続税申告が必要です。
　　　相続人A及びBは、韓国では相続税課税対象者ではありませんが、被相続人に係る相続税の納付義務者となります。
(日本)　相続人Aは、日本では制限納税義務者として、非居住無制限納税義務者に該当するとしても、相続財産は日本にあるのみですので、日本にある相続財産について日本で相続税申告が必要です。
　　　相続人Bは、日本では居住無制限納税義務者として、日本にある相続財産について日本で相続税申告が必要です。
(二重課税の調整)　相続人A及び相続人Bは、日本財産のうち自己の相続分について課された韓国相続税相当額は、国外相続財産に係る相続税相当額ではないので、外国税額控除の納税額の調整はできません。
　　　被相続人は、韓国での相続税申告に際し、日本相続税相当額は国外相続財産に係る相続税相当額として外国納付税額控除して納税額を調整します。

Q33－2　10年以内の住所の有無における相続税納税額のパターン別二重課税調整事例

＜事例1＞被相続人及び相続人とも韓国居住者であるが、被相続人は過去10年以内に日本に住所を有する場合で、相続財産が日韓両国にある場合

(韓国)　被相続人は、無制限納税義務者として、日本、韓国双方にある相続財産について韓国で相続税申告が必要です。
(日本)　相続人（日本国籍あり）は、非居住無制限納税義務者として、日本、韓国双方に

ある相続財産について日本で相続税申告が必要です。なお、被相続人が非居住被相続人に該当すると、非居住制限納税義務者となります。

(二重課税の調整)　被相続人は韓国において、相続人は無制限納税義務者に該当し、日本において、それぞれ相手国で課税された相続税相当額を外国(納付)税額控除として納税額を調整します。

＜事例２＞被相続人は韓国居住者であるが、過去10年以内に日本に住所を有し、相続人は韓国居住で日本国籍を有していない場合で、相続財産が日韓両国にある場合

(韓国)　被相続人は、無制限納税義務者として、韓国、日本双方にある相続財産について韓国で相続税申告が必要です。

(日本)　相続人は、非居住無制限納税義務者として、日本、韓国双方にある相続財産について日本で相続税申告が必要です(経過措置があります。)。なお、被相続人が非居住被相続人に該当すると、非居住制限納税義務者となり、日本にある相続財産に対してのみ、相続税納税義務があります。

(二重課税の調整)　被相続人は韓国において、日本相続税相当額を外国納付税額控除して納税額を調整します。相続人は日本において、韓国にある財産について課された相続税相当額を外国税額控除対象として納税額を調整します。非居住制限納税義務者該当しますと、外国税額控除の調整はありません。

＜事例３＞被相続人は韓国居住者であるが、10年以内に日本に住所なし、相続人も韓国居住であるが日本国籍があり、10年以内に日本に住所がある場合で、相続財産が日韓両国にある場合

(韓国)　被相続人は、無制限納税義務者として、日本、韓国双方にある相続財産について韓国で相続税申告が必要です。

-144-

(日本)　相続人は、非居住無制限納税義務者として、日本、韓国双方にある相続財産について日本で相続税申告が必要です。

(二重課税の調整)　韓国、日本において、被相続人、相続人とも相手国での納税額を外国（納付）税額控除として納税額を調整します。

＜事例4＞被相続人は韓国居住者で10年以内に日本に住所なし、相続人は韓国居住で日本国籍がない場合で、相続財産が日韓両国にある場合

(韓国)　被相続人は、無制限納税義務者として、日本、韓国双方にある相続財産について韓国で相続税申告が必要です。

(日本)　相続人は、制限納税義務者として、日本にある相続財産について日本で相続税申告が必要です。

(二重課税の調整)　被相続人は韓国において、日本相続税相当額を外国納付税額控除として納税額を調整します。

相続人は日本において非居住制限納税義務者として、日本にある財産についての相続税の申告ですので、外国税額控除の調整は必要ありません。

＜事例5＞被相続人は韓国に居住（10年以内に国内に住所なし）し、相続人は日本に住所を有するが一時居住者に該当する場合で、相続財産が韓国のみにある場合

(韓国)　被相続人は、無制限納税義務者として、韓国で相続税申告が必要です。

(日本)　相続人は、日本に住所を有するも一時居住者に該当し、被相続人も10年以内に国内に住所を有しないので、居住制限納税義務者に該当し、しかも日本に相続財産がないので、相続税申告する必要がないことになります。なお、被相続人が10年以内に国内に住所があって、非居住被相続人に該当しない場合には、相続人は居住無制限納税義務者に該当します。

(二重課税の調整)　被相続人、相続人とも二重課税が発生していないので、調整の必要がありません。

相続人が居住無制限納税義務者に該当する場合には、相続人は韓国にある相続財産について外国税額控除をした上で、日本で相続税の申告が必要です。

＜事例６＞被相続人は韓国居住者で日本の非居住被相続人に該当し、相続人は日本に住所を有するが一時居住者に該当する場合で、相続財産が日韓両国にある場合

(韓国)　被相続人は、無制限納税義務者として、日本、韓国双方にある相続財産について韓国で相続税申告が必要です。

(日本)　相続人は、居住制限納税義務者として、日本にある相続財産についてのみ日本で相続税申告が必要です。

(二重課税の調整)　被相続人は韓国において、日本相続税相当額を外国納付税額控除として納税額を調整します。

相続人は日本において、日本にある相続財産についての相続税の課税ですので、二重課税の調整はありません。

㊟　一時居住者及び非居住被相続人の用語は、「図解　相続税・贈与税（令和５年版）」（大蔵財務協会刊）の例によりました。

Q34　相続控除適用に当たっての留意点

相続財産から控除される相続税控除制度がありますが、合算対象事前贈与財産がある場合にも適用されるのでしょうか。適用されるのであれば、過去納付の贈与税額に影響が生じると思われますが、この点について説明願います。

A

被相続人の相続財産価額が、相続控除（基礎控除（2億W）、家業相続控除、営農相続控除、配偶者相続控除、その他の人的控除、一括控除、金融財産相続控除、災害損失控除、同居住宅相続控除）の合計額に達しないとしても、事前贈与財産等がある場合には、当該財産価額相当額を減算することにして、相続控除限度額を引き下げて相続税を計算します。

相続控除限度額＝相続税課税価額－①－②－③
① 先順位である相続人ではない者に遺贈等をした財産価額
② 先順位相続人の相続放棄でその次の順位の相続人が受けた相続財産価額
③ （相続税課税価額が5億Wを超過する場合のみ）相続税課税価額に加算した贈与財産価額
  ・贈与財産価額は相続税贈与財産控除額と労災損失控除額を差減する
  ・贈与財産価額には創業資金及び家業承継株式等（租特法30の5及び30の6）を含まない

（計算例）
1．相続開始日　2022.3.1
2．相続財産6億W、相続開始日1年前に子女に事前贈与した財産3億W
3．相続財産6億Wのうち、3億Wは遺言によって弟に相続させ、相続人は配偶者と成人子女1名

Q　相続税を無申告した場合の相続控除額と課税標準及び算出税額は？
　① 相続控除額＝Min（㋑，㋺）＝3.5億W
　　㋑ 相続控除限度額＝相続税課税価額5億W＋配偶者控除5億W
　　㋺ 相続税限度額：相続税課税価額9億W－子女に贈与した財産の課税標準2.5億W（3億W－5千万W）－相続人外の者に遺贈した財産価額3億W＝3.5億W
　② 相続税課税標準＝9億W－3.5億W＝5.5億W
　③ 相続税算出税額＝5.5億W×30％－6千万W＝1億5百万W

9　相続税の申告と計算の仕方

Q35　申告及び納税方式

韓国相続税法による相続税の申告と納税は、どのような規定になっているのでしょうか？

A

韓国の相続税法は「賦課課税方式」を採っているところ、日本においては「申告納税方式」を採っており、この点からもいくつかの違いがみられます。

韓国の相続税課税方式が相続税申告を求めながら賦課課税方式を採っていると言われる理由には、次の課税方式を採っているところに根拠があると考えます。

韓国相続税法第76条（決定、更正）第１項で、相続税申告により課税標準と税額を決定すると規定しているところ、第３項で申告を受けた日から法定決定期限内に課税標準を決定しなければならないとしています。すなわち、申告した者に対し全件皆調査対象として（無申告者に対しては当然に調査によって決定する）、その調査結果によって課税標準と税額が決定することになります。このことから、賦課課税方式を採っているといえます。

一方、相続税申告期限内に申告した者は、申告税額控除（韓相法69）を受けることができます。このことは、賦課課税を採っている中で自ら申告した者に対する恩典ともいえます（韓国相続税法では相続税申告書名を「相続税課税標準申告及び自進納付計算書」と規定しています。）。

以下、申告から納税に至るまでの韓国の相続税法規定について説明します。

1　申告期限及び所轄税務署（韓相法67①）

相続税納付義務がある相続人又は受遺者は、相続開始日の属する月の末日から６か月以内（被相続人、あるいは相続人が、国外に住所を置いている場合は９か月以内。この場合の「相続人が国外に住所を置く場合」とは、相続人全員が国外に住所を置く場合をいいます。）に相続税の申告書を被相続人の住所を所轄する税務署に申告と納税することとなります。

被相続人が韓国に住所を有しない（非居住者）場合、納税地は主な財産の所在地を所轄する税務署に申告と納税することとなります。

相続税申告期限内に相続人が確定しない場合には、申告は法定申告期限内にしなくてはなりませんが、申告とは別に、相続人が確定された日から30日以内に確定された相続人の相続関係を記載して、所轄税務署長に提出しなければならないこととされています（韓国は遺産取得課税方式を採っていないので、相続人の確定の有無にかかわらず、納税額に原則変動がないことからの規定と考えます。）。

(相続税申告期限フローチャート)

2 申告に際して提出する書類(韓相法67②)

　相続が開始した時には相続税納付義務がある相続人又は受遺者は、相続税申告書に相続税課税標準の計算に必要な相続財産の種類、数量、評価価額、財産分割及び各種控除等を立証することができる次の書類等を添付し、納税地所轄税務署長に提出しなければなりません(韓相令64②)。

(相続税申告書式)
① 本表：相続税課税標準申告及び自進納付計算書
② 付表：・相続人別相続財産及び評価明細書
　　　　・債務・公課金・葬礼費用及び相続控除明細書
　　　　・相続開始日前1(2)年以内財産処分・債務負担内訳及び使用処疎明明細書

(申告書に添付する書類)
① 家業相続控除など該当するときに追加して申告書を作成することとなります。
② 外国納付税額控除申請書
③ 相続税又は贈与税年賦延納許可申請書
④ 相続税物納(変更)申請書

(事実関係証拠書類の提出)
① 被相続人の除籍謄本
② 債務として相続人が負担した事実を立証できる書類
③ 配偶者の相続財産が分割された場合には相続財産分割明細書及び評価明細書
④ 家業相続・営農相続の控除要件立証書類
⑤ 公課金及び・葬礼費・評価手数料等証拠書類

（参考）相続人が韓国籍で韓国に居住している場合（日本非居住者）の日本での相続税の申告手続
イ　相続税申告書の提出先
　(イ)　被相続人が韓国籍で日本居住の場合
　　相続税申告書は、被相続人の死亡の時における被相続人の住所地を管轄する税務署長に提出することとなります。
　(ロ)　被相続人が韓国籍で韓国居住（日本非居住者）の場合
　　㋑　財産を取得した者（相続人）の住所地が日本にある場合には、財産を取得した者の住所地を所轄する税務署長に提出することとなります。
　　㋺　財産を取得した者（相続人）の住所地が日本国内にない場合には、相続税法第62条第2項によって定めた納税地又は国税庁長官が指定した納税地を所轄する税務署長に提出することとなります。

（例）

　相続税申告は、A、B及びCともに日本非居住者ですので、原則、Aの日本での納税地であった所轄税務署長に提出することとなります。
　Dは日本居住者ですので、住所地所轄税務署長に申告書を提出することとなります。

ロ　被相続人として提出する韓国特有の書類
　被相続人として、相続税申告に当たって税務署に提出すべき韓国固有の書類としては、戸籍謄本に代わるものとして、次のものがあります。
　(イ)　基本証明書
　(ロ)　家族関係証明書
　(ハ)　親養子入養関係証明書
　(ニ)　入養関係証明書
　(ハ)　婚姻関係証明書

3　申告税額控除（韓相法69）
　相続税の申告期限内に相続税課税標準を自進申告した場合は、相続税算出税額（世代を越えた相続に対する割増課税額を含みます。）から徴収猶予を受けた金額及びこの法律又は他の法律の規定により算出税額から控除又は減免される金額を控除した金額の100分の3に相当する金額を税額控除（申告税額控除）できます（申告税額控除の適用控除率の改正については、「Q26　税額控除の種類」を参照してください。）。

(算式)

申告税額控除 ＝

$\left\{\begin{bmatrix} 相続税 \\ 算出税額 \end{bmatrix} + \begin{bmatrix} 世代省略 \\ 割増課税額 \end{bmatrix}\right.$

$\left. - \begin{bmatrix} 文化財資料等の \\ 徴収猶予税額 \end{bmatrix} + \begin{bmatrix} 贈与税額 \\ 控除 \end{bmatrix} + \begin{bmatrix} 外国納付 \\ 税額控除 \end{bmatrix} + \begin{bmatrix} 短期再相続 \\ 税額控除 \end{bmatrix} + \begin{bmatrix} 他の法律に \\ よる控除又は \\ 減免税額 \end{bmatrix} \right\}$

$\times \dfrac{3}{100}$

　この申告税額控除は相続税期限内申告書の提出が要件となっており、相続税の納付は要件となっていません（通達69－0…1②③）。

　また、共同相続人の各者持分別に申告した場合は、申告した相続財産を合算してこれを基準に申告税額控除を適用します（通達69－0…1④）。

4　自主（進）納付する税額（韓相法70）

　相続税を申告する者は、申告期限内に相続税算出税額から徴収猶予金額、各種控除減免金額、年賦延納を申請した金額、物納を申請した金額を差し引いた金額を納税地管轄税務署、韓国銀行又は郵政官署に納付しなければなりません。

(算式)

自進納付税額 ＝ 相続税算出税額

$- \begin{cases} 文化財資料又は博物館資料に対する徴収猶予金額 \\ 贈与税額控除金額 \\ 外国納付税額控除金額 \\ 短期再相続に対する税額控除金額 \\ 申告税額控除金額 \\ 年賦延納を申請した金額 \\ 物納を申請した金額 \end{cases}$

5　相続人別納付義務及び連帯納付義務（韓相法3の2）

　相続税の自進納付税額は被相続人の相続財産全体に対する税金であるが、各相続人又は受遺者は、その全体の相続税額に対して相続財産中各自が受けたり受ける財産の比率により相続税を納付する義務を負います。

　また、各相続人又は受遺者相続財産中、各自が受けた、もしくは受ける財産を限度として相続税を連帯して納付する義務を負います。

　一方、相続人である各自が受けた相続財産を超過して代りに納付した相続税額は連帯納付義務を超過して他の相続人に贈与したものとして贈与税が課税されることとなります。

6　分割納付

　納付する相続税の金額が1,000万Wを超過している場合には、次に掲げる金額の一部を納

付期限後2か月以内に限り分納することができます。

　この場合には、「相続税課税標準申告及び自進納付計算書」の分納欄に記載することで足り、特別な申請書は不要となっています。

① 分納する税額が2,000万W以下である時には、1,000万Wを超過する金額
② 分納する税額が2,000万Wを超過している時には、その金額の5％以下の金額

7　年賦延納（韓相法71）

(1) 年賦延納期間

　納税地管轄税務署長は、相続税納付税額が2,000万Wを超える場合は、納税義務者の申請を受けて年賦延納を許可することができます。この場合、納税義務者は担保の提供が必要となります。

区　分	年賦延納期間	
	2022.12.31以前	2323.1.1以後
通　常	5年以内	10年
相続財産中家業相続財産の占める割合が50％未満である場合	10年又は3年ないし7年以内	年賦延納許可日から20年又は年賦延納許可後10年になる日から10年
相続財産中家業相続財産の占める割合が50％以上である場合	20年又は5年ないし15年以内	

※ 贈与税は5年以内

（韓相法71）

(2) 年賦延納加算金（韓相法72）

　年賦延納の許可を受けた者は、年賦延納利子を各回の分納税額に加算して納付することとなります。

（算式）

年賦延納加算金＝

（年賦延納総税額－直前回まで納付した分納税額の合計額）× 日数

× 大統領令で定める加算率(注)

　(注) 大統領令で定める加算率は、国税基本法施行令第43条の3第2項によります（韓相令69）。具体的には次表のとおりです。

	2020.3.13～2021.3.15	2021.3.16～2023.3.19	2023.3.20～
加算率	年1.8％	年1.2％	年2.9％

8　物納制度

（物納要件）

次の要件の全てを充足した場合には、相続税を物納することができます。

① 相続財産中、不動産と有価証券の価額が当該財産価額の2分の1を超過すること
② 相続税納付税額が2,000万Wを超過すること
③ 相続税納付税額が相続財産価額中金融財産（相続財産に加算される贈与財産価額は含まない）の価額を超過すること

（申請期間）
　物納の申請期間は、年賦延納申請期間を準用します。

9　文化財資料等財産に対する相続税の徴収猶予（韓相法74）

納税地所轄税務署長は、相続財産のうち次の文化財資料等財産が含まれている場合には、その相続財産価額に相当する相続税額の徴収を猶予することとなります。

① 文化財保護法で定める文化財資料及び国家登録文化財並びに当該文化財、文化資料が属している保護区域の土地

② 「博物館及び美術館振興法」により登録した博物館資料又は美術館資料で博物館又は美術館に展示又は保存中である財産

③ 「文化財保護法」による国家指定文化財及び市・道指定文化財と同じ法による当該文化財又は文化財資料が属している保護区域の土地

※　上記③は従前非課税扱いでしたが、現行は徴収猶予となっています。

（算式）

$$相続税算出税額 \times \frac{文化財資料等及び博物館資料の価額}{相続財産（加算する贈与財産を含む）の価額} = 徴収猶予額$$

（韓相法74）

相続税法編

Q36 韓国相続税の申告と納付及び更正の請求並びに更正・決定、加算税制度

韓国相続税法に基づく相続税の申告と納付及び更正の請求並びに誤って過少申告したことで更正・決定を受けた場合の加算税の取扱いについて説明願います。

A

韓国相続税法と日本相続税法には、大きな違いが2点あると考えます。

1点は、韓国の相続税法は日本と異なり、遺産課税方式を採用していることからくる相違点で、すでに場面場面で解説しているところです。

もう1点は、韓国相続税法で納税義務者である相続人等は、申告期限までに申告書を提出し納付しなければならないと規定（韓相法67）しているものの、申告によって納税義務が確定されることではなく、課税庁が納税義務者に対して税額を決定通知することによって税額が確定する（韓相法76）というもので、韓国の相続税法は申告納税方式を採らず「賦課課税方式」を採っていることからくる相違点です。

そのためか、加算税についても日本相続税法規定と異にする点が少なくありません。

1　韓国相続税課税標準申告と納付

相続税の課税標準と税額は、相続税の申告により決定します（韓相法76）。

この「申告により決定する」というのは、納税義務者の申告それ自体で納税義務が確定したという意味ではありません。

相続税の納税義務が成立したら、いったん相続税に関係した事項を政府に申告することとなり、その申告内容を基礎に、税務署がこれを調査して確定するということです。

すなわち、相続税は政府の課税処分である行政処分を通じて納税義務を確定させる「賦課課税方式」を採っているということです。

2　相続税課税標準と税額の決定

相続税の課税標準と税額は、原則的に相続人の申告により確定します。

しかし、申告がされなかったり、申告内容に脱漏又は誤謬がある場合には、税務署長等が課税標準と税額を調査して決定することになります（韓相法76①）。税務署長は、申告を受けた後に課税標準と税額を決定することとなります（韓相法76②）。

3　修正申告（韓基法45）

課税標準申告書を法定申告期限内に提出した者が、課税標準申告書に記載された課税標準及び税額が税法により申告しなければならない金額より過少である場合には、当該課税標準と税額を決定又は更正の通知がある前で賦課除斥期間が経過する前までは、課税標準の修正申告を提出することができます。

-154-

4 期限後申告（韓基法45の3）

(1) 法定申告期限まで課税標準申告を提出しなかった者は、当該国税の課税標準と税額の決定通知前までは期限後課税標準申告書を提出することができます。

(2) 期限後申告をする場合には、期限後申告分に対して相続・贈与税額の申告税額控除は適用されません。

法定申告期限後6か月以内に期限後申告をした場合には、その期限後申告に対する無申告加算額が、以下のとおり減免されます（国基法48②、2020.1.1以後申告分から適用）。

法定申告期限経過後	減免割合
1か月以内	50%
2・3か月以内	30%
4～6か月以内	20%

5 随時決定

税務署長等は、①競売が開始されたとき又は破産宣告を受けたとき、②国税を逋脱しようとする行為があると認められるとき、③納税管理人を置かずに国外に転出しようとするときなどに該当する納期前徴収事由がある場合には、相続税申告期限前であっても、随時に課税標準と税額を決定することができます（韓相法76②）。

6 決定及び更正期限

(1) 税務署長等は相続税課税標準申告期限から9か月（贈与税は6か月。以下「法定決定期限」といいます。）以内に相続税の課税標準と税額を決定しなければなりません（韓相法76）。

ただし、相続財産の調査、価額の評価等に長期間が必要となる等やむを得ない事由があって、その期間以内に決定できない場合にはその事由を相続人・受遺者に通知しなければなりません（韓相法76③）。

(2) 税務署長等は、当初の決定後の課税標準と税額に脱漏又は誤謬があることを発見した場合には、直ちにその課税標準と税額を調査して決定することとなります（韓相法76④）。

③ 財産価額が30億W以上である場合、相続財産である不動産、株式等の価額が相続開始当時に比べ、相続開始日から5年以内に著しく増加した場合には、決定した税額について脱漏又は誤謬がないか改めて調査決定する規定となっています（韓相法76⑤）。

7 決定及び更正の課税管轄署

(1) 無制限納税義務者の場合

被相続人が無制限納税義務者の場合の相続税は、被相続人の住所地（住所地がないとか不分明の場合には居所地をいいます。以下7において「相続開始地」といいます。）を管轄する税務署長（特に重要と認められる場合には地方国税局長）等が課税します（韓相法6①）。

(2) 被相続人が制限納税義務者の場合

被相続人が制限納税義務者である場合には、国内にある財産の所在地を管轄する税務署

長等が課税します。相続財産が2以上の税務署長等の管轄地域内にある場合には、主たる財産の所在地を管轄する税務署長等が課税します（韓相法6①）。

（管轄税務署の区分）

区分	管轄税務署長
被相続人が居住者で2以上の住所地を置いている場合	住民登録票上の住所地
被相続人が居住者の場合	相続開始地を管轄する税務署長が課税
被相続人が非居住者の場合	国内にある財産所在地を管轄する税務署長が課税

8　更正等の請求（韓基法45の2）
　(1)　一般的更正等の請求
　　課税標準申告書を法定申告期限内に提出した者は課税標準申告書に記載された課税標準及び税額が税法により申告しなければならない課税標準及び税額より過大であるときには、当初申告及び修正申告した国税の課税標準及び税額の決定又は更正を法定申告期限から5年以内に管轄税務署長に請求することができます。
　　決定又は更正によって増加した課税標準及び税額に対しては、当該処分があったことを知った日（処分の通知を受けた時には、その受けた日）から90日以内（法定申告期限後5年以内に限ります。）に更正の請求をすることができます。

　(2)　後発的事由による更正等の請求
　　課税標準申告書を法定申告期限内に提出した者又は国税の課税標準及び税額の決定を受けた者は次のいずれか1つに該当する事由が発生したときには、その事由が発生したことを知った日から3か月以内に決定又は更正を請求することができます（国基法45の2②、国基令25の2）。
　　①　審査請求による決定や訴訟による判決によって、課税標準及び価額の計算根拠となった取引又は行為が異なることが確定されたとき
　　②　所得やその他の課税物件の帰属を第三者に変更させる決定又は更正があるとき
　　③　租税条約による相互合意が最初の申告・決定又は更正の内容と異なって成立したとき等

9　更正等請求の特例（韓相法79）
　(1)　意義
　　相続税の課税標準及び税額を申告した者又は相続税課税標準及び税額の決定又は更正を受けた者が、更正等請求事由が発生した場合には、その事由が発生した日から6か月以内に決定又は更正請求書を提出して決定又は更正を請求することができます（韓相法79①）。

　(2)　更正等請求の事由
　　①　相続財産について、被相続人又は相続人とそれ以外の第三者との紛争による相続回復請求訴訟又は遺留分返還請求訴訟の確定判決によって、相続開始日現在、相続人間

に相続財産価額の変動がある場合（韓相令81②）。
②　次の事由によって、相続財産の価額が著しく下落した場合
　イ　相続税課税標準申告期限から１年以内に、相続財産が収用・競売（民事執行法による競売）又は国税徴収法上公売された場合で、その補償価額・競売価額又は公売価額が相続税課税標準価額より下落した場合（韓相令81）。
　ロ　韓国相続税法第63条第３項（有価証券の評価）により株式等を割増評価したが、相続開始後１年以内に被相続人及び相続人の親族以外の第三者に一括して売却することで最大株主等の株式等に該当しなくなった場合（韓相令81③二）。
　ハ　（2021.2.17以後に更正請求する分から）義務的保有株式の保有期間終了日から２か月以内に処分したが、その価額が相続財産評価額より低い場合　等

(3)　更正請求方法
　相続税の決定又は更正請求をしようとする者は、次の事項を記載した決定又は更正請求書を提出しなければなりません（韓相令81①）。
①　請求人の氏名と住所又は居所
②　決定又は更正前の課税標準及び税額
③　決定又は更正後の課税標準及び税額
④　韓国相続税法第79条（更正等請求の特例）に規定した請求事由に該当することを立証する書類
⑤　その他必要事項

10　相続税（贈与税）の加算税制度の概要

韓国においては、各税法で定めていた加算税制度を2007年１月１日以後、国税基本法で規定されることとなりました。
申告・納付に対する加算税制度は、日本と同様に重課される傾向になっています。

(1)　一般無申告加算税
　法定申告期限内に税法による課税標準申告書を提出しない場合には、無申告納付すべき税額に対して一般無申告加算税を賦課します。
（算式）
　一般無申告加算税額＝算出税額×20％

(2)　不当無申告加算税
　一般無申告加算税の規定にかかわらず、不当な方法（納税者が国税の課税標準又は税額計算の基礎になる事実の全部又は一部を隠ぺいしたり、仮装すること）に基づいて国税の課税標準又は税額の申告義務を違反した場合には、次の算式による不当無申告加算税を賦課します。
（算式）
　不当無申告加算税額＝算出税額×40％（国際取引不正行為は60％）

(3) 一般過少申告加算税

　納税者が、法定申告期限内に税法による課税標準申告書を提出した場合で、申告した課税標準が税法により申告しなければならない課税標準に達しない場合は、次の算式による一般過少申告加算税を賦課します。

(算式)
　　一般過少申告加算税額＝過少申告納付税額×10％

(4) 不当過少申告加算税

　不当な方法で過少申告した課税標準がある場合には、次の算式による金額を合わせた金額を、納付する税額に加算したり、還付された税額から控除します。

(算式)
　　一般過少申告加算税額＝不正行為による過少申告納付税額×40％

Q37　韓国の除斥期間

よく、韓国では相続税については時効がないと聞きますが、日本と韓国において除斥期間に違いはあるのでしょうか？

A

　日本及び韓国とも基本的には、申告納税方式（ただし、相続税及び贈与税は賦課課税方式）を採用していますが、更正決定の期間制限については日韓両国とも、法的安定及び画一的執行の見地から賦課権及び徴収権に関する期間制限が設けられています。賦課除斥期間が経過した後には、相続税・贈与税の賦課権は消滅します（韓基法26の２）ここでは、韓国における除斥期間の規定についてのみ説明します。

１　韓国における除斥期間の規定

　韓国における除斥期間の定めは日本と同様、税法の一般法である国税基本法で定められています。

　日本の規定と比較して特徴的な点は、
　① 　除斥期間が長いこと、特に相続税・贈与税については、10年ないし15年と長期であること（贈与税は日本税法においても６年となっています。）。
　② 　賦課課税方式を採っている相続税・贈与税についても申告納税期限が設けられていることから、除斥期間の定めがあること。
　③ 　日本においても「偽りその他不正の行為」によりその全部若しくは一部の税額を免れた場合の除斥期間は延長されており、韓国においても同様であること。さらに不正にあたる行為としては、個々具体的に定められており、その中の１つに国外財産の申告漏れがあること。
　④ 　不正行為に基づく場合には、そのことを知った日から１年以内に賦課処分できるとあり、税務当局が知った日と解するならば、その知った日いかんによっては除斥期間が不定期になると考えられること（質問に対する筆者の考え）。

２　具体的な除斥期間

　相続税に関する具体的な除斥期間は、国税基本法第26条の２において、以下のとおり規定しています。

(1)　一般的な場合（申告分）

　　法定申告期限（相続開始日が属する月の末日から６（９）か月）の翌日から10年です。

(2)　無申告又は不正行為で税金を逋脱した場合

　　次のいずれか１つに該当する場合の賦課除斥期間は、賦課できる日から15年間です。
　　① 　納税者が詐欺やその他不正な行為で相続税を逋脱したり還付・控除を受けた場合

② 相続税・贈与税申告をしていない場合
③ 相続税・贈与税申告書を提出した者が次の虚偽申告又は脱漏申告をした場合（虚偽申告又は脱漏した処分のみ該当（韓基法12の2②））
・相続財産価額又は贈与財産価額から架空の債務を控除して申告した場合
・権利の移転やその行使に登記・登録・名義変更等が必要な財産を相続人又は受贈者の名義で登記等をしなかった場合でその財産を相続財産又は贈与財産の申告から脱漏した場合
・預金・株式・債券・保険金・その他の金融資産を相続財産又は贈与財産の申告から脱漏した場合

3　相続人等が不正な方法で財産を取得した場合

1999. 7. 1以後の相続分から納税者が不正行為で相続税・贈与税を逋脱する場合で、次のいずれか1つに該当する場合には、当該財産の相続又は贈与があったことを知った日から1年以内に相続税及び贈与税を賦課することができます。

ただし、相続人や贈与者及び受贈者が死亡した場合と逋脱税額算出の基準になる財産価額（次のいずれか1つに該当する財産の価額を合わせたものをいいます。）が50億W以下である場合にはその限りではありません。

① 第三者名義とした被相続人・贈与者の財産を相続人・受贈者が保有若しくはその名義で実名転換
② 国外所在相続・贈与財産を相続人・受贈者が取得
③ 契約履行期間中相続が開始され被相続人が省略されて相続人が直接取得
④ 登記・登録・名義変更が必要でない有価証券・書画・骨董品等を相続人・受贈者が取得
⑤ 受贈者の名義となっている贈与者の金融資産を受贈者が保有・使用・収益した場合（2013.1.1以後）
⑥ 非住居者である被相続人の国内財産を相続人が取得した場合（2017.1.1以後）
⑦ 相続贈与税法第45条の2による名義信託財産贈与擬制に該当する場合（2020.1.1以後）
⑧ 相続・贈与財産である仮想資産を、仮想資産業者を通さないで相続人や受贈者が取得した場合（2023.1.1以後）

4　判決等による除斥期間の特例

異議申請・審査請求（監査院を含みます。）・審判請求・訴訟に対し決定と判決がある場合には、その決定又は判決が確定された日から1年以内に決定・判決による更正決定若しくはその他に必要な処分をすることができます。（韓基法26の2⑥）。

Q38　韓国の納税管理人制度

私は日本居住韓国人ですが、韓国において相続が発生し、納税するに当たって日本と同様に納税管理人を定めたいと考えています。韓国の納税管理人制度について説明願います。

A

韓国においても、日本と同様に納税管理人制度があります。
納税管理人を定める必要があるのは、次の場合です。
① 納税者が、国内に住所又は居所を置かないとか、国外に住所又は居所を移転しようとする場合
② 相続人が確定されなかったり、相続人が相続財産を処分する権限がない場合
③ 非居住者である相続人が金融機関の支払名義書換え又は変更を請求する場合

1　納税管理人になれる人

納税管理人になれるのは、弁護士、税理士又は税理士登録をした公認会計士です（国基法82）。

2　納税管理人の業務及び権限

納税管理人は、次の事項について納税者を代理することができます。
① 国税基本法及び税法による申告、申請請求その他書類の作成及び提出
② 税務署長等が発布した書類の受領
③ 国税等の納付又は国税還付金の受領

3　納税管理人の指定通知

管轄税務署長は、納税者が納税管理人認定（変更）申告をしなかったときは、納税者の財産又は事業の管理人を納税管理人として定めることができます。納税管理人として定めたときは、当該納税者と納税管理人に、遅滞なく、その事実を納税管理人指定通知書によって通知することとなります。

4　相続税納税管理人申告確認書の発給

非居住者である相続人が、金融機関に相続財産の支払、名義書換え又は変更を請求しようとするときは、まず納税管理人を定めて納税地管轄税務署長に申告し、その事実に関する納税管理人申告確認書の交付を受けて金融機関に提出しなければなりません（国基規則書式第43号の2）。

相続税法編

参考事項

1　韓国の戸籍制度

韓国の戸籍は、「家族関係の登録等に関する法律」に基づいています（2007.5.17法律第8435号）

○　家族関係の登録等に関する法律（2007年5月17日　法律第8435号）

施　　行　2008年1月1日
直近改正　2017法律14693

第1条（目的）　この法律は、国民の出生・婚姻・死亡等家族関係の発生及び変動事項に関する登録及びその証明に関する事項を規定することを目的とする。

（略）

第4条の2（在外国民登録事務処理に関する特例）①　第3条及び第4条の規定にかかわらず、大法院長は、外国に居住し、又は在留する大韓民国国民（以下「在外国民」という。）に関する登録事務を法院書記官、法院事務官、法院主事又は法院主事補（以下「家族関係登録官」という。）をして処理させることができる。

②　在外国民に関する登録事務の処理及び支援のために法院行政処に在外国民家族関係登録事務所を置き、その構成、運営等必要な事項は、大法院規則で定める。

（略）

第15条（証明書の種類及び記録事項）①　登録簿等の記録事項は、次の各号の証明書別に第2項の規定による一般証明書及び第3項の規定による詳細証明書により発行する。ただし、外国人の記録事項に関しては、姓名・性別・出生年月日・国籍及び外国人登録番号を記載し、証明書を発行しなければならない。

(1)　家族関係証明書
(2)　基本証明書
(3)　婚姻関係証明書
(4)　養子縁組関係証明書
(5)　特別養子縁組関係証明書

②　前項各号の証明書に対する一般証明書の記載事項は、次の各号のとおりである。

(1)　家族関係証明書

　イ　本人の登録基準地・姓名・性別・本・出生年月日及び住民登録番号
　ロ　父母の姓名・性別・本・出生年月日及び住民登録番号（養子縁組の場合、養父母を父母として記録する。ただし、単独養子縁組した養父が実母と婚姻関係にあるときは、養父及び実母を、単独養子縁組した養母が実父と婚姻関係にあるときは、養母及び実父をそれぞれ父母として記録する。）
　ハ　配偶者、生存する現在婚姻中の子供の姓名・性別・本・出生年月日及び住民登録番号

(2)　基本証明書
　　イ　本人の登録基準地・姓名・性別・本・出生年月日及び住民登録番号
　　ロ　本人の出生、死亡、国籍喪失に関する事項
　(3)　婚姻関係証明書
　　イ　本人の登録基準地・姓名・性別・本・出生年月日及び住民登録番号
　　ロ　配偶者の姓名・性別・本・出生年月日及び住民登録番号
　　ハ　現在の婚姻に関する事項
　(4)　養子縁組関係証明書
　　イ　本人の登録基準地・姓名・性別・本・出生年月日及び住民登録番号
　　ロ　実夫母・養父母又は養子の姓名・性別・本・出生年月日及び住民登録番号
　　ハ　現在の養子縁組に関する事項
　(5)　特別養子縁組関係証明書
　　イ　本人の登録基準地・姓名・性別・本・出生年月日及び住民登録番号
　　ロ　実夫母・養父母又は養子の姓名・性別・本・出生年月日及び住民登録番号
　　ハ　現在の特別養子縁組に関する事項
③　第1項各号の証明書に対する詳細証明書の記載事項は、前項の規定による一般証明書の記載事項に次の各号の事項を追加したものとする。
　(1)　家族関係証明書：全ての子供の姓名・性別・本・出生年月日及び住民登録番号
　(2)　基本証明書：国籍取得及び回復等に関する事項
　(3)　婚姻関係証明書：婚姻及び離婚に関する事項
　(4)　養子縁組関係証明書：養子縁組及び離縁に関する事項
　(5)　特別養子縁組関係証明書：特別養子縁組及び離縁に関する事項
④　第1項の規定にかかわらず、同項各号の証明書のうち大法院規則で定める証明書に対しては、該当証明書の詳細証明書記載事項のうち申請人が大法院規則で定めるところにより選択した事項を記載した特定証明書を発行する。
　(略)

第84条（死亡届及びその記載事項）　①　死亡の申告は、次条に規定する者が死亡の事実を知った日から1月以内に診断書又は検案書を添付してしなければならない。
②　申告書には、次の事項を記載しなければならない。
　(1)　死亡者の姓名、性別、登録基準地及び住民登録番号
　(2)　死亡者の年月日時及び場所
③　やむを得ない事由により前項の申告書に第1項の診断書又は検案書を添付することができないときは、死亡の事実を証明するに足りる書面として大法院規則で定める書面を添付しなければならない。この場合において、前項の申告書に診断書又は検案書を添付することができない事由を記載しなければならない。

第85条（死亡届義務者）　①　死亡の申告は、同居する親族がしなければならない。
②　親族・同居者又は死亡場所を管理する者、死亡場所の洞長又は統・里長も死亡の申告をすることができる。

第86条（死亡届の場所）　死亡の申告は、死亡地・埋葬地又は火葬地ですることができる。ただし、死亡地が明らかでないときは、死体が最初に発見された場所で、電車又はその他

の交通機関中で死亡があったときは、その死体を交通機関から下車した場所で、航海日誌を備置していない船舶中で死亡したときは、その船舶が最初に入港した場所ですることができる。

（以下略）

2　韓国で相続人が被相続人の国内相続財産（不動産、金融財産）を確認する方法

韓国では、相続人たちが被相続人の金融取引、土地、自動車、税金等財産照会を個別機関に1つひとつ訪問しなくても1つの統合申請で文書、オンライン、郵便等で結果を確認する安心相続ワンストップサービスを提供しています。

(1) 申請資格及び利用手続
　① 申請資格
　　・民法上第1順位の相続人（子女、配偶者）、第2順位の相続人（父母、配偶者）、第3順位の相続人（兄弟、姉妹）
　　・代襲相続人
　　・失踪宣告者の相続人
　② 申請方法
　　・訪問申請……市区村及び邑面洞住民センター直接訪問→死亡者財産照会等統合処理申請書及び具備書類提出
　　・オンライン申請……政府24（www.gov.kr）接続
　　・申請期限……死亡日が属する月の末日から6か月以内申請
　③ 具備資料
　　・申請人が申請する場合には相続人本人の身分証持参
　　・代理人が申請する場合には代理人の身分証、相続人の委任状、相続人の本人証明事実確認書（又は印鑑証明書）持参
　　・死亡申告以後に申請する場合には家族関係証明書を提出
　④ 照会内容

財産照会種類	照会内容
金融取引情報	預金・貸出・保険等
国税情報	国税滞納額・告知税額・還付額
地方税情報	地方税滞納額・告知税額・還付額
土地情報	土地所有内訳
建築物情報	建築物所有内訳
自動車情報	自動車所有内訳
年金情報	国民年金・公務員年金・社会年金加入可否及び貸与金債務有無・国民年金加入可否

(2) 照会結果確認方法
　・相続人が死亡者財産照会統一処理申請書に記入した照会結果確認方法により案内

・土地、自動車、建築物、地方税情報は7日以内に結果確認
・金融取引、国税、各年金情報は20日以内に結果確認

(3) 税務調査に当たっての活用
・相続人から照会結果の確認をして、韓国相続財産の申告の有無のチェックが可能。

相続税法編

安心相続ワンストップサービス

안심상속 원스톱서비스

재산 조회, 온라인 또는 가까운 주민센터에서 한 번에 신청하세요!
'18.9.7일부터 건설근로자퇴직공제금 가입여부 및 건축물 소유여부 조회가 가능합니다.

온라인 신청

안심상속 원스톱서비스, 정부24(www.gov.kr)에서 신청할 수 있습니다.

신청자격: 제1순위 상속인(자녀, 배우자), 제2순위 상속인(부모, 배우자)
 * 제1순위 상속인의 상속포기로 인한 제2순위 상속인은 제외

신청방법: 정부24(www.gov.kr)접속 → 공인인증서 본인인증 → 신청서 작성
→ 구비서류(가족관계증명서) 교부 신청 및 수수료 결제 → 접수처(주민센터)에서 확인·접수 → 접수증 출력

방문 신청

구분	내용
안심상속 원스톱 서비스란?	금융내역(예금·대출·보험·퇴직공제금 등)·토지·건축물·자동차·세금(체납액·미납액·환급액)·연금 가입유무등 상속인·피후견인재산 조회를 주민센터에서 한 번에 통합신청하는 서비스
신청자격	● 상속인 : 제1순위(자녀, 배우자), 제2순위(부모, 배우자), 제3순위(형제, 자매)/대습상속인, 실종선고자의 상속인 ※사망일이 속한달의 말일부터 6개월 이내 ● 후견인 : 법원에 의해 선임된 성년후견인 및 권한 있는 한정후견인
신청장소	가까운 시·구·읍·면·동(주민센터)
구비서류	● (사망자 재산조회시) 신분증, 가족관계증명서 등 상속관계 증빙서류 ● (피후견인 재산조회시) 후견등기사항전부증명서 또는 성년(한정)후견개시심판문 및 확정증명원
처리절차	**신청** 가까운 시·구·읍·면·동 방문 → **신청확인** 접수증 수령, 안내문 확인 → **신청결과 확인** · (지방세·자동차·토지·건축물) 신청시에 선택한 방법에 따라 확인 · (국세) 문자 또는 www.hometax.go.kr에서 확인 · (금융) 문자 또는 www.fss.or.kr에서 확인 · (국민연금) 문자 또는 www.nps.or.kr에서 확인 · (공무원·사학·군인연금) 문자 서비스 확인 · (퇴직공제금) 문자 서비스 또는 www.cwma.or.kr에서 확인

● 문 의 처 : (금융내역)금융감독원 ☎332, (국세)국세청 ☎126, (국민연금)국민연금공단 ☎1355, (공무원연금)공무원연금공단 ☎1588-4321, (사학연금)사립학교교직원연금공단 ☎1588-4110, (군인연금)국방부 ☎1577-9090, (토지·건축물·지방세·자동차) 가까운 시·구청 해당부서에 문의하시기 바랍니다. (건설근로자 퇴직공제금)건설근로자공제회 1666-1122

유의사항 : 이 서비스는 금융, 토지, 건축물, 자동차, 세금, 연금 등에 대한 조회만 가능합니다. 그 밖의 재산은 신청인(본인)이 별도로 확인해야 합니다.

贈与税法編

(注)1 本文中の税法規定に係る記述は、特に断りのない限り韓国税法規定（条文）を示します。
　2 居住者・非居住者の記述も、特に断りのない限り韓国における韓国税法に基づく区分を示しています。

贈与税法編　目次

- Q1　韓国民法上の贈与　170
- Q2　贈与税の課税対象財産の範囲　172
- Q3　韓国贈与税の概要　175
- Q4　韓国居住者か否かの判断基準　179
- Q5　韓国贈与税の課税制度の仕組み　182
- Q6　贈与財産の取得時期（贈与日）　186
- Q7　居住者か否かによる贈与税課税対象の範囲　188
- Q8　国外財産の贈与に対する贈与課税特例　190
- Q9　韓国贈与税と日本贈与税の相互課税関係からくる二重課税　193
- Q10　韓国贈与税の課税対象財産の範囲①　195
- Q11　韓国贈与税の課税対象財産の範囲②　207
- Q12　贈与財産控除制度　213
- Q13　婚姻・出産贈与財産控除制度の新設導入　216
- Q14　韓国の贈与税課税制度に対する日本の贈与税制度のあてはめ　217
- Q15　贈与税非課税及び課税価額不算入財産　219
- Q16　課税標準及び税額の計算　222
- Q17　贈与10年加算の具体的な計算　223
- Q18　贈与税率　225
- Q19　創業資金に対する贈与税課税特例　227
- Q20　贈与税に係る外国納付贈与税額控除制度　231
- Q21　韓国贈与税の申告手続　233
- Q22　韓国で巷間言われている相続税・贈与税節税対策とは　234

Q1 韓国民法上の贈与

韓国民法上の贈与について説明して下さい。

A

　韓国民法での「贈与」とは、当事者一方が無償で一定の財産を相手方に与えるという意思を表示して、相手方がこれを承諾することで成立する契約をいいます（韓民法554）。諾成契約であることは、日本と同じといえます。

　財産の無償移転方式には相続、贈与、遺贈、死因贈与等があって、この中の贈与は契約による財産の無償移転をいいます。

1　贈与契約の法的性質
　民法上の贈与契約は、法的に次の性質を持っています。
　①　無償契約であること
　②　諾成契約であること
　③　片務契約であること
　④　不要式行為で書面作成が契約成立の要件となっていないこと

2　贈与契約の解除
　贈与契約の解除は、①書面によらない贈与、②受贈者が贈与者又はその配偶者若しくは直系血族に対して犯罪行為があるとき、③受贈者の忘恩（恩を忘れる）行為（注）、④財産状態の変化、などの場合にのみ解除できます（韓民法555～558）。
　　（注）　忘恩行為とは、具体的には、贈与者に対して扶養義務がある場合に、これを履行していないときをいいます。

　既に履行した部分については、、返還を請求できません。解除権は、解除原因があることを知った日から6か月を経過したときに消滅します（韓民法556②）。

3　特殊な形態の贈与
　(1)　負担付贈与
　　相手に負担がある贈与（韓民法561）で、受贈者が財産と同時に債務を負担する贈与をいいます。

　(2)　定期贈与
　　定期的に財産を無償で与える贈与をいいます。贈与者又は受贈者の死亡によって、その効力を失います（韓民法560）。

(3) 死因贈与

　生前に贈与契約を結んで、その効力は贈与者の死亡によって発生する贈与です。

　死因贈与と認定される財産は、贈与税ではなく、相続税の課税対象となります。

○受贈者が居住者又は非居住者である場合の課税の差異

区分	受贈者	
	居住者	非居住者
課税管轄税務署	受贈者の住所地管轄地	贈与者の住所地管轄地
課税対象の範囲	国内・外に所在の全ての贈与財産	・国内に所在する全ての贈与財産 ・贈与者が居住者である場合、国外に所在する預貯金等
贈与財産控除	控除可	控除不可
減免・課税特例 　・営農子女贈与減免	減免可	減免不可

Q2 贈与税の課税対象財産の範囲

韓国贈与税における課税対象財産の範囲について説明して下さい。

A

1 「贈与」の定義

日本における贈与税は、民法第549条の規定に基づき贈与により取得した財産（日相法2の2）及び贈与により取得したとみなされる財産（日相法4〜9）に対して課税されます。贈与により取得したとみなすのは、法形式上贈与による財産の取得でなくても、その経済的な効果が実質的に贈与を受けたと同様な場合に税負担の公平を図るため、これを贈与による取得とみなして課税するものです。

韓国における贈与税法は、他人（法人を含みます(注)）から財産の贈与を受けた場合で、当該財産が贈与税の課税対象となります。また、贈与税は、受贈者が個人である場合に限らず、非営利法人である場合にも賦課されます。

 (注) 贈与擬制規定があることから、法人が含まれているものと考えます（日本では、法人からの贈与は一時所得になります。）

（完全包括主義の施行）

贈与税法の大きな改正としては、2004.1.1以後、変則的な相続・贈与に対して事前に対処するために、民法上の贈与と区分してその行為又は取引の名称・形式・目的にかかわらず、経済的価値が計算できる有形・無形の財産を他人に直接又は間接的方法で無償移転すること又は寄与により他人の財産価値を増加させることを贈与税の課税対象とする完全包括主義の贈与概念を新たに規定しました。

その後の2016.1.1以後、例示規定に該当しなくとも、贈与概念に含まれる場合も課税対象としました。

さらに2021.1.1以後は、贈与税課税対象から除かれていた遺贈、死因贈与に加え、遺言代用信託及び受益者連続信託が除かれています。

2 譲渡所得税との関係

不動産等を贈与によって取得した後に、当該不動産を譲渡した場合の取得価額は、贈与日現在の韓相贈法上で評価した価額となります（韓所法令163⑨⑩）。

3 贈与税課税対象（韓相法4）

相続税及び贈与税法上の贈与とは、「その行為又は取引の名称・形式・目的等と関係なく、直接又は間接的な方法により他人に無償で有形・無形の財産又は利益を譲渡（著しく低い対価を受けて移転する場合を含みます。）したり、他人の財産価値を増加させること」と定義しています。

贈与税課税対象には、以下のものが含まれます。

(包括的贈与財産)
① 無償で移転を受けた財産又は利益
② 著しく低い代価を払って財産又は利益の移転を受けることで発生する利益、もしくは著しく高い代価を受けて財産又は利益を移転することで発生する利益（ただし、特殊関係人ではない者間の取引である場合には、取引の慣行上正当な事由がない場合に限定）
③ 財産取得後、当該財産の価値が増加した場合のその利益（ただし、特殊関係人ではない者間の取引である場合には、取引の慣行上正当な事由がない場合に限定）

(例示規定による贈与財産)
④ 韓相法33～39まで、39の2、39の3、40、41の2～41の5まで、42、42の2、42の3）に該当する場合のその財産又は利益

(その他規定による贈与財産)
⑤ 各例示規定の場合と経済的実質が類似した場合等、各規定を準用して贈与財産の価額を計算できる場合のその財産又は利益
⑥ 推定規定（韓相法44、45の2種）に該当する場合のその財産又は利益
⑦ 擬制規定（韓相法45の2～45の5までの4種）に該当する場合のその財産又は利益
⑧ 当初の相続分を超過して取得する財産価額
⑨ 返還または再贈与した場合

(参考1) 日本の贈与税規定における贈与の目的物

目的物の内容			「贈与」に該当するか否かの判定
①	贈与者の財産の実態が減少するもの	財産権	該当
②		債務の免除	該当
③		用益物件の設定又はその放棄	該当
④	贈与者の財産の実態が減少しないもの	使用貸借	非該当
⑤		無償の労務給付	非該当

出典：図解相続税・贈与税　令和5年版（大蔵財務協会刊）p.43

(参考2) 贈与財産を返還又は再贈与した場合の取扱い

　贈与を受けた財産を再び贈与者に返還したり、あるいは贈与者に再贈与する場合には、その返還又は再贈与した時期により贈与税課税対象となるか否かに違いがあります。しかし、贈与財産が金銭である場合には、その返還を受けたかどうかを現実的に把握することが困難である点を考慮して、返還・再贈与の時期にかかわらず、当初の贈与分と返還・再贈与分に対して、全て贈与税の課税対象となります（韓相法4）。

○ 返還・再贈与時期別の贈与税課税課否

返還又は再贈与時期	当初の贈与分の取扱い	返還又は再贈与分の取扱い
贈与税申告期限内	課税除外	課税除外
申告期限経過後3か月以内	課税	課税除外
申告期限経過後3か月後	課税	課税
金銭（時期にかかわらず）	課税	課税

＜例示＞

　Ⓐ3.1～6.30期間中の返還：当初贈与分①及び返還分Ⓐは課税除外
　Ⓑ7.1～9.30期間中の返還：当初贈与分①は課税、返還分Ⓑは課税除外
　Ⓒ10.1～以後の返還：当初贈与分①及び返還分Ⓒとも課税

○　日本の贈与税規定における書面によらない贈与と解除

区　　分			解除の可否
贈与	書面による贈与		解除不可
	書面によらない贈与	履行終了	
		履行未了	解除可（民法550）

出典：図解相続税・贈与税　令和5年版（大蔵財務協会刊）p.43

Q3　韓国贈与税の概要

韓国の贈与税はどのような制度なのでしょうか？　また、日本の贈与税との相違点にはどのようなものがあるのでしょうか？

A

韓国贈与税制度は、相続税と異なり、遺産取得課税方式を採っていることから基本的には日本の贈与税制度と同様と考えてよいのですが、無制限納税義務者、制限納税義務者の規定や贈与の範囲の定義に違いがあります。このことから韓国・日本両国間での二重課税が生じます。しかし、外国税額控除によるその調整に十分な検討が尽くされていないと思われる点も見られます。

まず、韓国贈与税の基本的仕組みについて説明します。

1　韓国贈与税制度の概要

(1)　贈与税課税対象及び贈与の概念

他人の贈与によって財産を取得した者は、「相続税及び贈与税法」第2条及び第4条の規定によって贈与税を納付する義務があります。

この場合の"贈与"とは、「その行為又は取引の名称・形式・目的等にかかわらず、経済的価値を計算することができる有形・無形の財産を他人に直接又は間接的な方法で無償で移転（著しく低い対価で移転する場合を含みます。）すること、又は寄与によって他人の財産価値を増加させることをいう」とされています（財産993.2010.12.30）。

韓国民法上の贈与概念の特長的な点は、「寄与によって……」の部分かと考えます。

したがって、韓国贈与税法上の贈与概念は民法贈与概念より広いといえます。

(2)　課税制度の特徴

韓国贈与税の課税フローについては、別途図解しています（Q4参照）。

韓国贈与税の特徴的な点は、当該贈与日より10年以内に同一人から受けた1,000万W以上の贈与財産については、贈与税の課税価額に加算するということです。これにより、贈与財産を分散して累進課税を回避する行為を防止する効果があります。

日本の贈与税法は暦年課税なので、韓国の制度のように過去の贈与を累積して課税する制度とはなっていません（過去の税制にはありましたが。）。また、日本贈与税法において、「相続時精算課税」制度がありますが、韓国においても同様な「創業資金贈与等の課税の特例」制度があります。

(3)　相続と贈与の差異点

韓国の相続と贈与を比較すると、贈与の方が有利であると考えます（相続税率と贈与税率は同じです。）。相続税は被相続人に課税されますが、贈与税は相続人に課税されますので、課税標準が分散されて低い税率が適用されます。ただし、贈与税課税に当たって、10

年以内の贈与財産加算及び贈与控除額が低い点（ただし、配偶者控除額は６億Ｗと高額です）に留意が必要です。

区　分	相　続	贈　与
課税方式	遺産税方式	遺産取得税方式
納税義務者	相続人	受贈者
納税地	被相続人の住所地	受贈者の住所地
申告・納付期限	相続開始日が属する月の末日から６か月	贈与日が属する月の末日から３か月
税率	10 ～ 50%	

２　贈与税の納税義務者

　韓国贈与税法では、財産の贈与を受けた者（受贈者）が、贈与日現在①居住者の場合は韓国国内、国外を問わず全ての受贈財産が課税対象（無制限納税義務者）となり、②非居住者の場合は韓国国内からの受贈財産と韓国居住者から贈与を受けた国外預貯金等及び一定の株式が課税対象（制限納税義務者）となります。

　しかし、①受贈者の住所や居住が不分明で租税債権の確保が困難な場合、②受贈者が贈与税を納付する能力がないと認定される場合で滞納処分をしても租税債権の確保が困難な場合、③受贈者が非居住者である場合、④名義信託財産に対して贈与税を課税する場合には、贈与者が受贈者と連帯して納税義務を有します。

　2019.1.1以後は、韓相贈法45条の２により、財産を贈与したものとみる場合（名義者が営利法人である場合を含みます。）には、実質所有者が当該財産に対して贈与税を納付する必要があります。

　さらには、居住者が非居住者に国外財産を贈与する場合には、国際租税調整に関する法律第35条により、贈与者である居住者に贈与税納付義務があります。

　日本の贈与税制度は、平成29年度以後の数度の改正により、①居住者、②非居住者に大別し、さらに①を居住無制限納税義務者と居住制限納税義務者に、②を非居住無制限納税義務者と非居住制限納税義務者に区分して規定しています。

（参考１）国際租税調整に関する法律　　　　　　　　　　　　　　　　　　日本語訳：永田金司
第４節　国外贈与に対する贈与税課税特例
第35条（国外贈与に対する贈与税課税特例）（2020.12.22全文改正）
① この節で使用する用語の意味は次のとおり。
　１ 「居住者」とは、「相続税及び贈与税法」第２条第８号による居住者をいい、本店や主たる事務所の所在地が国内にある非営利法人を含む。
　２ 「非居住者」とは、「相続税及び贈与税法」第２条第８号による非居住者をいい、本店や主たる事務所の所在地が国内にない非営利法人を含む。
② 居住者が非居住者に国外にある財産を贈与（贈与者の死亡により効力が発生する贈与は除外する）する場合、その贈与者はこの法により贈与税を納付する義務がある。
③ 第２項にもかかわらず次の各号の要件を全て満たす場合には、贈与税納付義務を免除する。

1　受贈者が贈与者の「国税基本法」第2条第20号による特殊関係人ではないこと。
2　当該贈与財産に対して外国の法令により贈与税（実質的に同じ性質を持つ租税を含む）が賦課されること。この場合、税額の免除を受ける場合を含む。

④　第2項を適用するとき、贈与財産の価額は当該財産がある国家の贈与当時現況を反映した時価による。その時価の算定に関する事項は大統領令で定める。ただし、時価の算定が困難な場合には、当該財産の種類、規模、取引状況を考慮して大統領令で定める方法による。

⑤　第2項を適用するとき、外国の法令により贈与税を納付した場合には、大統領令で定めるところにより、その納付した贈与税に相当する金額を贈与税算出税額から控除する。

⑥　第2項により贈与税を課税する場合には、「相続税及び贈与税法」第4条の2第3項、第47条、第53条から第58条まで、第68条、第69条第2項、第70条から第72条まで及び第76条を準用する。

○　韓国贈与税法における贈与税課税の対象

財産受贈時の住所		区分	課税対象財産の範囲
受贈者	韓国国内	贈与者が韓国に居住・非居住にかかわらず	国内・外の財産の受贈
	国外	贈与者が韓国居住者　No	国内財産の受贈
		贈与者が韓国居住者　Yes	国外預金等の受贈

(注)　韓国は、相続税については遺産課税方式、贈与税については遺産取得課税方式を採っていることに留意が必要です。なお、国外財産の贈与については遺産課税方式を採っているともいえます。

(参考2) 無償移転（贈与）に対する課税税目

贈与者	受贈者	区分	贈与税納税義務（受贈者）
個人	個人（非営利法人を含む）	無償移転	○
個人	個人（非営利法人を含む）	受贈者の事業関連	×（所得税・法人税対象）
法人	個人（非営利法人を含む）	無償移転	○
個人	営利法人	無償移転	×（法人税対象）
法人	営利法人	無償移転	×（法人税対象）

(凡例)　○：該当、×：非該当

（参考３）日本における無償移転（贈与）に対する課税税目
※　贈与の場合で国等に贈与等として非課税となる場合を除きます。

贈与者	受贈者	贈与税納税義務者	備考
個人	個人	受贈者	所得税の課税対象とはしない（所法30）。
個人	法人	—	・受贈者は利益相当額（時価）を受贈益として益金に算入（法法22②）。 ・贈与者はみなし譲渡課税（時価を譲渡所得の収入金額）の対象となる。
法人	個人	—	受贈者は、原則として一時所得（時価）の収入金額となる（所基通34－1(5)）。 　なお、受贈者が法人の役員なら給与所得、事業者なら事業所得、贈与者は寄附金、給与等支出となる。

Q4 韓国居住者か否かの判断基準

韓国居住者に該当すると、無制限納税義務者に該当するとのことですが、居住者と非居住者（制限納税義務者）の判断基準についてご説明願います。

A

韓国相続税・贈与税法上の居住者の判定は、所得税法上の居住者定義を準用しており、国内に住所を置いたり、183日以上居所を置いた者を「居住者」といい、居住者でない者を「非居住者」といいます。居住者が2つ以上の住所地を置いている場合には、住民登録法の規定によって登録された場所を住所地とします。

(注)1 日本相続税法上では「住所」規定をおき、所得税法上の居住者規定を準用しておりません。

(注)2 韓国所得税法上は、日本と同様に「非永住者」規定を置いていますが、対象者は外国人とされていますので、韓国籍の人は該当しないこととなります。

Q4-2 「住所」と「居所」の違い

住所は、国内で生計を同じくする家族及び国内に所在する財産の有無等生活関係の客観的事実を総合して判断され、その客観的事実の判断は、原則的に住民登録法による住民登録地を基準とします。

居住は、住所地外の場所中、相当期間にかけて居住する場合で、住所と同じ密接な一般的生活関係が形成されていない場所をいいます。

(注) 所得税法上の日本・韓国での双方居住者（二重居住者）の居住地判定基準については、日韓租税条約に規定していますが、相続税・贈与税に係る双方居住者についての調整は、日韓相続税条約を締結していないことから、税法上の調整規定が設けられていないこととなります。したがって、相続税及び贈与税法上に係る双方居住者による二重課税の調整は専ら、「外国（納付）税額控除」制度で対応することとなります。

Q4-3 国内に住所を持つ者と見る場合

国内に居住する個人が次のいずれか1つに該当する場合には、国内に住所を有する者と見ます（韓所令2③）。

① 継続して183日以上国内に居住するものとして、通常必要とする職業を有する時
② 国内に生計を一にする家族がいて、その職業及び資産状態に照らして継続して183日以上国内に居住する者として認定される時

(注) 183日の日数は、1課税期間で計算します。

Q4-4　国内に住所がないものと見る場合

国外に居住又は勤務する者が外国国籍を持つとか、外国法令によってその外国の永住権を受けた者で国内に生計を一にする家族がなく、その職業及び資産状態に照らして再び入国して国内に居住すると認定されないときは、国内に住所がないものと見ます（韓所令2④）。

Q4-5　外国航行船舶又は航空機乗務員の住所

外国を航行する船舶又は航空機の乗務員の場合で、その乗務員と生計を一にする家族が居住する場所又はその乗務員が勤務期間外の期間中、通常滞在する場所が国内にある時には、当該乗務員の住所は国内にあるものと見て、その場所が国外にある時には、当該乗務員の住所が国外にあるものと見ます（韓所令2⑤）。

Q4-6　海外現地法人等の役職員等に対する居住者判定

居住者や内国法人の国外事業場又は海外現地法人（内国法人が発行済株式総数又は出資持分の100％を直接又は間接に出資している場合に限ります。）等に派遣された役員又は職員や国外で勤務する公務員は、居住者と見ます（韓所令3）。

Q4-7　非居住者が居住者となる時期（韓所令2の2①）

①　国内に住所を置いた日
②　国内に住所を持ったり、国内に住所があるものと見る事由が発生した日
③　国内に居所を置いた期間が183日になる日

Q4-8　居住者が非居住者となる時期（韓所令2の2②）

①　居住者が住所又は居所を国外に移転するために出国する日の翌日
②　国内に住所がないとか、国外に住所があるものと見る事由が発生した日の翌日

Q4-9　居住期間の計算

①　一般的な居住期間の計算
　　国内に居所を置く期間は、入国する日の翌日から出国する日までをいいます（韓所令4①）。
　　国内に居所を置いた期間が1課税期間において183日以上である場合には、国内に183日以上を居所を置いたものと見ます（韓所令4③）。
②　国内に居所を置いた個人の一時的出国期間
　　国内に居所を置いていた個人が出国後、再び入国した場合に、生計を同じくする家族の居住地や資産の所在地等に照らして、その出国目的が観光、疾病の治療等で明白に一

時的であるものと認定される時には、その出国した期間も国内に居所を置いた期間として見ます（韓所令4②）。

Q4-10　日本に居住する韓国人の韓国への一時的入国期間

日本に居住する韓国人が韓国に入国した場合、生計を一にする家族の居住地や資産所在地等に照らして、その入国目的が事業の経営又は業務と無関係な短期観光、疾病の治療、兵役義務の履行、親族慶弔事等の事由に該当して、その入国した期間が明白に一時的であることとして入国事由と期間を客観的に立証できる場合には、当該期間は居所を置いた期間としてはみません（韓所令4④、韓所規2）。

○　一時的入国事由と立証方法

入国事由	立証方法
短期観光	観光施設利用による入場券、領収書等観光目的で入国したことを立証できる書類
疾病治療	医療法第17条上の診断書、証明書、処方箋等入国期間の間、診察や治療を受けたことを立証する資料
兵役義務履行	兵役事項が記録された住民登録票写し、又は兵役法施行規則第8条による兵籍証明書等入国期間の間、兵役義務を履行したことを立証する資料
親族慶弔事等、その他	親族慶弔事等非事業・非業務目的で入国したことを客観的に立証できる書類

贈与税法編

Q5 韓国贈与税の課税制度の仕組み

韓国の贈与課税計算フローを、韓国居住者、非居住者に分けて説明してください。

A

1 韓国贈与税制度の仕組み（概要）

(1) 受贈者が韓国居住者の場合

```
贈与財産価額      ・国内・国外に所在する贈与財産に対して贈与日現在の時価で評価
   (−)             ただし、時価算定が困難な場合は、公示時価、基準時価等で評価

非課税及び課税価額  ・非課税：社会通念上認められる被扶養者への生活費、教育費等
不算入財産等      ・課税価額不算入財産：公益法人等に出捐した財産等
   (−)

債務負担額       ・贈与財産に担保された債務引受額（贈与財産関連賃貸保証金を含む）
   (+)

10年以内        ・当該贈与日前、同一人から10年以内に贈与を受けた財産の課税価額合計額が1,000万W以上
贈与財産加算額     である場合、その課税価額を加算。
   ⇩            ・同一人とは：贈与者が直系尊属である場合は、その配偶者を含む。

贈与税課税価額
```

贈与者	配偶者	直系尊属	直系卑属	その他親族	その他
控除限度額	6億W	5千万W (未成年者※2千万W)	5千万W	1千万W	なし

・上記控除限度額は10年間の累計限度額である。
・2024.1.1から婚姻・出産贈与財産控除新設。
・贈与税申告期限内に災難で滅失・毀損した場合その損失額を控除。
※ 未成年者は満19歳未満の者をいう。

```
(−)
贈与控除
(贈与財産控除・災害損失控除)

(−)
鑑定評価手数料     ・不動産鑑定評価業者の評価手数料500万Wが限度
   ⇩

贈与税課税標準
```

①一般：贈与財産−贈与財産控除（災害損失控除）−鑑定評価手数料
②合算排除（名義信託）：信託金額−鑑定評価手数料
③合算排除：贈与擬制利益−鑑定評価手数料
④合算排除（②と③を除外）：贈与財産価額−3,000万W−鑑定評価手数料

課税標準	1億W以下	5億W以下	10億W以下	30億W以下	30億W超
税率	10%	20%	30%	40%	50%
累進控除額	−	1千万W	6千万W	1億6千万W	4億6千万W

```
   ⇩
算出税額        ・(贈与税課税標準 × 税率) − 累進控除額
   (+)

世代省略割増税額   ・受贈者が贈与者の子女ではない直系卑属であれば割増課税。30%又は40%。
              ただし、直系卑属の死亡で最近親である直系卑属に対して贈与する場合は除く。
   (−)

税額控除+減免税額  ・文化財資料徴収猶予、納付税額控除、外国納付税額控除、申告税額控除（3%）、
              その他の控除・減免税額
   ⇩

年賦延納・分納    ・物納不可
   ⇩
自進納付する税額
```

韓国民法上の親族の範囲＝
8親等以内の血族及び4親等以内の姻族をいいます。

− 182 −

(2) 受贈者が韓国非居住者の場合

```
┌─────────────────┐
│   贈与財産価額   │  ・国内・国外に所在する贈与財産に対して贈与日現在の時価で評価
└─────────────────┘     ただし、時価算定が困難な場合は、公示時価、基準時価等で評価
       (－)
┌─────────────────┐
│ 非課税及び課税価額 │  ・非課税：社会通念上認められる被扶養者への生活費、教育費等
│  不算入財産等    │  ・課税価額不算入財産：公益法人等に出捐した財産等
└─────────────────┘
       (－)
┌─────────────────┐
│   債務負担額    │  ・贈与財産に担保された債務引受額（贈与財産関連賃貸保証金を含む）
└─────────────────┘
       (＋)
┌─────────────────┐
│   10年以内     │  ・当該贈与日前、同一人から10年以内に贈与を受けた財産の課税価額合計額が1,000万W以上
│  贈与財産加算額  │    である場合、その課税価額を加算。
└─────────────────┘  ・同一人とは：贈与者が直系尊属である場合は、その配偶者を含む。
        ↓
┌─────────────────┐
│  贈与税課税価額  │
└─────────────────┘
       (－)
┌─────────────────┐
│    贈与控除    │  ・贈与財産控除の適用はなし。
│  (災害損失控除)  │  ・贈与税申告期限内に災難で減失・毀損した場合その損失額を控除。
└─────────────────┘
       (－)
┌─────────────────┐
│  鑑定評価手数料  │  ・不動産鑑定評価業者の評価手数料 500万Wが限度
└─────────────────┘
        ↓           ①一般：贈与財産－贈与財産控除（災害損失控除）－鑑定評価手数料
┌─────────────────┐   ②合算排除（名義信託）：信託金額－鑑定評価手数料
│  贈与税課税標準  │   ③合算排除：贈与擬制利益－鑑定評価手数料
└─────────────────┘   ④合算排除（②と③を除外）：贈与財産価額－3,000万W－鑑定評価手数料
        ×
```

課税標準	1億W以下	5億W以下	10億W以下	30億W以下	30億W超
税　率	10%	20%	30%	40%	50%
累進控除額	―	1千万W	6千万W	1億6千万W	4億6千万W

```
┌─────────────────┐
│    算出税額    │  ・(贈与税課税標準 × 税率)－累進控除額
└─────────────────┘
       (＋)
┌─────────────────┐
│ 世代省略割増税額 │  ・受贈者が贈与者の子女ではない直系卑属であれば割増課税。30%又は40%。
└─────────────────┘    ただし、直系卑属の死亡で最近親である直系卑属に対して贈与する場合は除く。
       (－)
┌─────────────────┐
│   税額控除等    │  ・申告税額控除（3%）、既納付税額控除、年賦延納
└─────────────────┘
        ↓
┌─────────────────┐
│  自進納付する税額 │
└─────────────────┘
```

(注)1　国内の全ての贈与財産を贈与財産価額とする。

(注)2　贈与財産控除の適用はない。

(注)3　租特法上の減免（租特法71）及び課税特例（租特法30の5（創業資金の贈与）、30の6（家業承継株式等の贈与））の適用はない。

(3) 贈与財産が創業資金である場合（租特法30の5。適用対象財産は受贈者が居住者に限る）

㊟1　居住者が受けた創業資金贈与税特例財産にのみ適用。ただし、創業資金特例と次ページの家業承継株式等特例のうち、一つだけ選択して適用可能。

㊟2　贈与税申告期限までに特例適用申請をした場合にのみ適用可能。

㊟3　贈与者が死亡した場合には、贈与時期に関係なく相続税課税価額に加算する（韓相贈法13①一、3③）。

㊟4　贈与者死亡で相続税の相続控除適用限度額計算時、③の価額は相続税課税価額に加算する贈与財産価額（韓相贈法24③）として見ない。

(4) 贈与財産が家業承継株式等である場合（租特法30の６。適用対象財産は受贈者が居住者に限る）

㊟１　居住者が受けた家業承継贈与税特例財産にのみ適用。ただし、前ページの創業資金特例と家業承継株式等特例のうち、一つだけ選択して適用可能。

㊟２　贈与税申告期限までに特例適用申請をした場合にのみ適用可能。

㊟３　贈与者が死亡した場合には、贈与時期に関係なく相続税課税価額に加算する（韓相贈法13①一、３③）。

㊟４　贈与者死亡で相続税の相続控除適用限度額計算時、③の価額は相続税課税価額に加算する贈与財産価額（韓相贈法24③）として見ない。

Q6　贈与財産の取得時期（贈与日）

韓国贈与税での贈与財産の取得時期（贈与日）について説明願います。

A

贈与財産の取得時期（贈与日）は、贈与財産の種類によりその時期を異にしていて、大きくは、①一般的贈与財産の贈与時期と、②贈与例示・推定・擬制財産に対する取得時期に区分できます。

　※　韓国は一般的に、客観的に判断できる日を贈与日としていると思われます。

1　一般的贈与財産の取得時期
　贈与財産取得時期は、原則的に贈与によって財産を取得した時期です。

①　権利の移転やその行使に登記・登録を要する財産
　不動産、航空機、建設機械等権利の移転やその行使に登記・登録を要する財産の贈与財産取得時期は、登記・登録日（登録申請日）です。

②　登記を要しない不動産（韓所法187）
　実際に不動産の所有権を取得した日です。

③　贈与目的で建築中である場合等
　次のイ〜ハのうち、最も早い日です。
　イ　建物の使用承諾書交付日
　ロ　使用承認前に事実上又は一時使用しているときは、その使用日
　ハ　無許可建築物であるときは、その事実上の使用日

④　他人の寄与によって財産価値が増加した場合
　開発区域指定公示日、形質変更許可日、分割登記日等財産価値増加事由が発生した日となります。

⑤　株式又は出資持分
　客観的に確認された株式等の引渡し日。ただし、引渡日が不明であったり、引渡し前の名義書換時：名義書換時
　具体的な例として、株式未発行会社の場合に、株式名義変更日の確認、株式名簿登載日、配当金の受領日と事実関係を確認し、配当金の支払日が贈与日と認定された事例があります。その効果として、除斥期間が延びるといった点があります。

⑥　無記名債券

　無記名債券とは、証書上債権者が表示されていない債券で、無記名小切手、無記名株式、無記名社債、商品券等があります。

　無記名債券である場合の贈与財産取得時期は、当該債券に対する利子支払事実等により取得事実が客観的に確認された日に取得したものとみます。

⑦　上記以外の贈与財産

　引き渡した日又は事実上の使用日

2　贈与例示・推定・擬制財産の取得時期

　贈与例示、贈与推定、贈与擬制に該当する贈与財産に対する取得時期は、各該当規定でその時期を規定しています。

（参考）日韓で贈与時期が異なる場合の影響

　日本の贈与税規定上の贈与時期は、一般的に財産の引渡日、若しくは事実上の使用日となります。

　日本と韓国で贈与日を異にする（一般的に日本が早い）場合の影響には、次のものがあると考えます。

①　日本と韓国の贈与日を統一する必要があるのかといった問題がある。
　※　筆者は、その国の税法に基づいて申告すればよく、あえて贈与日を統一する必要はないと考えます。
②　日本と韓国での贈与日が年をまたぐと、外国税額控除適用年度にズレが生じる。

（例）②の日本の財産を韓国居住者に贈与

　※　この場合は、日本で2022年贈与税申告をして、その申告書を基に韓国で贈与外国税額控除することになると考えます。

贈与税法編

Q7 居住者か否かによる贈与税課税対象の範囲

受贈者が韓国居住者であるか否かによって、贈与税の課税対象範囲を異にするとのことですが、どのように異にするのか、また、居住者、非居住者の判断基準についても説明願います。

A

受贈者が居住者又は非居住者であるかによって、贈与課税対象及び贈与控除が異なります。居住者と非居住者の区分は所得税法の規定により判断ます。

区分	受贈者	
	居住者	非居住者
課税管轄税務署	受贈者の住所地管轄署	贈与者の住所地管轄署
課税対象の範囲	贈与税課税対象となる全ての贈与財産	贈与税課税対象になる国内にある全ての贈与財産（居住者が国外にある財産を贈与する場合を含む）
贈与財産控除	控除可能	控除不可
減免・課税特例 ・営農子女贈与減免 　（租特法71） ・贈与税課税特例 　（租特法30の5、30の6）	減免可能 適用可能	減免不可 適用不可

※租特法30の5：創業資金に対する贈与税課税特例
　租特法30の6：家業承継に対する贈与税課税特例

（例示）

-188-

1 受贈者が居住者である場合
　贈与を受ける当時、受贈者が居住者であれば、贈与課税対象になる全ての贈与財産に対して贈与税を納付する義務があります。

2 受贈者が非居住者である場合
　(1) 非居住者が贈与を受けた国内にある全ての財産
　　贈与を受ける当時、受贈者が非居住者であれば、贈与税課税対象になる国内にある全ての財産に対して贈与税を納付する義務があります。

　(2) 居住者から贈与を受けた国外預金等
　　2013.1.1～2016.12.31まで相続税及び贈与税法により受贈者に課税規定をしていましたが、2017.1.1以後は国税基本法等により贈与者に課税する規定となりました。
　　国外預金等の範囲は次のとおりです。
　① 居住者から贈与を受けた国外の預金や国外貯金等金融取引（「金融実名取引及び秘密保証に関する法律」第2条第3号による金融取引及びこれと類似する取引を含む）によって、海外金融会社に開設された口座に保有された財産
　② 居住者から贈与を受けた外国法人（贈与財産取得日現在資産総額中、韓国国内所在資産価額の合計額が占める比率が100分の50以上である法人）の株式又は出資持分

3 居住者と非居住者の判断区分（詳細はＱ４参照）
　(1) 居住者と非居住者
　　国内に住所を置いたり、183日以上居所を置いた者を居住者といい、居住者でない者を非居住者といいます。居住者が2以上の住所地を置いている場合には、住民登録法により登録された所を住所とします。
　　住所の概念は、韓国民法の借用概念ではなく、税法固有の概念であるとの裁判における国税当局の主張があった事例があります。

　(2) 住所と居所の定義等
　　住所と居所の定義は、所得税法施行令第2条及び第4条の規定により、居住者と非居住者の判定についても、所得税法施行令第2条の2及び第3条の規定によります。非居住者が国内に永住する目的で帰国して国内で死亡した場合には、居住者とみます。

贈与税法編

Q8 国外財産の贈与に対する贈与課税特例

韓国贈与税は、遺産取得課税方式を採っているので、受贈者が贈与税を納税することになると考えますが、韓国居住者が韓国非居住者に国外財産を贈与した場合には贈与者が贈与税を納税することになると聞きました。その制度について教えてください。

A

韓国贈与税法は、日本と同様に、遺産取得課税方式を採っていますので、通常は、受贈者が贈与税の納税義務者になりますが、韓国居住贈与者が非居住者に国外財産を贈与した場合には、贈与者が納税義務者となる場合があります。一部、遺産課税方式を採っているといえるでしょう。

1 国外贈与に対する贈与税課税特例制度
① 居住者が非居住者に国外にある財産を贈与（贈与者の死亡によって効力が発生する贈与は除外）する場合、贈与者は贈与税を納付する義務があります。
② ただし、受贈者が贈与者の特殊関係人（韓基法2二十）に該当せず、当該財産に対して外国の法令により贈与税（実質的にこれと同様な性質を有する租税を含む）が賦課されている場合（税額の免除を受けている場合を含む）には、贈与税の納付義務が免除されます。
(注) 2015.1.1以後は、国外有価証券のみならず、国外預金・貯金等を含む財産となりました。

2 国外贈与財産の時価の算定
国外財産の贈与に対して贈与税課税特例規定を適用するとき、贈与財産の価額は贈与財産がある国の贈与当時の現況を反映した時価によりますが、その時価を算定する場合において、次の価額が確認されるときは、その価額を当該財産の時価とみます（韓国調令71①）。
① 贈与財産の贈与日前後6か月以内に成立した実際売買価額
② 贈与財産の贈与日前後6か月以内に評価された公信力のある鑑定機関による鑑定価額
③ 贈与財産の贈与日前後6か月以内に収用等を通して確定された贈与財産の補償価額

なお、有価証券価額の算定は、韓国相続税及び贈与税法第63条による評価方法を準用します。

3 国外贈与財産の時価の算定が困難な場合
国外贈与財産の時価を算定することが困難なときには、財産の種類、規模、取引状況等を考慮して、韓国相続税法及び贈与税法第61条から65条までの規定を準用して、贈与財産価額を評価します。
(注) 上記法61条～65条は、各種財産の評価規定です。

4　外国納付税額控除（韓国基令38の2）

外国政府に納付した当該国外贈与財産に係る税額は、外国納付税額として控除対象となります。控除限度額の計算は、後掲Q20「贈与税に係る外国納付贈与税額控除制度」を参照して下さい。

5　ウォン貨換算

外国納付税額のウォン貨換算は、贈与税を納付した日の「外国為替取引法」による基準外換率又は裁定外換率によります。

（参考）

2014.12.31以前	2.15.1.1以後
①外国で贈与税納付義務がない場合 　⇒贈与者が国内で贈与税を納付	①外国で贈与税納付義務がない場合 　⇒贈与者が国内で贈与税を納付
②外国で贈与税納付義務がある場合 　⇒国内で贈与税納付義務免除	②外国で贈与税納税義務がある場合 　イ　受贈者が贈与者の特殊関係人（後掲6参照）でない場合：国内で贈与税納付義務免除 　ロ　受贈者が贈与税の特殊関係人である場合：贈与者が国内で贈与税納付するが、外国納付税額控除適用

（事例）

韓国居住韓国人Aは、所有する日本法人の株式Bのうち、株式総数5％未満（日韓租税条約第13条、譲渡所得）を、日本に所在する非営利法人（一般社団法人：Aが代表理事）Cに寄贈した。この場合における日本及び韓国での課税関係は？（注：以下、筆者の考えです。）

(1)　日本での課税関係
　①　AがCに寄贈した株式Bは、日韓租税条約第13条により、日本では譲渡所得税の課税対象とはならない。
　②　B株式の寄贈を受けたCは、非営利型一般社団法人なので、法人税の課税対象外となる。

(2)　韓国での課税関係
　①　受贈者Cは、Aの特殊関係人となり、贈与者Aが国内で贈与税を納付する。
　②　非営利型一般社団法人Cは、受贈益が発生するものの、贈与税に相当する税が日本税制上発生ないし免税されているとも理解できない。
　③　したがって、Aは韓国において、控除相当額の外国納付税額もなく、国外贈与財産に係る贈与税を納付することとなる。

6　特殊関係人とは

相続税法における特殊関係人とは、本人と親族関係、経済的関連関係又は経営支配関係等

本人のいずれか一つに該当する関係にある者をいいます（下表「親族関係規定の改正経緯」参照）。

① 親族及び直系卑属の配偶者の２親等以内の血族とその配偶者
② 使用人
㊟ 親族とは、㈠４親等以内の血族、㈡３親等以内の姻族、㈢配偶者（事実上の婚姻関係にある者を含みます。）、㈣嫡出子で他人に親養者養子縁組された者及びその配偶者・直系卑属、㈤本人が民法により認知した婚姻が出生者の生父な生母（本人の金銭やその他の財産で生計を維持する人又は生活を一緒にする人に限る）をいいます。

（参考）韓国における親子と親養子の違い

① 親子は、自然血族である嫡出子と法定血族である養子とに区分されます。嫡出子は、婚姻中の出生子と婚姻外の出生子に区分されます。
　　婚姻成立日から200日後又は婚姻終了後から300日以内に出生した子は、婚姻中の出生子と推定します。
② 親養子とは、養父や新しい父の姓と本貫に従う養子をいいます。親養子は生家との親族関係が消滅します。養子は本来、親家（生まれた家）と養家の相続権を持っていますが、親養子の場合には養家の相続権のみを持っており、親家の相続権はありません。

○親族関係規定の改正経緯

2012.2.1以前 （韓相贈令13⑨）	2012.2.2以後 （韓相贈令２の２①）	2023.3.1以後
○国基令20一〜八 ①６親等以内の父系血族と４親等以内の父系血族の妻 ②３親等以内の父系血族の夫及び子女 ③３親等以内の母系血族とその配偶者及び子女 ④妻の２親等以内の父系血族及びその配偶者 ⑤配偶者（事実上の婚姻関係がある者を含む） ⑥入養子の生家の直系尊属 ⑦出養子及びその配偶者と出養子の養家の直系卑属 ⑨婚姻外の出生者の生母	○国基令１の２① ①６親等以内の血族 ②４親等以内の姻族 ③配偶者（事実上の婚姻関係がある者を含む） ④嫡出子として他の人に親養子入養された者及びその配偶者・直系卑属	○国基令１の２① ①４親等以内の血族 ②３親等以内の姻族 ③配偶者（事実上の婚姻関係がある者を含む） ④嫡出子として他の人に親養子入養された者及びその配偶者・直系卑属 ⑤本人が民法によって認知した婚姻外嫡出子の生父や生母（本人の金銭やその他の財産で生計を維持する人は生計を一にする人に限定する）

○民法上の親族の範囲（韓民法第777条）

① ８親等以内の血族
② ４親等以内の姻族
③ 配偶者

Q9　韓国贈与税と日本贈与税の相互課税関係からくる二重課税

贈与税については、日本及び韓国とも受贈者に対して課税することとされていますが、日本と韓国の贈与税法上、課税対象財産の範囲に重複があるのでしょうか？　また、相続税と同様に二重課税の問題が発生するのでしょうか？

A

贈与税については、日本及び韓国とも受贈者が納税義務者となります。

韓国は、原則、受贈者が韓国居住者であるか否かで大別しますが、日本の規定は非居住者であっても、無制限納税義務者となるなど、韓国より複雑な区分となっています。

また、日本、韓国とも税制改正を重ね、納税義務者に係る課税対象範囲を広げてきていますので、課税が重複する場面が拡大してきているといえます。納税者が適正な納税義務の履行を実践していく上で、外国納付税額控除制度の適用の重要性が増してきているといえます。

日本と韓国の納税義務者に係る課税対象範囲を図示すると、次のとおりです（日本贈与税法の見解及び用語は『図解　相続税贈与税（令和5年版）』大蔵財務協会刊・p.61に依った）。

※　居住とは、住所もしくは183日以上居所を置く者をいいます。

(注)1　受贈者が非居住者の場合には、国内にある受贈財産と居住者から受けた国外預金や国外貯金等大統領令で定める受贈財産（国外の株式）に対して、贈与税を納付する義務があります（韓相法4②）。

　　　さらに、国外財産の贈与については贈与者が納税義務を負う場合もあります。

(注)2　在留資格があり15年以内で国内住所が10年以下

(注)3　贈与等に在留資格を有し、かつ、国内に住所を有していたその贈与人係る贈与者

(注)4　韓国贈与税の課税対象範囲は受贈者を主体とし、韓国相続税の課税対象範囲は被相続人を主体として判定することから、課税対象範囲を異にする点に留意する必要があります。

(課税の範囲からみた韓国、日本における受贈者の納税義務者区分（概要）)

受贈者	韓国			日本			受贈者
	財産取得時の住所	区分	課税財産の範囲	区分	国籍	財産取得時の住所	
	韓国国内	無制限納税義務者	国内・外の財産	無制限納税義務者	問わない	日本国内	
	国外	制限納税義務者	韓国居住者からの受贈	国内・外の財産（注）1	非居住無制限納税義務者	日本	国外
			上記以外	国内の財産	制限納税義務者	日本国籍なし（注）2	

(注)1　韓国における国外財産の課税対象は預貯金等や一定の株式
(注)2　贈与者が国内に居住する場合に非居住無制限納税義務者に該当します。

●贈与税の二重課税（日韓両国での課税）が発生する場合
（事例1）
① 受贈者：日本国籍あり
　・贈与日現在韓国国内に住所あり（日本国内に住所なし）
　・受贈日前10年以内に日本に住所あり
　・受贈財産…韓国国内財産及び日本国内財産
② 課税財産の範囲
　・韓国贈与税…韓国国内・日本国内財産とも課税対象（無制限納税義務者）
　・日本贈与税…日本国内・韓国国内財産とも課税対象（非居住無制限納税義務者）

（事例2）　平成29年度改正後
① 受贈者：日本国籍なし
　・贈与日現在韓国国内に住所あり（日本国内に住所なし）
　・受贈財産…韓国国内財産及び日本国内財産
② 贈与者：
　・日本国内に住所なし（韓国に居住）
　・贈与日前10年以内に日本に住所あり
③ 課税財産の範囲
　・韓国贈与税…韓国国内・日本国内財産とも課税対象（無制限納税義務者）
　・日本贈与税…日本国内・韓国国内財産とも課税対象（非居住無制限納税義務者）
　　　　　ただし、平30.4.1～平31.3.31の間は経過措置あり

Q10　韓国贈与税の課税対象財産の範囲①

韓国贈与税は、完全包括主義の考えのもと、具体的に贈与税対象財産の範囲を規定しているとのことですが、具体的な項目ごとに説明願います。

A

1　韓国贈与税法上の定義

日本における贈与税法は、民法第549条の規定に基づき贈与により取得した財産（日相法2の2）及び贈与により取得したとみなされる財産（日相法4～9）に対して課税されます。贈与により取得したとみなすのは、法形式上贈与による財産の取得でなくても、その経済的な効果が実質的に贈与を受けたと同様な場合に税負担の公平を図るため、これを贈与による取得とみなして課税するものです。

韓国における贈与税法の基本は、他人から財産の贈与を受けた場合で、当該財産が贈与税の課税対象となります。

（近年の贈与税課税対象財産の改正経緯）

①　贈与税法の大きな改正としては、2003.12.30法律第7010号で変則的な相続・贈与に対して事前に対処するために、民法上の贈与と区分してその行為又は取引の名称・形式・目的にかかわらず、経済的価値が計算できる有形・無形の財産を他人に直接又は間接的方法で無償移転により又は寄与することにより他人の財産価値を増加させることを贈与税の課税対象とするとの贈与概念を新たに規定しました。

この改正により、2004.1.1以後は、従前の類型別包括主義に比して「完全包括主義」の導入をして、贈与概念を新設しました（韓相法2）。

②　2010年の改正では、従前の民法上の贈与契約によって取得した財産と具体的に列挙していたみなし贈与財産に限定されていた贈与税の課税対象の範囲を拡大し、列挙していたみなし贈与財産は贈与の1つの形態としての例示列挙とされました。

そして、贈与の概念に「他人の寄与によって財産の価値が増加する場合も含まれる」と規定されましたが、具体的な事例としては韓国相続税法第42条第4項で次のように規定しています。

> 次の事由で未成年者等が財産を取得し、その日から5年以内に開発事業の施行、形質変更、公有物分割、事業の認・許可、非上場株式の上場などによって財産価値の増加から得た利益に対して贈与税を課税
> ①　他人から財産贈与を受けた場合
> ②　特殊関係人から企業の経営などに関して公表していない内部情報の提供を受けて、当該情報に関連した財産を有償取得した場合
> ③　特殊関係人から借入れした資金又は特殊関係人の財産を担保にして借入れした資金で財産を取得した場合

③ さらに2012.1.1以後、親族に子会社を設立させ、その後親会社における事業の一部を子会社に移転して、結果、子会社に利益を移転する事例に対して、当該子会社の株主に贈与税を課すことに改正されました。

④ 2013年の改正で、韓国相続税法第4条の2（経済的実質による課税）を新設し、第三者を通じた間接的な方法や、2つ以上の行為又は取引を経由する方法で相続税や贈与税の負担を減少させたと認められる行為は、直接取引又は1つの行為と見て、相続税・贈与税を課税するように改正されました。

⑤ その後の贈与税法の主たる改正

2015年 （租税特例制限法）	○家業承継贈与税課税特例制度拡大及び事後管理要件緩和 ・課税価額：30億W→100億W 　課税標準30億W超過分は20％税率適用 ・受贈者の配偶者が家業従事及び代表理事就任時家業承継要件充足 ・事業管理期間短縮：10年→7年
2016年 （贈与例示規定）	○不動産無償使用利益：特殊関係人→課税 ○超過配当による利益規定：新設 ○増資による利益対象：みなし募集で配分する場合→課税
2017年 （贈与例示規定）	○種類株式増資時による利益贈与税課税方法補完 ○上場による利益贈与課税対象からコーネックス上場株式除外
2018年	○イルカムモラチュギに対する贈与税課税強化 ・イルカムモラチュギ課税対象拡大 　大企業の特殊関係人との取引比率が20％を超過して取引金額が1,000億Wを超過する場合等を課税対象に追加 　公示対象企業集団間の談合によって第三者を通した間接的な方法や2つ以上の取引を通して発生した受恵法人の売上額を包含 ・贈与擬制利益の計算方法変更 （大企業） 　税引後営業利益×（特殊関係人取引比率－5％）×株式保有比率 （中堅企業） 　税引後営業利益×（特殊関係人取引比率－20％） 　×（株式保有比率－5％）

2　経済的実質による贈与税課税

　第三者を通じて間接的な方法や2つ以上の行為又は取引を経由する方法で、相続税や贈与税の負担を減少させると認められる場合には、その経済的実質内容によって、当事者が直接取引した又は連続した1つの行為取引と見て相続税及び贈与税を課すこととしています（韓相法2③、2010.1.1改正）。

　この規定は、第三者を通じて迂回するか、もしくは取引形式を変更することで正常取引であると装う場合、その経済的実質によって贈与税の課税対象に該当するか否かを判定することができるように措置したものです。

　これに伴って、一定の利益に対しては当該利益と関連する取引等をした日から遡って1年

以内に同一な取引等がある場合には、各々の取引等による利益を該当利益別に合算して各々の金額基準（1億W又は3億W）を計算します（韓相法43②、韓相令31の10①）。

　例えば、父と子が直接取引しながら贈与税の負担を回避するため、特殊関係のない第三者を介入させたり財産の高額・低額譲渡の場合、取引別に対価と時価との差額が1億W以上の場合に課税対象になる点を利用して、数回の取引に分けて取引することで贈与税の負担を回避する事例について、親子間の直接取引又は1つの取引とみなして贈与税の課税対象の可否を判定することとなります。

3　包括的贈与財産
　① 無償で移転を受けた財産又は利益
　② 著しく低い対価で財産又は利益の移転を受けることで発生する利益や、著しく高い対価で財産又は利益を移転することで発生する利益
　　　ただし、特殊関係人でない者間の取引である場合には、取引の慣行上正当な事由がない場合に限定されます。
　③ 財産取得後、当該財産の価値が増加した場合のその利益
　　　ただし、特殊関係人でない者間の取引である場合には、取引の慣行上正当な事由がない場合に限定されます。

4　贈与例示規定
　① 信託利益の贈与
　② 保険の贈与
　③ 低価譲受又は高価譲渡による利益の贈与
　④ 債務免除等による贈与
　⑤ 不動産無償使用による利益の贈与
　⑥ 合併による利益の贈与
　⑦ 増資による利益の贈与
　⑧ 減資による利益の贈与
　⑨ 現物出資による利益の贈与
　⑩ 転換社債等の株式転換等による利益の贈与
　⑪ 超過配当による利益の贈与
　⑫ 株式等の上場による利益の贈与
　⑬ 金銭の無償貸付等による利益の贈与
　⑭ 合併による上場等利益の贈与
　⑮ 財産使用及び用益提供等による利益の贈与
　⑯ 法人の組織変更による利益の贈与
　⑰ 財産取得後、財産価値増加による利益の贈与

5　贈与と経済的実質が類似する場合の贈与財産
　贈与規定と経済的実質が類似する場合等、贈与の各規定を準用して贈与財産の価額を計算することができる場合のその財産又は利益

6　贈与推定（2種類）
　① 配偶者等に譲渡した財産の贈与推定
　② 財産取得資金等の贈与推定

7　贈与擬制（4種類）
　① 名義信託財産の贈与擬制
　② 特殊関係法人との取引を通した利益の贈与擬制
　③ 特殊関係法人から提供を受けた事業機会で発生した利益の贈与擬制
　④ 特定法人との取引を通した利益の贈与擬制

Q10−2　類型別贈与例示（概要）

(1)　信託利益の贈与（韓相法33）
　○　信託契約により、委託者が他人を利益の全部又は一部を受ける受益者として指定した場合には、信託の利益を受ける権利の価額を受益者の贈与財産価額として贈与税の課税対象とされます。
　○　納税義務者……受益者
　○　課税対象
　　① 元本の利益を受ける権利の贈与
　　② 収益の利益を受ける権利の贈与
　○　贈与時期
　　　元本又は収益が受益者に実際支払われる時等

　○　贈与財産価額

$$信託利益 = \sum_{n-1}^{n} \frac{各年度の収入金額※ - 源泉徴収税額}{(1 + 0.03)^n}$$

　　　　n：評価基準日からの経過年数

　　　※　収益率が確定していない場合には推定額

(2)　保険金の贈与（韓相法34）
　○　生命保険及び損害保険の保険金受取人と保険料払込人が異なる場合

$$贈与財産価額 = 保険金額 \times \frac{保険金受取人以外の者が納付した保険料}{納付した保険料総合計額}$$

○ 保険契約期間内に保険金受取人が他人から財産の贈与を受けて保険料を納付した場合

$$贈与財産価額 = \left(保険金額 \times \frac{財産の贈与を受けて納付した保険料}{納付した保険料総合計額}\right) - 財産の贈与を受けて納付した保険料$$

○ 保険契約期間外に保険金受取人が他人から財産の贈与を受けて保険料を納付した場合
　この場合も、保険金受取人の贈与財産とする。

○ 納税義務者となる保険金受取人

(3) 低価譲受又は高価譲渡による利益の贈与（韓相法35）

（例1）100を10で譲受

（例2）10を100で譲渡

○ 特殊関係人から当該財産を時価より低い価額で譲り受けたり、特殊関係人に時価より高い価額で譲渡した場合に、その利益に相当する金額を譲受者又は譲渡者に贈与したこととみます。

○ 特殊関係がない者間で取引をする場合には取引の慣行上正当な事由なく時価より著し

く低い価額又は著しく高い価額で譲受又は譲渡した場合に限って、時価と対価の差額に相当する金額の贈与を受けたものと推定して贈与税を課税することとなります。

○ 特殊関係人間の課税要件と贈与財産価額の計算

区分	受贈者	課税要件	贈与財産価額
低価譲受	譲受者	(時価－代価)の差額が時価の30%以上又はその差額が3億W以上	(時価－代価)－(時価の30%と3億W中低い金額)
高価譲渡	譲渡者	(代価－時価)の差額が時価の30%以上又はその差額が3億W以上	(代価－時価)－(時価の30%と3億W中低い金額)

○ 非特殊関係人間の課税要件と贈与財産価額の計算

区分	受贈者	課税要件	贈与財産価額
低価譲受	譲受者	(時価－代価)の差額が時価の30%以上	(時価－代価)－3億W
高価譲渡	譲渡者	(代価－時価)の差額が時価の30%以上	(代価－時価)－3億W

(4) 債務免除等による利益の贈与（韓相法36）

○ 債権者から債務の免除を受けたり、債務を第三者が引受け又は代わって弁済をすれば、債務者は他人から債権額相当額の贈与を受けたことと同じです。この場合、債務者が事業者であれば、債務免除益として所得金額計算に反映して、債務者が非事業者であれば、贈与税を賦課します。

○ 贈与時期
① 債権者から債務免除を受けた場合：債権者が債務免除の意思表示をした日
② 第三者から債務の引受けを受けた場合：第三者と債権者間で債務の引受契約が締結された日

(5) 不動産の無償使用による利益の贈与（韓相法37）

①

②

○ 他人の不動産（当該不動産所有者と共に居住する住宅及びその付随土地を除きます。）を無償で使用したり、他人の不動産を無償で担保として利用して金銭等を借入れすることによって利益を受ける場合には、当該利益に相当する価額を利益を受けた者の贈与財産価額として贈与税の課税対象とします。

○ 無償使用利益の計算

① 無償使用利益 $= \sum_{n=1}^{5} \dfrac{不動産価額 \times 年2\%}{(1+0.1)^n}$

5年毎に再計算、不動産価額1億W以上にのみ課税。

② 贈与利益＝借入金×適正利子－実際に支払ったり支払う利子

(6) その他の利益の贈与
その他にも多数の贈与規定があります。その中から、いくつかを紹介します。

① 合併による利益の贈与（韓相法38）

※合併には吸収合併、新設合併、分割合併があります。

② 増資による利益の贈与（韓相法39）

③ 減資による利益の贈与（韓相法39の2）

④ 現物出資による利益の贈与（韓相法39の3）
⑤ 転換社債等の株式転換等による利益の贈与（韓相法40）
⑥ 超過配当による利益の贈与（韓相法41の2）
⑦ 株式又は出資持分の上場等による利益の贈与（韓相法41の3）
⑧ 金銭無償貸付等による利益の贈与（韓相法41の4）
⑨ 合併による上場等利益の贈与（韓相法41の5）
⑩ 財産使用及び用益提供等による利益の贈与（韓相法42）
⑪ 法人の組織変更等による利益の贈与（韓相法42の2）
⑫ 財産取得後財産価値増加による利益の贈与（韓相法42の3）

○ 贈与類型要約

贈与税の課税対象となる類型を要約すると以下のとおりです。なお、適用除外基準もあり、全てを記載していないことに留意願います。

贈与類型	要約内容		
	贈与者	受贈者	贈与利益（一部の例示）
① 信託利益の贈与	委託者	受益者	元本の利益、収益の利益（計算式あり）
② 保険の贈与	保険料納付者	保険金受領者	保険金（計算式あり）
③ 低価・高価譲渡による利益の贈与	低価譲渡者	低価譲受者	（時価－代価）－Min（時価×30％、3億W）	非特殊関係人の場合には3億Wの控除となる
	高価譲受者	高価譲渡者	（代価－時価）－Min（時価×30％、3億W）	

④ 債務免除等による贈与	債権者	債務者	債務免除利益
⑤ 不動産無償使用に対する利益の贈与	不動産所有者	不動産無償使用者（非特殊関係者間で相当な理由がある場合を除く）	$\sum_{n=1}^{5} \dfrac{不動産価額 \times 年2\%}{(1+10)^n}$
		担保利用して金銭等借入者（1千万W以上が対象）	（借入金×適正利子率）－実際に支払う又は支払った利子
⑥ 合併による利益の贈与	株価過少評価された法人の株主	株価過大評価された法人の大株主	（合併後株式価額－合併当時株式価額）×合併後株式数
⑦ 増資による利益の贈与	失権者	失権株配分を受けた者	（増資後1株あたり評価額－1株あたり引受価額）×引受株式総数
⑧ 減資による利益の贈与	減資で株式数が減少した株主	大株主	株式等を時価より低い代価で消却した場合 Min（減資した株式等の評価額×30％, 3億W）以上である場合 （減資1株あたり評価額－株式消却時支払った1株あたり金額） ×総減資株式数 ×大株主減資後持分率 ×大株主の特殊関係人の減資数 ÷総減資株式数 ※ 高価消却の場合は略
⑨ 現物出資による利益の贈与	既存株主	現物出資者	低価引受の場合 （現物出資後の1株あたり評価額－1株あたり引受価額）×現物出資者が配分を受けた新株数 ※ 高価引受の場合は略
⑩ 転換社債等株式転換等による利益の贈与	転換社債低価譲渡者等	転換社債等保有者・転換者	［（交付を受けた株式価額－転換価額）×交付株式数 －利子損失分 ＋引受所得による利益］ ≧1億W
⑪ 超過配当による利益贈与	法人の大株主等	最大株主等の特殊関係人	2021.1.1以後は贈与税と所得税を課税 超過配当金額－実際所得税額
⑫ 株式等上場等による利益の贈与	非上場法人の最大株主	最大株主から株式を取得した者	（A－（B＋C））×贈与・有償取得株式数 A：1株あたり評価額 B：贈与日現在1株あたり贈与税課税価額 C：1株あたり企業価値実質増加額 ※ 課税対象は3億Wなど一定金額以上とされている

⑬ 金銭の無償貸付等による利益の贈与	金銭無償低利貸付者	金銭貸付けを受けた者	貸付金額×適正利子率4.6% ※ 課税対象は1,000万W以上に対して適用
⑭ 合併による上場等利益の贈与	合併当時法人の株式贈与者・有償譲渡者	株式取得者	（A−(B＋C)）×贈与・有償取得株式数 A：合併登記日現在1株あたり評価額 B：株式等の贈与日現在1株あたり贈与税課税価額 C：1株あたり企業価値実質増加額 ※ 課税対象は一定金額以上とされている
⑮ 財産使用及び用役提供による利益の贈与	他人	他人に時価より低い代価を支払い無償で他人の財産を使用	（非特殊関係者間取引である場合には、相当な事由がない場合について課税） 無償で財産の使用、用役の提供を受ける場合1,000万W以上の場合に課税 贈与価額＝支払わなければならない時価相当額 （他略）
		他人から時価より高い代価を受けて財産を使用させる	
		他人に時価より低い代価を支払い無償で用役の提供を受ける	
⑯ 法人の組織変更による利益の贈与	―	所有持分や価額が変動することによって利益を受ける者	贈与財産価額≧Min（変動前当該財産価額×30%，3億W）以上である場合に限って適用 ・所得持分が変動した場合 　（変動後持分−変動前持分）×持分変動後1株当たり価額 ・評価額が変動した場合 　変動後価額−変動前価額
⑰ 財産取得後、財産価値増加による利益の贈与	―	財産を取得後財産価値増加事由によって利益を受けた者	贈与財産価額＝当該財産価額−（当該財産の取得価額＋通常的価値上昇分＋価値上昇寄与分） 適用除外……Min（①，②） ①上記式×30% ②3億W

※ 上記は課税対象となる金額の計算の一部を掲載したもので、取引は多様でそれに対応した多様な規定となっています。

※ 贈与時の基準日については、財産評価編Q2「相続・贈与財産の評価基準日」を参照願います。

Q10−3　1つの贈与に2以上の規定が同時に適用される場合の適用する贈与規定

1つの贈与に対して贈与税法の規定が2以上同時に適用される場合には、その中での利益が一番大きく計算される1つの規定を適用します（韓相法43①）。

Q10-4　相続財産の合意分割及び再分割の場合の贈与税の取扱い

1　当初の相続分を超過して取得する財産価額は贈与財産に該当

　共同相続人が、相続開始後、相続財産を最初に合意分割により相続人が自己の法定相続分を超過して相続財産を取得したとしても、その超過分に対しては相続財産の分割に該当することで、贈与税は課税されません。

　民法上、相続財産はいつでも合意分割が可能で、その効力は相続開始当時に遡及効果があるとされています（民法1013）。しかし相贈税法上は、相続開始後、相続財産に対して登記・登録・名義変更等（以下「登記等」といいます。）により各相続人の相続分が確定されて登記等がされた後、その相続財産に対して共同相続人の間の合意によって分割による特定相続人が当初相続分を超過して取得する財産価額は、当該分割によって相続分が減少した相続人から贈与を受けたものとみます。

　これは、相続分が確定された後に民法上の合意分割を利用した贈与税脱漏を防止するための規定です。

2　再分割で相続持分が変動されたとしても贈与に当たらない場合

　当初分割された相続財産が、次のような事由で再分割する場合には、相続持分の変動があっても贈与税は課税されません。

① 　相続税申告期限内に、再分割によって当初の相続分を超過して取得した場合（相贈法4③但書）……再分割の相続分持分割合で納税することとなります。
② 　相続回復請求の訴による裁判所の確定判決により、相続人及び相続財産に変動がある場合
③ 　債権者代位権（民404）の行為によって共同相続人等の法定相続持分どおりに登記された相続財産を、相続人間の合意分割により再分割する場合
④ 　相続税申告期限内相続税を物納するために、民法上法定相続分（民1009）で登記・登録及び名義変更等をして物納を申請していたが許可を受けられないとか、税務署長の物納財産の変更命令を受けて他の財産で物納申請をして当初の物納財産を相続人間の合意分割によって再分割する場合

Q10-5　贈与を受けた財産を返還した場合の取扱い

　贈与を受けた財産を当初の贈与者に返還する場合、受贈者が結果的に無償取得した財産はないこととなり、その返還した時期により贈与税課税対象可否が異なってきます。

　しかし、贈与財産が金銭である場合には、その返還可否を現実的に把握することが困難な点を勘案して、返還の時期に関係なく、通常、当初の贈与分と返還分に対して全て贈与税が課税されます。

　また、贈与財産を返還する前に課税標準と税額の決定を受けた場合には、当初の贈与に対しても贈与税を賦課します。

返還時期	当初贈与分の取扱い	返還分の取扱い
贈与税申告期限以内	課税除外	課税除外
申告期限経過後3か月以内	課税	課税除外
申告期限経過後3か月後	課税	課税
金銭（時期に関係なく）	課税	課税

（例示）贈与財産返還時期別課税方法

Ⓐ3.1～6.30期間中返還時：当初贈与分①及び返還分Ⓐは課税除外
Ⓑ7.1～9.30期間中返還時：当初贈与分①課税、返還分Ⓑは課税除外
Ⓒ7.1～9.30期間中返還時：当初贈与分①及び返還分Ⓒともに課税

(注) p.173「（参考２）贈与財産を返還又は再贈与した場合の取扱い」を再掲しました。

Q11　韓国贈与税の課税対象財産の範囲②

韓国贈与税法では、日本における「みなし贈与」のような規定はあるのでしょうか？

A

韓国贈与税法において、日本の贈与税法上の「みなし贈与」に類似する規定として「贈与推定」及び「贈与擬制」規定を設けています。

「贈与推定」とは、納税者の反証がない限り贈与として推定することで、現行相続税及び贈与税法では、「配偶者等譲渡した財産の贈与推定」と「財産取得資金等の贈与推定」があります。

「贈与擬制」とは、贈与にはあたらないが税制政策的目的を達成するために法により贈与とみなすことをいい、納税者の反証があるとしても贈与とみます。相続税及び贈与税法上の規定としては、「名義信託財産の贈与擬制」、「特殊関係法人の取引を通した利益の贈与擬制」、「特殊関係法人から提供を受けた事業機会で発生した利益の贈与擬制」及び「特定法人との取引を通した利益の贈与擬制」があります。

Q11-2　贈与推定

1　配偶者等に譲渡した財産の贈与推定（韓相法44）
 (1) 配偶者又は直系尊卑属に譲渡したり、特殊関係人に譲渡した財産をその特殊関係人が3年以内に当初譲渡者の配偶者又は直系尊卑属に譲渡した場合には、その財産の価額を配偶者又は直系尊卑属が贈与を受けたものと推定します。ただし、譲渡した事実が明白な場合は除外します。

　　配偶者とは、婚姻関係にある配偶者をいいます。直系尊卑属には、法定血族（養子）を含みます。

 (2) 除外規定となっている「譲渡した事実が明白な場合」とは、次の事実をいいます。
　① 裁判所の決定で、競売手続によって処分された場合
　② 破産宣告によって処分された場合

③ 国税徴収法により公売された場合
④ 「資本市場と金融投資業に関する法律」第8条の2第4項第1号による証券市場を通して有価証券が処分された場合
⑤ 配偶者等に対価を受けて譲渡をしたことが明白に認定される場合

2 財産取得資金等の贈与推定（韓相法45）

(1) 職業、年齢、所得及び財産状態等から見て、財産を自力で取得したと認めることが困難な場合は、その財産の取得資金を取得者が贈与を受けたものと推定します。

(2) 職業、年齢、所得及び財産状態等から見て、債務の償還をしたと認められない場合は、その債務償還時に償還資金の贈与があったものと推定します。

(3) 財産取得資金等の贈与推定適用除外の金額基準は、以下のとおりとなります。

区分	取得財産		債務状況	総額限度
	住宅	その他財産		
① 30歳未満である者	5千万W	5千万W	5千万W	1億W
② 30歳以上である者	1億5千万W	5千万W	5千万W	2億W
③ 40歳以上である者	3億W	1億W	5千万W	4億W

(注) 従前は世帯主か否かで区分していました。

Q11-3 贈与擬制

1 名義信託財産の贈与擬制

(1) 名義信託とは

名義信託は、実定法上の根拠がなく判例によって形成された信託行為の一種で、受託者に財産の名義が移転されたが、受託者は外観上所有者と表示されるだけで積極的にその財産を管理・処分する権利義務をもっていない信託をいいます。日本の信託法上では信託と

しては取り扱われていません。理解を簡単にするために説明しますと、「名義借り」と言いかえることができるかと思います。

(2) 名義信託財産贈与擬制

権利の移転やその行使に登記等が必要な財産（土地と建物は除きます。）であって、実際所有者と名義者が異なる場合には、実質課税原則（韓基法14）にかかわらず、その名義者で登記等をした日にその名義者が実際所有者から贈与を受けたものと擬制するものです。

この場合、租税回避目的がない場合等は除かれます（韓相贈法45の2）。

いわば、実質所得者課税の原則の例外といえるでしょう。そのためか、法規定上、実質所得者とはいわず「実際所有者」と定義しています。

このような名義信託財産の贈与課税があったとしても日本で贈与税の課税取引にあたるのかどうかは改めて検討することが必要と考えます。

(3) 名義信託財産の贈与税課税要件

① 登記・登録・名義変更を要する資産でなければならない
② 実際所有者と名義人が異ならなければならない
③ 租税回避目的があること
④ 当事者間の合意又は意思疎通があること

(4) 土地・建物の名義信託

1995.7.1に「不動産実権利者名の登記に関する法律」が施行され、土地と建物の名義信託に対しては、課徴金が附加されて、1997.1.1以後、土地、建物の名義信託に対しては贈与擬制での課税はされないこととなりました。

日本贈与税を適用するにあたっては、事実上贈与されたのか否か、改めて検討する必要があると考えます。

(5) 租税回避目的があると推定する場合

他人名義で財産を登記等した場合及び実際所有者名義に名義変更しなかった場合には、租税回避目的があると推定します。

(6) 名義変更しない株式等の贈与擬制時期

株式等を取得後、取得者の名義に変更しない場合の贈与擬制時期は、所有権取得日が属する年度の翌年度の翌年度末日の翌日となります。

(7) 名義信託財産贈与の擬制財産価額の計算

名義信託財産の贈与財産価額は贈与擬制日現在、時価又は補充的評価額で評価して、名義信託変更をする財産である場合、所有権取得日を基準に評価した価額とします。

(参考) 名義信託財産の判定フロー

2 特殊関係法人との取引を通した利益の贈与擬制（韓相法45の3）

特殊関係法人が受恵法人(注)（内国法人に限ります。）に業務をまとめて与える方法で、受恵法人の支配株主等に利益を移転する事例に対して贈与税を課す規定で、受恵法人の事業年度を基準に、受恵法人と特殊関係法人の取引比率が正常取引比率を超過する場合に、受恵法人の支配株主とその親族が受恵法人営業利益を基準に計算した利益につき、贈与を受けたものとみなします。

(注) 受恵法人とは、韓国固有の用語であり、「利益を受ける法人」と解するのが適当と考えます。

○ 贈与擬制利益の算定（計算式の一部のみ掲載）

贈与擬制利益＝㋑×㋺×㋩

㋑：税引後営業利益

㋺：特殊関係法人等との取引比率－5％（中小企業50％、中堅企業20％）

㋩：受贈者の直・間接株式保有比率－0％（中小企業10％、中堅企業5％）

3　特殊関係法人から提供を受けた事業機会で発生した利益の贈与擬制（韓相法45の4）

2016.1.1以後開始する事業年度に事業機会の提供を受けた分から、特殊関係法人（中小企業は除きます。）から事業機会の提供を受けた受恵法人の支配株主等に贈与税を課税するよう贈与擬制規定が新設されました（韓相法45の4）。

この規定を理解しやすいように具体例で説明しますと、例えば、デパートの経営者が、その特殊関係人にデパート内での飲食店を経営できるという事業機会を与えることをいいます。これは、事業機会を第三者の企業に広く与えようとする政策目的に沿った税制と思われます。

① 課税対象

特殊関係法人（中小企業は除きます。）から事業機会の提供を受けた受恵法人の株主等の利益が対象となります。

② 事業機会提供

特殊関係法人が直接受恵したり、他の事業者が受恵していた事業機会を賃貸借契約、入店契約等の方法で提供を受ける場合です。方法は賃貸借契約、入店契約、代理店契約及びフランチャイズ契約等名称のいかんを問いません。

③ 贈与時期

受恵法人の当該事業年度終了日

④ 贈与擬制利益の算定

$$\frac{\left(\begin{array}{c}\text{提供を受けた事業機会に}\\\text{よって発生した開始事業}\\\text{年度の受恵法人の利益}\end{array} \times \begin{array}{c}\text{支配株主等の}\\\text{株式保有比率}\end{array}\right) - \begin{array}{c}\text{開始事業年度分の}\\\text{法人税納税額中相当額}\end{array}}{\text{開始事業年度の月数} \times 12} \times 3$$

⑤ 贈与税申告期限
　イ　受恵法人の法人税申告期限が属する月の末日から３か月になる日
　ロ　清算事業年度の法人税申告期限が属する月の末日から３か月になる日

4　特定法人との取引を通じた利益の贈与擬制（韓相法45の5）

　特定法人の株主等の特殊関係人がその特定法人に財産（用役）を贈与したり、著しい低価・高価取引等で特定法人の最大株主等に分け与える利益に対しては、当該利益を贈与と擬制して贈与税を課税します（韓相法45の5）。

　これは、欠損法人や休眠法人等の株式を低い価額で子女に取得させた後に当該法人に財産を贈与したり、債務を代わって弁償させる方法を通して優良企業に成長させ、法人税及び贈与税の負担なく富を移転する、変則的贈与行為防止するために1996.12.30に新設されたものです。

① 特定法人
　イ　贈与日が属する事業年度の直前事業年度まで欠損法人
　ロ　贈与日現在、休廃業中の法人
　ハ　贈与日現在、支配株主とその親族が直接又は間接に保有する株式保有率が30％以上である法人

② 取引類型
　財産や役務を無償で提供することなど

③ 贈与利益

$$\left[当該取引利益 - \left(法人税算出税額 \times \frac{当該取引利益}{各事業年度所得金額} \right) \right] \times 株主等の持分率$$

Q12 贈与財産控除制度

韓国贈与税制度の中に、贈与財産控除制度があるとのことですが、その制度についてご説明下さい。また、その他にも控除する制度がありましたら、併せて説明願います。

A

韓国贈与税法において、贈与税課税価額から控除できるものとして、贈与財産控除、災害損失控除及び贈与財産の鑑定評価手数料控除制度があります。

1 贈与財産控除

贈与財産控除制度とは、受贈者が贈与者と密接な人的関係がある場合の中で、課税価額から一定額を控除して課税標準を算定するようにして、納税義務者に対して一種の租税恩恵を与えている制度といえます。

居住者が配偶者、直系尊属、直系卑属、直系尊・卑属ではない親族（6親等以内の血族及び4親等以内の姻族）から贈与を受けた場合に、贈与税課税価額から10年間合算して、次の金額を控除します。それ以外は贈与財産控除の適用はありません。

贈与者	配偶者	直系尊属	直系卑属	その他親族	その他
贈与財産控除額	6億W	5千万W ただし受贈者が未成年者であれば2千万W	5千万W	1千万W	無

※ 受贈者が非居住者であれば、贈与財産控除の適用はありません。
※ 2024.1.1から婚姻出産贈与財産控除が導入されました。
※ 改正経緯は、Q17「贈与10年加算の具体的な計算」参照。

2 災害損失控除

贈与により取得した場合で、贈与日が属する月の末日から3か月以内に災難によって贈与財産が滅失・毀損された場合には、その損失した贈与財産価額を贈与税課税標準額から控除します（韓相法54）。この場合、災難とは、火災、崩壊、爆発、環境汚染事故及び自然災害等による災難をいいます。

ただし、当該損失金額に対して保険金等の受領又は求償権等の行使により当該損失価額に対する金額の補償を受けることができる場合は除外します。

災害損失控除を受けようとする受贈者は、災害損失控除申告書に当該損失価額及び明細と災難の損失を立証する書類を添付して、贈与税課税標準申告書と一緒に納税地管轄税務署長に提出することとなります。

3 鑑定評価手数料

贈与財産の鑑定評価手数料とは、贈与財産を申告・納付するために贈与財産を評価するの

贈与税法編

に必要とされる手数料をいいます。

鑑定評価手数料は、鑑定評価業者の手数料と信用評価専門機関の手数料を区分して、手数料控除を受けようとする者は、当該手数料の支払い事実を立証できる書類を贈与税課税標準申告書と一緒に提出することとなります。

(手数料控除限度額)

区　分	鑑定評価手数料控除額
不動産に対する鑑定評価業者の評価手数料	500万W限度
非上場株式に対する信用評価専門機関の評価手数料	評価機関数別及び評価対象法人数別に各々1千万W限度

書画・骨董品等の専門家による鑑定手数料は、2014.2.21以後鑑定評価する分から適用して、500万Wを限度として控除します。

(参考) 日本の贈与税の特例・控除との関係

	居住無制限納税義務者	非居住無制限納税義務者	居住制限納税義務者	非居住制限納税義務者
配偶者控除 (相法21の6)	適用あり		国内にある居住用不動産の贈与又は国内にある居住用不動産の取得に充てるための金銭の贈与のみ可	
外国税額控除 (相法21の8)	適用あり		適用なし	
相続時精算課税 (相法21の9)	適用あり			
住宅取得等資金の贈与税の非課税 (措法70の2)	適用あり		適用なし	
住宅取得等資金に係る相続時精算課税の特例 (措法70の3)	適用あり		適用なし	
教育資金の一括贈与を受けた場合の贈与税の非課税 (措法70の2の2)	適用あり			
結婚・子育て資金の一括贈与を受けた場合の贈与税の非課税 (措法70の2の3)	適用あり			
直系尊属から贈与を受けた場合の贈与税の税率の特例 (措法70の2の5)	適用あり			

(出典) 図解　相続税・贈与税　令和5年版 (大蔵財務協会刊) p.65

Q12-2　父・祖父からそれぞれ贈与を受けた場合の贈与財産控除方法

　贈与税は受贈者別、贈与者別に課税しますが、贈与財産控除は受贈別限度です。すなわち、自身（成年）の全ての直系尊属（直系尊属とその配偶者は同一人とみる）から控除を受けることができるのは10年間の総限度が5,000万Ｗという意味です。

　例えば、5年前に直系尊属である父から贈与を受けた際に5,000万Ｗの控除を受けたとすると、次に祖父から贈与を受ける場合には、これ以上の控除はありません。

　また、父と祖父から同時に贈与を受けた場合には、贈与財産控除額5,000万Ｗを贈与財産価額に比例して按分控除することになります。

Q12-3　数名から同時に贈与を受けた場合の贈与財産控除方法

　2以上の贈与が、その贈与時期を異にする場合には、2以上の贈与中最初に受けた贈与から順に贈与財産課税控除を行います。2以上の贈与が同時に行われた場合は、それぞれの贈与価額に対して按分して控除します。

　例えば、成年子女が父から2億Ｗ、祖父から3億Ｗ、計5億Ｗの贈与を同時に受けた場合、父の2億Ｗからは2,000万Ｗ（5,000万Ｗ×2億Ｗ／5億Ｗ）、祖父の3億Ｗからは3,000万Ｗ（5,000万Ｗ×3億Ｗ／5億Ｗ）を控除することになります。

Q13 婚姻・出産贈与財産控除制度の新設導入

2024.1.1以後、贈与を受けた分から婚姻・出産贈与財産控除制度が新設導入されたとのことですが、その概要について説明願います。

A

2024.1.1以後贈与を受ける分から、新たに婚姻・出産贈与財産控除制度が設けられました。

（要件）
下記の要件の全てを充足している場合に、贈与税課税価額から控除します。
① 贈与者：直系尊属
② 控除限度：1億W
③ 贈与日：婚姻申告日以前2年＋婚姻申告日以後2年以内（合計4年）
④ 贈与財産：贈与推定・擬制等に該当する場合は除外

（返還特例）
婚姻控除適用を受けた財産を、婚姻できない正当な事由が発生した月の末日から3か月以内に贈与者に返還した時は、初めから贈与がなかったものと見ます。
正当な理由には、婚約者の死亡、民法第804条（婚約解除事由）各号規定の婚約解消事由があります。

（出産贈与財産控除）
下記の要件の全てを充足している場合に、贈与税課税価額から控除します。
① 贈与者：直系尊卑属
② 控除限度：1億W
③ 贈与日：子女の出生日から2年以内

（統合控除限度）
婚姻贈与財産控除＋出産贈与財産控除＝1億Wを限度とします。

（参考）日本での制度
日本においても、結婚・子育て資金一括贈与（1,000万円まで非課税）制度があります。
この制度を適用するに当たっては、金融機関での専用口座開設と当該金融機関への結婚・子育て資金非課税申告書の提出及び資金を使用した時の領収書等の提出等の手続が必要になっています。

贈与税法編

Q14　韓国の贈与税課税制度に対する日本の贈与税制度のあてはめ

韓国贈与税制度における贈与の範囲に、贈与擬制によるものがあり、この贈与擬制は専ら法人からの贈与に対して受贈者に贈与税を課すものですが、日本では法人からの贈与は贈与税が非課税で、所得税の課税対象（一時所得）となっていると理解しています。韓国法人からの贈与について、日本ではどのような調整が必要ですか？

A

韓国での贈与税の課税対象範囲は、日本でのそれよりも広く、韓国において贈与税の課税が賦課されたとしても、その課税対象となった贈与行為が、日本贈与税法上、課税対象に当たるのか否かは検討が必要になります。

特に、贈与推定、贈与擬制、特殊関係法人からの利益の贈与擬制（韓相法45の3、45の4）による贈与課税については、個々に検討が必要となります。

その上で、日本で贈与税の課税対象とならない贈与行為については、日本での贈与税の申告が必要ないこととなりますが、併せて、韓国で納付した贈与税の外国税額控除の適用もないこととなります。

韓国では、他人（法人を含む）から財産の贈与を受けた場合が贈与ですので（「Q2　贈与税の課税対象財産の範囲」p.172参照）、韓国では贈与税、日本では一時所得課税の事例も発生することが想定されます。

この場合、日本において所得税申告をするに当たって、韓国で課税された贈与税相当額が外国税額控除対象になるのか否かについて、所得に課された税であるので外国税額控除可能と考えるか、贈与税と所得税が税目を異にするので控除不可と考えるかですが、所得に課された税であるとして控除可能と筆者は考えます。ただし、実際に事例が起きた場合には、税務署に相談することをおすすめします。

（参考1）日本所得税法の外国税額控除規定
所得税法
第95条（外国税額控除）　居住者が各年において外国所得税（外国の法令により課される所得税に相当する税で政令で定めるものをいう。中略）を納付することとなる場合には、……中略……をその年分の所得税の額から控除する。

所得税法施行令
第221条（外国所得税の範囲）　法第95条第1項（外国税額控除）に規定する外国の法令により課される所得税に相当する税で政令で定めるものは、外国の法令に基づき外国又はその地方公共団体により個人の所得を課税標準として課される税（中略）とする。

(参考２) 日本における個人間及び法人間の譲渡による課税関係

① 時価より低額で譲渡した場合

譲渡者	譲受者	譲渡価額	譲渡者の課税関係	譲受者の課税関係
個人	個人	時価の1/2以上	時価の1/2以上か未満かでの課税関係に違いはなし。時価と譲渡価額との差額については「収入」として認識しない。なお、譲渡損はなかったものと見る。	譲受価額と相続税評価額（通常取引価額）との差額は、贈与税の課税対象となる。 譲受価額＜通常取引価額
		時価の1/2未満		
個人	法人	時価の1/2以上	同上	譲受価額と時価との差額は、受贈者として益金に算入する。株主に対するみなし贈与も発生することに注意。
		時価の1/2未満	みなし譲渡課税が対象となる。時価相当額が譲渡所得の収入金額となる。	
法人	個人	時価	譲渡対価が益金算入となる。	取得価額となる。
		時価未満	時価を益金算入し、譲渡価額との差額は譲受者に対する寄附金若しくは給与退職金処理となる。	時価と譲受価額の差額は一時所得若しくは給与退職所得となる。 譲受価額＜時価

(注) 給与となる場合は、個人が法人の従業員若しくは役員関係にあること、退職所得は退職を基因として当該取引が発生した場合を想定。

② 時価より高額で譲渡した場合

譲渡者	譲受者	譲渡者の課税関係	譲受者の課税関係
個人	個人	譲渡価額と時価との差額については、贈与税の対象となる。	時価が取得価額となる。
		※ 第三者個人間取引の場合は、需給関係で時価より高額取引もあるので、高額取引が明白な場合に限られると筆者は考えます。	
個人	法人	譲渡価額と時価との差額については、一時所得若しくは給与退職所得となる。	時価が取得価額となり、高額支払部分は寄附金若しくは給与となる。
法人	個人	時価が譲渡価額となり、高額受取部分は受贈益収入となる。	時価が取得価額とな。

(注) 給与となる場合は、個人が法人の従業員若しくは役員関係にあること、退職所得は退職を基因として当該取引が発生した場合を想定。

Q15 贈与税非課税及び課税価額不算入財産

韓国贈与税法上の非課税財産及び課税価額不算入財産について説明願います。

A

　贈与財産の範囲が完全包括主義によって包括的に規定されていることで、不課税や免除、課税価額不算入になる財産が税法に具体的に列挙されていないと当該財産は非課税の恩恵が適用されないこととなります。

　そこで、非課税贈与財産については、相・贈税法上非課税財産とその他法律による免除財産に区分されています。減免や課税価額不算入される贈与財産は、一定期間事後管理を受けることになりますが、非課税とされる贈与財産は一般的に事後管理が不必要である点で差異があります。

1　相続・贈与税法上非課税とされる贈与財産（主な規定）
　① 国家・地方自治団体から贈与を受けた財産価額
　② 少額株主[※1]である組合員が社員持株組合[※2]を通して取得した株式の時価差益
　　※1　少額株主とは、当該法人の発行済株式総数の100分の1未満を所有する場合で株式等の額面価額の合計額が3億W以下の株主等をいいます。
　　※2　社員持株組合とは、「勤務福祉基本法」又は「資本市場と金融投資業に関する法律」による社員持株組合をいいます。
　③ 「政党法」による政党が贈与を受けた財産（2005.1.1以後寄附）
　④ 「勤労福祉基金法」による社内勤労福祉基金と社員持株組合、共同勤労福祉基金及び勤労福祉振興基金が贈与を受けた財産
　⑤ 社会通念上認められる罹災救護金品、治療費、被扶養者の生活費・教育費、その他類似するもので当該用途に直接支出したもので、次の1つに該当するもの
　　イ　学資金、奨学金その他これと類似する金品
　　ロ　記念品、祝賀品、香典その他これと類似する金品として通常必要だと認められる金品
　　ハ　婚礼用品として通常必要と認められる金品（家事用品に限り、ぜいたく品、住宅、車輛等を除く）
　　ニ　他人から寄贈を受けて外国から搬入されて関税課税価額が100万W未満の金品
　　ホ　無住宅勤労者が社内福祉基金から贈与を受けた国民住宅規模以下の住宅取得・貸借補償金中取得価額5％又は先貰価額10％以下のもの
　　ヘ　不遇な者を助けるために言論機関を通して贈与した金品
　⑥ 国家・地方自治体又は公共団体が贈与を受けた財産
　⑦ 韓国所得税法施行令第107条第1項各号による障害者を受益者とする保険の保険金として年間4,000万W以下の保険金等

2　公益目的出捐財産の贈与税課税価額不算入

　公益法人等（宗教・慈善・学術・その他公益を目的とする事業を営む法人）が出捐を受けた財産の価額は、贈与税課税価額に算入しません。ただし、株式の出捐の場合には、総発行株式数の10％（5％、20％）を超える株式に対しては贈与税が課税されます（例外あり）。

　これは、公益法人等を利用して贈与税を支払わずに系列企業を支配する手段を防止するためです。

3　公益信託財産に対する贈与税課税価額不算入

　贈与財産中、贈与者が「公益信託法」による公益信託として宗教・慈善・学術又はその他の公益を目的とする信託を通して公益法人等に出捐する財産の価額は、贈与税課税価額に算入しません。公益信託を通して公益法人等に出捐することが、贈与財産を公益法人等に直接出捐することと経済的実質が同じであるからです。

　公益信託とは、公益事業を目的とする信託法による信託として公益信託法第3条による法務部長官の認可を受けた信託をいいます（公益信託法2）。

(1)　公益信託の要件

　次の要件を満たさなければなりません。
① 公益信託の受益者が韓相贈令第12条に規定された公益法人等若しくは当該公益法人等の受恵者であること
② 公益信託の満期日まで信託契約が中途解約又は取り消されないこと
③ 公益信託の中途解約又は終了時に残余信託財産が国家、地方自治団体及び他の公益信託に帰属されること

(2)　公益信託の履行時期

　贈与税課税価額に算入しない財産は、贈与税課税標準申告期限まで信託を履行しなければなりません。

　ただし、法令上又は行政上の事由で信託履行が遅れると、その事由が止む日が属する月の末日から6か月以内に信託を履行しなければなりません。

4　障害者が贈与を受けた財産の贈与税課税価額不算入

　障害者が他人から贈与を受けた財産（金銭、有価証券、不動産）を信託業者に信託して、その信託の利益を全部支払を受ける場合には、その贈与を受けた財産価額（限度5億W）は、課税価額に算入しません（韓相贈法52の2）。

　2020.1.1以後信託から課税価額不算入対象に他人信託（他人が障害者を受益者として財産を信託する場合）を追加しました。

○　障害者の範囲
　　所得税法施行令第107条第1項各号の一つに該当する者等各法令で定められた者

(参考) 日本における贈与税非課税制度
　　日本でも、次に該当する場合に贈与税非課税制度があります。
①　公益の増進に寄与するところが著しいと認められる事業を行う者が贈与により取得した財産
②　一定の特定公益信託から交付を受ける金品
③　心身障害者共済制度に基づく給費金の受給権
④　特定障害者扶養信託契約に基づく信託受益権

Q16 課税標準及び税額の計算

韓国贈与税における課税標準及び贈与税額の計算について説明願います。

A

1 課税標準の計算

贈与税課税標準は、贈与を受けた財産価額から非課税贈与財産、課税価額不算入財産（公益目的出捐財産、公益信託財産、障害者が贈与を受けた財産）、受贈者が引き受けた贈与者の債務等の価額を差し引いて、同一人から10年以内に1,000万W以上の贈与を受けた財産価額を加算した後、そこから贈与財産控除を差し引いて計算します。

(1) 債務負担額の控除

贈与財産を担保とする贈与者の債務を受贈者が引き受けたことが確認される場合には、その債務額を差し引いて贈与税課税価額を計算します。ただし、当該債務額は、贈与者が受贈者に有償譲渡（代物弁済）したことに該当するとして贈与者が受贈者に承継させた当該債務額に対して、譲渡所得税の納税義務があります。

(2) 10年以内贈与財産の合算課税

韓国贈与税は、受贈者がいろいろな贈与者から時期を異にして贈与を受けた時には、各々贈与者と受贈者別に区分した後に時期別に贈与税額を計算することを原則とします。

ただし、分散贈与等をして超過累進税率を回避することを防止するために、同一人から贈与を受けた財産価額が1,000万W以上である場合には、合算して課税します。

(3) 贈与財産控除等

贈与財産控除、災害損失控除、鑑定評価手数料については、「Q12 贈与財産控除制度」を参照してください。

2 税額の計算

贈与税課税標準に税率（相続税率と同じ）を適用して算出税額を計算します。

受贈者が贈与者の子女ではない孫、外孫等である場合には、贈与税算出税額の30％（受贈者が未成年で贈与税額が20億Wを超過する場合には40％）に相当する金額を割増課税します。同一人から10年以内に贈与を受けて加算した贈与財産関連贈与税額は、納付税額として控除します。なお、割増課税相当額は相続税合算申告した場合の税額控除には該当しませんので注意が必要です。

Q17 贈与10年加算の具体的な計算

韓国の贈与税法では10年以内に同一人から贈与を受けた合計額1,000万₩以上の贈与財産は合算して課税するとのことですが、具体的にどのように計算するのでしょうか?

A

韓国贈与税は、受贈者がいろいろな贈与者から時期を異にして贈与を受けた時には、各々贈与者と受贈者別に区分した後に、時期別に贈与税額を計算することを原則とします。

ただし、分散贈与等をして超過累進税率を回避することを防止するために、同一人から贈与を受けた財産価額が1,000万₩以上である場合には、合算して課税します。

贈与税課税標準は、贈与当時の財産価額に同一人（贈与者が直系尊属である場合には、その配偶者が贈与したものを含みます。）から10年以内に贈与を受けた財産の合計額が1,000万₩以上である場合には、従前の贈与財産の価額を合算した上で、贈与財産控除をして算出します。贈与税課税標準に税率（10％～50％超過累進税率）を適用して算出税額を計算します。子女ではない孫等が贈与税を受ける世代省略贈与は30％（受贈者が未成年者であって贈与財産価額が20億₩を超過する場合は40％）割増課税をします。

同一人から10年以内に贈与を受けた財産を合算して贈与税を算出した場合には、従前の贈与当時の贈与税の算出税額を控除します。

○贈与財産控除（直系尊属・卑属）改正経緯

贈与者	2008-2013	2014-2015	2016.1.1以後
直系尊属 （受贈者が未成年である場合）	3,000万₩ (1,500万₩)	5,000万₩ (2,000万₩)	5,000万₩ (2,000万₩)
直系卑属	3,000万₩	3,000万₩	5,000万₩
配偶者	6億₩	6億₩	6億₩
その他親族	500万₩	500万₩	500万₩

（例1）父が子（成年、居住者）に2013.7.15及び2023.5.15に贈与した場合の贈与税額及び贈与財産控除金額の計算

贈与日	事例1		事例2		事例3	
	財産価額	控除金額	財産価額	控除金額	財産価額	控除金額
2013.7.15	5,000万₩	3,000万₩	3,000万₩	3,000万₩	1,000万₩	1,000万₩
2023.5.15	1,000万₩	1,000万₩	3,000万₩	2,000万₩	5,000万₩	4,000万₩
課税価額及び 贈与財産控除金額	6,000万₩	4,000万₩	6,000万₩	5,000万₩	6,000万₩	5,000万₩

(注) 贈与時期とその時の贈与財産控除金額の限度額の違いによって、10年累積の価額に差異が出るということになります。

贈与税法編

（例２）直系尊属である父母及び配偶者から、韓国所在の財産の贈与を受けた場合の贈与税納税額の計算

(単位：億W)

贈与日	贈与者	贈与財産	合算対象	課税価額	贈与控除	課税標準	算出税額	既納付税額	納付税額
13.12.20	父	3	―	3	0.3	2.7	0.44	―	0.44
14.2.20	母	5	3	8	0.5	7.5	1.65	0.44	1.21
15.6.20	配偶者	10	―	10	6	4	0.7	―	0.7
22.6.20	父	2	8	10	0.5	9.5	2.25	1.65	0.6

(注) 父と母は同一人と見て贈与財産を合算して贈与税額を算出し、従前の贈与当時の贈与税の算出税額を既納付税額として控除します。

（参考）例２での受贈者が、日本で非居住無制限納税義務者に該当するとして場合の、日本での納税額は？

① 13.12.20　父→贈与（日本１：韓国10と仮定）
（3,000万円－110万円）＝2,890万円　　（2,890万円×45％）－265万円＝1,035.5万円
1,035.5万円－外税440万円＝595.5万円

② 14.2.20　母→贈与
（5,000万円－110万円）＝4,890万円　　（4,890万円×55％）－640万円＝2,049.5万円
2,049.5万円－外税1,210万円＝839.5万円

③ 15.6.20　配偶者→贈与
（１億円－110万円）＝9,890万円　　（9,890万円×55％）－640万円＝4,799.5万円
4,799.5万円－外税700万円＝4,099.5万円

④ 22.6.20　父→贈与
2,000万円－110万円＝1,890万円　　（1,890万円×45％）－205万円＝585.5万円
585.5万円－外税600万円＝0円

Q18 贈与税率

韓国の贈与税率は、相続税率と同じでしょうか。また贈与税の割増課税制度はあるのでしょうか。

A

1　基本税率

韓国の贈与税率は、相続税率と同じです。

○基本税率（2000.1.1以後）

課税標準	税率	累進控除額
1億W以下	10％	—
5億W以下	20	1,000万W
10億W以下	30	6,000万W
30億W以下	40	1億6,000万W
30億W超過	50	4億6,000万W

2　特例税率

創業資金（租特法30の5）及び家業承継株式等（租特法30の6）に対する課税特例適用分は、10％の税率を適用します。

この場合、家業承継中小企業株式等に対する課税特例適用時課税標準が60億Wを超過する場合、その超過金額に対しては20％の税率を適用します。

3　直系卑属に対する贈与の割増課税

受贈者が贈与者の子女でない直系卑属である場合には、贈与税算出税額の30％に相当する金額を加算します。

贈与者の最近親である直系卑属が死亡して、その死亡者の最近親である直系卑属が贈与を受けた場合には、その限りにありません。

2016.1.1以後贈与分から受贈者が贈与者の子女でない直系卑属であって未成年者である場合で、贈与財産価額が20億Wを超過する場合には、40％の割増しをします。

○直系卑属に対する贈与税の割増課税の計算
①　受贈者が未成年者である場合で贈与財産価額が20億Wを超過する場合

$$\left[贈与税算出税額 \times \frac{受贈者の父母と直系尊属からの贈与財産価額}{総贈与財産価額} \times 40\% \right] - 従前に納付した割増課税額$$

② ①以外の場合

$$\left[贈与税算出税額 \times \frac{受贈者の父母と直系尊属からの贈与財産価額}{総贈与財産価額} \times 30\%\right] - 従前に納付した割増課税額$$

(参考)

相続税法の規定では、過去10年間の贈与財産を加算して申告することとなります。その場合に、既に納付した贈与税は、贈与税控除を適用することとなりますが、割増課税相当分については、贈与税控除の対象となっていないことに留意が必要です。

> **メモ**
>
> 韓国の贈与税率は、相続税率と同じですので、日本の贈与税率より低いといえます（例：韓国は5億W（5,000万円）の贈与の税率は20％ですが、日本は55％となり、大きな差があります。）。相続税の補完と考えるか、遺産課税方式のもとでは同じ税率体系が相当と考えるかの違いにあるものと筆者は考えます。
>
> 贈与加算期間の延長（7年）の改正により、遺産課税方式に近づいたと考えると、贈与税率改正の必要性もあると、筆者は認識しています。
>
> ＜贈与税（暦年課税）の速算表＞（平成27年1月1日以後）
>
> | 基礎控除後の課税価格 | 一般税率 | | 特例税率（※） | |
> |---|---|---|---|---|
> | | 税率 | 控除額 | 税率 | 控除額 |
> | 200万円以下の金額 | 10% | — | 10% | — |
> | 300万円以下の金額 | 15% | 10万円 | 15% | 10万円 |
> | 400万円以下の金額 | 20% | 25万円 | | |
> | 600万円以下の金額 | 30% | 65万円 | 20% | 30万円 |
> | 1,000万円以下の金額 | 40% | 125万円 | 30% | 90万円 |
> | 1,500万円以下の金額 | 45% | 175万円 | 40% | 190万円 |
> | 3,000万円以下の金額 | 50% | 250万円 | 45% | 265万円 |
> | 4,500万円以下の金額 | 55% | 400万円 | 50% | 415万円 |
> | 4,500万円超 | | | 55% | 640万円 |
>
> ※ その年の1月1日において18歳以上（令和4年3月31日以前は20歳以上）の者が直系尊属から受ける贈与（死因贈与を除きます。）に適用されます。

Q19　創業資金に対する贈与税課税特例

韓国においても、日本の相続時精算課税と類似した規定があるとのことですが、その内容について説明願います。

A

中小企業を創業する目的で60歳以上の父母から創業資金の贈与を受けた場合、贈与税課税価額から5億W又は10億Wを控除した後、10％又は20％の低い税率で贈与税を課税し、父母の死亡時に贈与当時の価額を相続財産価額に加算して、相続税で精算する「創業資金に対する贈与税課税特例」制度があります。生前贈与に対して低率な贈与税率による贈与税を負担して、相続時に精算する日本の「相続時精算課税」と類似した制度といえます。

なお、韓国においては、同様な制度として「営農業に係る家業承継に対する贈与税課税特例」もあります。ここでは、「創業資金に対する贈与税課税特例」に限って説明します（韓相法30の5）。

（要件）
贈与者：60歳以上の父母等　受贈者：18歳以上の居住者
贈与税申告期限までに「創業資金特例申請及び使用内訳書」を税務署に提出
　※　贈与者についての韓国居住者の制限はありません。

（対象）
譲渡所得税課税対象※ではない財産（現金等）で、中小企業を創業
（創業：事業者登録、事業確定によって事業用資産取得等）
※　譲渡所得税課税対象とは、土地又は建物、不動産に関する権利、株式等をいいます。

（限度）
30億W（2016年から10名以上新規雇用時50億W）
2023.1.1以降は50億W（新規雇用時100億W）

（課税特例）
課税価額から5億Wを控除して10％税率を適用、贈与者が死亡した場合には贈与当時の価額を相続財産価額に加算し、既納付した贈与税額を税額控除します。

（事後管理）
2年以内に中小企業を創業、4年になる日までに創業資金を使用等

(図示)

Q19-2　創業資金に対する贈与税課税特例制度と日本の贈与税との交差

　韓国において、創業資金に対する贈与税課税特例制度を適用した場合の日本での贈与税の課税はどうなるのか、二重課税と外国納付税控除の視点で検討を加えることとします。

（設例）
(1) 30億W（日本円換算：3億円）を韓国にある銀行預金から引き出して現金で父から息子に「創業資金」として贈与
(2) 贈与者：父65歳・日本居住（韓国籍）
　　受贈者：息子20歳・韓国住居（韓国籍）
(3) 韓国において「創業資金に対する贈与税課税特例制度」を適用
(4) 韓国において、贈与税を申告した。
　　納税額：（30億W－5億W）×10％＝2.5億W（日本円：2,500万円）

（検討）
(1) 韓国：受贈者は韓国の居住者として無制限納税義務者となる。
(2) 日本：受贈者は日本において非居住者であるが、贈与者が日本居住者であることから、受贈者は非居住無制限納税義務者に該当する。
(3) 日本での課税関係
　① 歴年課税を適用した場合
　　受贈者は、基礎控除額110万円を控除した後に贈与税率を適用し、国外財産の贈与であるので、韓国で納付した贈与税を外国税額控除することとなる。

（計算例）　贈与税額の計算（特例税率適用）
　　　　［（3億円－110万円）×55％－400万円］
　　　　　－外国納付税額2,500万円＝1億3,299万5,000円

　韓国での相続時においては、当該日本での納税額1億3,299万5,000円は、韓国国内贈与税であるので、外国納付税額控除で調整されないこととなります。なお、日本からの韓国預金口座への送金による資金贈与は、日本では、日本所在の財産の贈与と解します（創業資金に対する贈与税課税特例を適用したことによる適用税率と通常税率の差は相続時に精

算して納税が発生することとなる場合には、相続時の日本での外国納付税額はそれに相当する金額が増加することとなります。）。

② 相続時精算課税（日本）を適用した場合
　日本での相続時精算課税の適用対象財産については、その財産の種類、所在地について制限は設けられていません。

（納税額の計算式）
　イ　［（3億円－（2,500万円＋110万円））］×税率20％＝5,478万円
　ロ　外国納付税額の計算
　　　$5,478万円 \times \dfrac{3億円}{3億円} = 5,478万円 > 2,500万円 \therefore 2,500万円$
　ハ　相続時精算課税で納付する金額
　　　5,478万円－2,500万円＝2,978万円
　(注)　110万円控除は、令和6年1月1日以降適用。

Q19-3　創業資金に対する贈与税課税特例制度と日本の相続時精算課税との交差

　日本の相続時精算課税制度とは、暦年課税制度に代えて贈与税の計算を行う制度で、贈与者の死亡時に相続財産に含めて相続税を算出し、既に納付した贈与税を精算するというものです。
　適用対象者は、贈与の年の1月1日おいて贈与者は60歳以上、受贈者は贈与者の直系卑属である推定相続人又は孫で18歳以上の者です。
　適用対象財産については、その財産の種類や所在に制限がないことから、国内・国外財産を問いません。
　控除額は、年間110万円（令和6年1月1日以降の贈与）と特別控除額2,500万円で、税率は一律20％です。

（設例）
　日本居住贈与者（親・61歳）が韓国居住受贈者（子・19歳）に、受贈者の創業資金として、韓国預金口座から金銭で6,000万円を贈与した。
　韓国居住受贈者は、韓国において無制限納税義務者に該当するとともに、日本においても、日本に住所を有する贈与者からの金銭の贈与なので、非居住無制限納税義務者に該当します。つまり、両国間での完全二重課税対象者となります。
　この場合の「日本の相続時精算課税」と、「韓国の創業資金に対する贈与税課税特例」の課税調整を検討します。

1　納税額
　①　日本
　（納税額の計算式）
　　6,000万円 −（2,500万円 + 110万円）= 3,390万円
　　3,390万円 × 20% = 678万円……納税額

　②　韓国（1円 = 10Wとして換算）
　（納税額の計算式）
　　6,000万円 −（5億W = 5,000万円）= 1,000万円
　　1,000万円 × 10% = 100万円……納税額

2　二重課税の調整
　①　日本での申告納税額

　　日本での算出税額　　　外国税額控除
　　　　678万円　　　−　　　100万円　　=　578万円

　　外国税額控除額の計算（韓国国内財産の贈与に課された税）
　　・韓国での納税額　100万円
　　・控除限度額
　　　　678万円 × $\frac{6,000}{6,000}$ = 678万円

　　　∴100万円 ＜ 678万円

　②　韓国での申告納税額

　　韓国での算出税額　　　外国税額控除
　　　　100万円　　　−　　　0 ※　　　=　100万円
　　※　韓国国内資金口座からの贈与のため、国内財産贈与に該当し、外国納付税額控除の対象とはならない。

3　申告期限の違いからの二重課税（外国税額控除）の調整
　①　日本
　　日本での申告期限は、翌年2月1日から3月15日までであり、韓国では贈与を受けた日の属する月の末日から3か月以内であり、同一年度内に贈与と申告があれば、韓国で申告済の書類を基に外国税額控除をして申告することとなる。

　②　韓国
　　本事例では、二重課税の調整は不要。

贈与税法編

Q20 贈与税に係る外国納付贈与税額控除制度

韓国贈与税についても、外国で当該贈与財産に対して課税された場合の外国納付税額控除制度があるのでしょうか？

A

1　外国納付税額控除

(1)　他人から贈与を受けた財産中、外国にある贈与財産に対して外国の法令により贈与税の賦課を受けた場合に、その賦課された贈与税に相当する金額を贈与税算出税額から控除します（韓相法59）。

　　ただし、外国で賦課された贈与税額を限度とします。

　　外国納付税額控除を受けようとする者は、外国納付税額控除申告書を贈与税課税標準申告書と一緒に納税地管轄税務署長に提出しなければなりません。

　　○　外国納付税額控除算式
　　　　外国納付税額控除算式＝Min（a，b）
　　　　a　外国で賦課された贈与税額
　　　　b　控除限度額※
　　　　※　控除限度額＝

$$贈与税算出税額 \times \frac{外国の法令による贈与税課税標準}{贈与税課税標準}$$

(2)　外国納付税額控除を受ける場合には、贈与税課税標準申告書と一緒に外国納付税額控除申告書及び証明書類を納税地管轄税務署長に提出しなければなりません。

　　なお、外国政府の贈与税決定・通知の遅延、納付期間の差異等の事由で贈与税課税標準を申告するときに証明書類を提出できない場合には、外国政府の贈与税決定通知を受けた日から2か月以内に、外国納付税額控除申請書と証明書類を提出することになります。

2　居住者が非居住者に贈与した場合の外国納付税額控除

居住者が非居住者に国外財産を贈与時、外国で納税義務がある場合で、受贈者が贈与者の特殊関係人であるときは、贈与者が国内で贈与税を納付し、外国法令により納付した贈与税相当額を外国納付税額として控除します。

（参考）特殊関係人とは

特殊関係人とは、本人と親族関係、経済的関係又は経営支配関係等大統領令で定める関係にある者をいいます。

（大統領令で定める者の例示）
① 親族及び直系卑属の配偶者の２親等以内の血族とその配偶者
② 使用人
㊟ 韓相贈法上の親族とは、㋑４親等以内の血族、㋺３親等以内の姻族、㋩配偶者（事実上の婚姻関係にある者を含みます。）、㊁嫡出子で他人に親養者養子縁組された者及びその配偶者・直系卑属をいいます。

３　日韓二重課税の調整に当たって留意すべき事項

　贈与税は日本並びに韓国とも受贈者課税となっていますが、日本の贈与税は、非居住者無制限納税義務者課税を採っており、日本と韓国における二重課税が生じる場面があります。

　一方、日本と韓国とでは、申告期限に違いがあります。すなわち、日本は、翌年の２月１日から３月15日までとなっているところ、韓国では贈与があった日の属する月の末日から３か月以内とされています。

　このことから、

(1) 日本においては、外国税額控除を適用する場面が生じた場合には、韓国において、同一年中に贈与と申告納税の完了があれば、滞りなく、外国税額控除制度を適用して、二重課税の調整が可能となります。もし、韓国において、年末に近い贈与のため贈与税申告が翌年１月以降となった場合には、日本贈与税申告での暦年課税においては、外国税額控除の適用がされず、追って、韓国での贈与税申告を基に「更正の請求」による二重課税の調整になると考えます。

(2) 韓国においては、日本の申告期限が韓国のそれより遅いことから、韓国において外国納付税額控除を適用する場合には、「更正の請求」によることになると考えます。日本においても、贈与税申告を贈与日の月末から３か月以内に申告し、これをもって韓国内で外国納付税額控除を適用して、二重課税の調整をする方法を韓国国税当局が認めれば、調整可能であると考えます。

Q21 韓国贈与税の申告手続

韓国贈与税の申告手続について説明願います。

A

韓国贈与税法で規定されている各贈与税の申告期限は、次のとおりです。

1 贈与税申告及び納付期限

居住者と非居住者の区分なく、贈与税納付義務がある者（原則的に受贈者）は、贈与を受けた日が属する月の末日から3か月以内に受贈者の住所地管轄税務署長（受贈者が非居住者である場合には贈与者の住所地、贈与者及び受贈者全てが非居住者である場合には贈与財産所在地管轄税務署長）に贈与税を申告して納税しなければなりません。

贈与税額が1,000万Wを超過する場合は、2か月以内で分納することができ、贈与税額が2,000万Wを超過する場合は、担保を提供して5年以内に年賦延納ができますが、年賦延納税額に対して各分割納付額税額の納付日現在国税基本法施行令第43条の3第2項により利率（20.3.13以後年1,000分の18）に該当する加算金（利子相当額）を負担することになります。

2 贈与税申告及び納付期限の特例

(1) 贈与税課税標準精算申告期限

株式の上場等による利益の贈与及び法人の合併による上場等の利益の贈与の申告期限は、精算基準日が属する月の末日から3か月以内です。

精算基準日とは、通常、当該株式等の上場日から3か月になる日をいいます。

(2) 特殊関係法人との取引を通じた利益の申告期限

特殊関係法人との取引を通じた利益の贈与擬制、特殊関係法人から提供を受けた事業機会で発生した利益の贈与擬制の贈与税課税標準申告期限は、法人税の申告期限が属する月の末日から3か月以内です。

3 贈与税申告書に添付する書類

贈与税課税価額及び課税標準を申告するときには、申告書とその課税標準の計算に必要な贈与財産の種類・数量・評価額及び各種控除等を立証することができる書類等を添付して提出しなければなりません。

（申告書に添付する事実関係証憑書類）
① 贈与者と受贈者の関係がわかる家族関係証明書
② 贈与財産から控除される債務がある場合には、債務事実を立証できる書類
③ その他の立証する書類
※ 法定の申告及び提出書類は記載を省略しています。

Q22 韓国で巷間言われている相続税・贈与税節税対策とは

韓国で一般的に知られている相続贈与税の節税対策がありましたら教えてください。

A

まず、韓国相続税法と贈与税の特徴を記すと、以下のとおりです。
① 税率は、相続税・贈与税ともに同一です。
② 相続税は遺産課税方式なので、被相続人一人に累進課税。
③ 贈与税は遺産取得課税方式なので、受贈者毎の累進課税であり、累進の分散が可能。
④ 贈与財産の控除額が大きい（配偶者は6億W）。
⑤ 贈与税は10年間の贈与財産合算課税である→11年毎に多額の贈与をすることで節税。
⑥ 世代を超えた贈与がある。

このことから、長期的な戦略で贈与することが、節税につながると考えます（このことは日本でも同じですが）。

以下、いくつかの巷間言われている節税対策事例を紹介します。

1 配偶者の贈与財産控除の適用と贈与加算期間の回避事例

配偶者の贈与財産控除額が6億Wと大きいので、事前贈与財産加算期間（10年間）を経過した11年毎に配偶者に6億W相当の財産を贈与することが考えられます。

しかし、この場合に留意する事項として、次の点が挙げられます。
① 日本所在財産を韓国居住配偶者に贈与した場合には、国外財産贈与として、贈与加算期間は15年となります。
② 韓国居住配偶者が日本において非居住無制限納税義務者に該当すると、日本での贈与税納付義務者となります。この場合の贈与控除額は原則110万円ですので、日本で多額の贈与税を納税することとなります。

2 韓国においては相続税率と贈与税率が同一であること、贈与税は受贈者課税であることの活用事例

韓国では、相続税率と贈与税率が同一であり、かつ、贈与税は受贈者課税であることから、直系卑属に生前贈与することによって適用税率の低減化が図れます。

しかし、この場合に留意する事項として、次の点が挙げられます。
① 贈与についても、同一人（配偶者を含む）から累計1,000万W以上の贈与があれば、10年間の合算申告となります。
② 日本において受贈者が贈与税の（居住・非居住）無制限納税義務者に該当すると、日本での贈与税納税義務者となります。

日本では贈与の10年加算制限制度はありませんので、韓国での贈与税申告額を調整して、外国税額控除をすることになると考えます。

贈与税法編

3 世代省略贈与による節税事例

世代間の贈与については、親から子に、子から孫に相続する方法と、親から孫に直接贈与（世代省略）する方法があります。

韓国贈与税法では、世代省略贈与については30％の割増課税となっていますが、それを加味しても、贈与控除額は直系卑属は同額であること、贈与税率が相続税率と同率であることから、不動産取得税も加味しても節税効果があるとされています。

（例）

(注) 不動産取得税等4％の内訳

取得税2％＋登録免許税1.5％＋教育税0.3％＋農漁村特別税0.2％＝4％

4 低価譲渡によるみなし贈与控除を活用した節税事例

韓国の譲渡所得課税制度は、代価取引金額がある場合で、日本のみなし譲渡所得課税（対法人で時価の1/2未満取引ですが）制度はありません。ただし、譲渡者側に時価と譲受額との差額について、贈与税が課されます。また、時価と譲受額との差額が即、贈与課税対象価額となるのではなく、次の算式によります。

- 235 -

○特殊関係人間の課税要件と贈与財産価額　（低価＝低額、高価＝高額を意味します。）

区分	受贈者	課税要件	贈与財産価額
低価譲受	譲受者	（時価－代価）の差額が時価の30％以上又はその差額が3億W以上	（時価－代価）－（時価の30％と3億W中少ない金額）
高価譲渡	譲渡者	（代価－時価）の差額が時価の30％以上又はその差額が3億W以上	（代価－時価）－（時価の30％と3億W中少ない金額）

○非特殊関係人間の課税要件と贈与財産価額

区分	受贈者	課税要件	贈与財産価額
低価譲受	譲受者	（時価－代価）の差額が時価の30％以上	（時価－代価）－3億W
高価譲渡	譲渡者	（代価－時価）の差額が時価の30％以上	（代価－時価）－3億W

（例）

㊟　受贈者（贈与税納税義務者）が日本で無制限納税義務者に該当する場合には、日本贈与税制譲渡所得税も検討する必要があります。

財産評価編

㊟ 本文中の税法規定に係る記述は、特に断りのない限り韓国税法規定（条文）を示します。

財産評価編　目次

Ｑ１　相続財産及び贈与財産の評価基準　240
Ｑ２　相続・贈与財産の評価の基準日　244
Ｑ３　韓国における財産の時価評価の原則　248
Ｑ４　不動産の評価方法　252
Ｑ５　国外財産の評価　257
Ｑ６　その他財産等の評価　259
Ｑ７　韓国相続税及び贈与税法における株式の評価方法　265
Ｑ８　非上場株式の評価方法　269
Ｑ９　純損益価額及び純資産価額を算定するための計算フロー　273
Ｑ10　韓国の割増評価制度　279
Ｑ11　韓国株式市場における株式管理ポストに指定された株式の評価方法　281
Ｑ12　日本と韓国における非上場株式の評価方法の違い　282
Ｑ13　抵当権等が設定された財産の評価の特例　283

Q1 相続財産及び贈与財産の評価基準

韓国相続税法における相続財産及び贈与財産の評価基準はどのような規定になっているのでしょうか？ 日本相続税法との違いはあるのでしょうか？

A

1 韓国の相続税法及び贈与税法における相続財産の価額は相続開始日（評価基準日）、贈与財産の価額は贈与日現在の時価で評価することを原則としています（韓相法60）。

　この場合の時価とは、不特定多数の者間で自由に取引が行われる場合に、通常成立すると認められる価額であって、評価基準日前・後6か月（贈与財産の場合は前6か月、後3か月）以内の期間の売買・鑑定・収用、公売価格又は競売価格等についても時価と取り扱われています（韓相令49）。

2 時価を算定することが困難な場合には、財産の種類・規模・取引状況等を勘案して規定されている補充的評価方法（注）によって評価することとなります。この補充的評価方法に基づく評価は、時価を算定するのが困難な場合に制限的に適用されますが（韓相法61～65）、実際の場合はこの方法の適用が大部分といえます。日本において、財産評価基本通達に基づく路線価評価が実際的となっているのと同様といえます。

　(注) 時価の算定が困難な場合の補充的な評価方法の適用

　　　相続・贈与財産は評価基準日の時価で評価しなければなりません。しかし、評価対象の財産周辺の状況、主観的な判断、価格の多様性等で特定時点で客観的な交換価値（時価）を算定することは実務的に容易なものではないといえます。そこで、韓国の相続税及び贈与税法では、時価の算定が困難な場合には当該財産の種類、規模、取引状況等を勘案して補充的な評価方法（韓相法61～65）での価額を相続・贈与財産の時価と見ると規定しています（韓相法60③）。

　　(1) 補充的な評価方法とは、相続又は贈与財産の時価の算定が困難な場合に制限的に適用する方法です。各財産種類別の評価方法については、韓国相続税及び贈与税法第61条ないし第65条で、大統領令で定める事項については同法施行令第50条ないし第63条で規定しています。

　　(2) 補充的な評価方法を適用するためには、"評価対象の財産の時価を算定し難い場合"という要件がまず満たされなければなりません。

　　(3) 補充的評価方法によるしかなかったという点は、課税庁が主張・立証しなければならず、それに対する立証を尽くせない限り、課税処分は違法となります。

3 国外財産の評価（注）については、韓国相続税法施行令第58条の3第1項において、「法第60～65条を適用することが不適当である場合には、当該財産のある国で譲渡所得税、相続税又は贈与税等の賦課目的で評価した価額を評価額とする」としています。

　例えば韓国で相続税を申告する場合において、日本に所在する財産を日本の相続税法に基づいて評価する時には、まず、韓国相続税法による評価が不適当であることを納税者側

で立証しなければならないということになります。

さらに、その国における譲渡所得税、相続税及び贈与税等の賦課目的での評価額がない場合には税務署長が２か所以上の国内又は国外の鑑定機関に依頼して鑑定した価額を参酌して評価した価額によるとしています（韓相令58の３②）。

(注) 国外財産を評価する上での換算方法

国外財産の価額は、評価基準日現在の外国為替取引法による基準為替レート又は裁定為替レートによって換算した価額を基準として評価します（韓相令58の４）。

日本の国外財産に関する規定

財産評価基本通達５－２（国外財産の評価）

国外にある財産の価額についても、この通達に定める評価方法により評価することに留意する。なお、この通達の定めによって評価することができない財産については、この通達に定める評価方法に準じて、又は売買実例価額、精通者意見価格等を参酌して評価するものとする。

(注) この通達の定めによって評価することができない財産については、課税上弊害がない限り、その財産の取得価額を基にその財産が所在する地域若しくはその国におけるその財産と同一種類の財産の一般的な価格動向に基づき時点修正して求めた価額又は課税時期後にその財産を譲渡した場合における譲渡価額を基に課税時期現在の価額として算出した価額により評価することができる。

4　それぞれの国にとっての国外財産の評価の取扱いについての原則は、韓国における相続税申告での日本所在財産の評価は韓国相続税法に基づいて評価することとなり、当然のことながら日本での相続財産の評価方法とは違いが生じることとなります。

たとえば、一般的に日本での山林・農地の評価は韓国のそれよりも低く、日本での地積規模の大きな宅地の評価方法は韓国にはありません。

また、日本での非上場株式評価の配当還元方式は韓国にはありません。しかし、韓国にある最大株主に対する割増課税は日本にはありません。

Ｑ１－２　評価にあたっての留意事項

財産評価にあたって、留意すべき一般的な事項について説明すると次のとおりです。

1　抵当権などが設定された財産の評価の特例
(1) 抵当権等が設定された財産や譲渡担保された財産は、①評価基準日現在の時価又は補充的な評価方法による評価額と、②当該財産が担保する債権額等で評価した価額のうち、いずれか大きい方の金額で評価することとなります。

※　評価の特例となる財産とは、①抵当権、担保権又は質権が設定された財産　②譲渡担保財産　③伝貰権で登記された財産をいいます。

ところで、財産評価にあたって、日本・韓国それぞれの国における税法の下では、財産の所在地国によらず相続人の住所地国の税法で全世界所在財産を画一的な評価方法で行うことには疑問があります。

> その疑問を挙げますと、①財産の価値の時価評価は、財産の所在地国での価値の評価が相当であること、②財産の所在地国での処分価値が実現価値であること、③担税力も財産の所在地国での評価に相応すること、さらには④相続人の住所地国の税法で他国に所在する財産を評価することには、当該財産の法的権利関係を十分に評価に反映できず実務上困難であることにあります。したがって、相続税及び贈与税の申告にあたっては、それぞれの国に所在する財産価値の評価は、それぞれの国の税法規定に基づいて財産価値評価するのは相当と筆者は考えます。
>
> しかし、財産所在地国の法令規定のない、日本固有の特例的な規定（例えば、非上場株式の配当還元方式）については、当然に、日本の税法を適用するものと考えます。
>
> この場合に留意する点としては、韓国所在株式を日本で配当還元方式で評価して、納税額を軽減しても、韓国においては補充的評価額による課税・納税となり、両国をまたいでの税の軽減とはならず、外国税額控除の計算にも影響を及ぼすことです。

(2) 抵当権が設置された財産の評価額……Max［①, ②］
① 時価又は補充的評価方法による評価額
② その財産が担保する債権額

2 財産種類別の個別評価及び財産評価時の計算単位

財産の価額は、各々の財産を個別的に評価してその評価額の合計額を財産の評価額とします。

3 元物と果実

天然果実の価額は元物の価額に含めて評価し、法定果実の価額は元物とは別個に評価します。

ただし、将来に確定される法定果実等に対して取引の慣行があったり法令に特別の定めがある場合には、その慣行及び法令の定めに基づいて評価します。

(1) 元物（げんぶつ）
　　果実を生じる元となる物
(2) 果実
　　元物から生ずる経済的利益（収益）
　① 天然果実
　　　元物の用法によって受け取れる産出物をいい、自然的・有機的に生産される物件（果木に付いている果物など）と人工的・無機的に受け取られる物件（石材、土砂など）等がある。
　② 法定果実
　　　物の使用の代価として受け取る金銭など（貸料等）

4 年賦又は割賦で取得したが償還完了前にある財産の評価

年賦又は割賦によって取得した財産で評価基準日現在、未だ償還が完了していない財産に対しては、その財産の価額から未償還金を差し引いた価額で評価することとなります（韓相

基通65－0…1）。この場合、その差し引いた金額がマイナス（－）であれば"0"とします。

5　共有財産の評価

　共有財産は、全体で評価した財産価額にその共有者の持分比率によって按分した価額で評価します。評価対象の財産が共有物の場合で、当該財産の他人の持分に鑑定価額がある場合には、当該鑑定価額を持分比率を勘案して財産の時価と見ることができます。

　ただし、共有物が契約等によって現実的に各々が別個に管理・処分できる事実が契約等によりその事実が確認されたり、相互名義信託財産に該当して事実上これを共有物と見ることができない場合には、他人の持分に対する鑑定価額を評価対象の財産の時価とは見ないこととなります（韓相基通60－49…3）。

6　具体的な評価方法が規定されていない財産の評価

　韓相法で個別に評価方法を規定していない財産の評価については韓相贈法第65条第1項と、第60条から第64条までに規定された評価方法を準用して評価することとなります（韓相法65②）。

7　評価が2つ以上の財産を包含した場合の按分の方法

　売買価額、鑑定価額の平均額、収用・補償価額などの評価額が2つ以上の財産に一括して取引及び設定された場合で、各々の財産価額が区分されていない場合には、各々の財産を韓相贈法第61条から第65条の規定（補充的な評価方法）によって評価した価額に比例して按分計算します。

　ただし、各々の財産に対して鑑定価額（同一の鑑定機関が同一の時期に鑑定した各々の鑑定価額をいいます。）がある場合には、鑑定価額に比例して按分計算します。

　なお、土地とその土地に定着した建物、その他構築物の価額が区分されていない場合には、法第61条から第65条によって評価した財産価額に比例して按分計算します（韓相令49③）。

（参考）韓国付加価値税法施行令第64条（土地と建物等を一緒に供給する場合の建物等の
　　　　供給価額の計算）（要約）
　⑴　基準時価がある場合：供給契約日現在の基準時価により計算した価額に比例して按分計算した金額
　⑵　基準時価がなく鑑定評価額がある場合：その鑑定評価額に比例して按分した金額
　⑶　それ以外：国税庁長が定めるところにより按分して計算した金額

Q2 相続・贈与財産の評価の基準日

相続税及び贈与税の課税対象となる相続・贈与財産の評価基準日はいつの時点なのでしょうか？ また相続に加算された贈与財産の評価時点はその贈与時なのでしょうか？ それとも加算された相続時なのでしょうか？

A

財産の評価時点によって財産の評価価値は変動します。そこで、課税の公平の観点及び法的安定性から客観的で統一される時点での財産の評価が望ましく、この考え方は韓国相続税法上でも同様です。韓国相続税及び贈与税法（以下、「韓相贈法」といいます。）での評価の基準日の定めについては次のとおりです。

1 財産評価の基準日

韓相贈法では、課税の公平の観点から統一した財産評価の基準時点を定めており、その評価時点は原則的に相続開始日又は贈与日となります。

(1) 相続財産の評価時点：相続開始日

相続財産の評価は、相続開始日現在の価額で評価します。ここで相続開始日とは、通常、自然人が死亡した日をいいます。この相続開始日には死亡したとみなされる失踪宣告日（民法上は失踪期間が満了する時点）、認定死亡日（戸籍簿に記載した死亡年月日で確定）が含まれます。

なお、失踪宣告に係る相続税法上の相続開始日については韓国と日本では異にすることに留意する必要があります。

(2) 贈与財産の評価時点：贈与日

贈与財産の評価は、贈与日現在の価額で評価します。贈与日とは他人の贈与によって財産を取得した日を意味しています。韓相贈法では贈与財産を取得した時期（贈与時期）を財産別に区分して、次のように規定しています（韓相贈令24）。

① 権利の移転やその行使に登記・登録を要する財産に対しては、登記・登録日。

ただし、民法第187条による登記を要しない不動産の取得に対しては、実際に不動産の所有権を取得した日となります（韓相法444、韓相令24①一）。登記・登録日とは、所有権移転登記・登録申込書受付日をいいます（韓相基通31-23…5）。

② 次の各目のいずれか1つに該当する場合には、その建物の使用承認書の交付日。

この場合、使用承認前に事実上使用しているとか、臨時の使用の承認を得ている場合には、その事実上の使用日又は臨時使用の承認日となります。建築許可を得ず、又は申告せずに建てる建築物においてはその事実上の使用日となります（韓相令24①二）。

イ 建物を新築して贈与する目的で受贈者の名義で建築許可を得たり申告をして当該

建物を完成した場合
- ロ　建物を贈与する目的で受贈者の名義で当該建物が取得できる権利（分譲権といいます。）を建設事業者から取得したり分譲権を他人から取得した場合

③　他人の寄与によって財産価値が増加した場合には、次の各目の区分による日（韓相令24①三）。
- イ　開発事業の施行：開発区域として指定されて公示された日
- ロ　形質変更：当該形質変更許可日
- ハ　共有物の分割：共有物分割登記日
- ニ　事業の認可、許可又は地下水開発・利用の許可等：当該許可・認可日
- ホ　株式等の上場又は非上場株式の登録、法人の合併：株式等の上場日又は非上場株式の登録日、法人の合併登記日
- ヘ　生命保険又は損害保険の保険金支払：保険事故が発生した日
- ト　イ～ヘまでの規定以外の場合：財産価値増加事由が発生した日

④　上記①～③以外の財産に対しては、引渡しをした日又は事実上の使用日（韓相令24①四）。

⑤　贈与を受けた財産が株式等である場合には、受贈者が配当金の支払や株主権の行使などによって該当株式等の引渡しを受けた事実が客観的に確認される日を取得した日と見ます（韓相令24②）。

ただし、該当株式等の引渡しを受けた日が明確でなかったり当該株式等の引渡しを受ける前に韓国商法第337条又は同法第557条によって取得者の住所と名前などを株主名簿又は社員名簿に記載した場合には、その名義の書換日又はその記載日を取得した日と見ます（韓相令24③）。

贈与時点で株主名簿に株主変更の記載や役員会での株式譲渡の承認の事実がない場合には、配当金の支払日となると、除斥期間の計算や日本での贈与時期の判断の違いにも影響することになると考えます。

（参考）
民法上の贈与財産ではないが、相贈法上の贈与財産である当該財産の贈与の時期は次のとおりです（一般的な例です）。
- (注)　韓国「相続税及び贈与税法」を「韓相法」と表記しています。
- イ　信託利益の贈与（韓相法33）……元本又は受益が受益者に実際に支給された時等
- ロ　保険金の贈与（韓相法34）……保険事故が発生した日。満期支払いの場合には満期日
- ハ　低価・高価譲渡による利益の贈与（韓相法35）（※無償譲渡は贈与税対象となります）……代金精算日（明確でなかったり残金を精算する前に所有権を移転する場合には所有権移転の登記受付日）
- ニ　債務の免除等による贈与（韓相法36）……債務の免除の意思表示、第三者と債権者間の債務引受契約締結日
- ホ　不動産の無償使用による利益の贈与（韓相法37）……無償使用の開始日、この場合無償使用する期間が5年を超過する場合には5年単位で課税する

ヘ　合併による利益の贈与（韓相法38）……合併登記日
ト　増資による利益の贈与（韓相法39）……株式代金の納入日（納入日の前に新株引受権証書の交付があった時はその交付日）（韓相基通39－0…1）、他に上場株式、転換株式の場合の定めがある
チ　減資による利益の贈与（韓相法39の2）……減資をするための株主総会の決議日
リ　現物出資による利益の贈与（韓相法39の3）……現物の出資の日
ヌ　転換社債等の株式転換等による利益の贈与（韓相法40）……取引段階別に引き受け・取得日及び株式への転換日
ル　超過配当による利益の贈与（韓相法41の2）……配当した日
ヲ　株式等の上場等による利益の贈与（韓相法41の3）……当該株式等の上場日から3ヵ月になる日
ワ　金銭の無償貸出時の贈与（韓相法41の4）……貸出日、貸出期間が1年以上の場合には1年になる翌日に毎年新しい貸出日とみなす
カ　合併による上場利益の贈与（韓相法41の5）……合併登記日から3か月になる日
ヨ　財産使用及び用役提供による利益の贈与（韓相法42）……その利益を受けた期間の1年単位
タ　法人の組織変更等による利益の贈与（韓相法42の2）……所有持分が変動（評価額が変動）した日
レ　財産取得後財産価値増加による利益の贈与（韓相法42の3）……財産価値増加事由発生日
ソ　配偶者等に譲渡した財産の贈与推定（韓相法44）……当該財産を譲渡した時（所有権移転の登記日等）
ツ　財産取得資金等の贈与推定（韓相法45）……財産の取得日又は債務の償還日
ネ　名義信託財産の贈与擬制（韓相法45の2）……株主名簿の名義書替えをした日
ナ　特殊関係法人との取引を通した利益の贈与擬制（韓相法45の3）……受恵法人の当該事業年度終了日
ラ　特殊関係法人から提供を受けた事業機会で発生した利益の贈与擬制（韓相法45の4）……事業機会の提供を受けた日が属する事業年度終了日

⑥　無記名債券の場合は、当該債券に対する利子支払の事実によって取得事実が客観的に確認される日を取得した日と見ます（韓相令24③）。

　ただし、その取得日が明確でない場合には、当該債券に対して取得者が利子の支払いを請求した日又は当該債券の償還を請求した日を取得した日と見ます（韓相令24③）。

2　相続税の場合における相続税の課税価額に加算される贈与財産の評価の基準日（相続税）

相続開始日前の10年以内に被相続人が相続人に贈与した財産と、相続開始日の前の5年以内に相続人以外の者に贈与した財産価額は、相続税の課税価額に加算して相続税が課されます。

この場合、相続税の課税価額に加算する贈与財産価額の評価は当初贈与日現在の時価で評価します（韓相法60④）。

このことは日本の「相続時精算課税」における贈与時評価と同様といえます。

3　相続財産として推定する相続開始の前の処分財産の評価基準日（韓相法15）

被相続人が相続開始日前の一定期間内に財産を処分（引出）したり債務を負担した場合でその処分（引出）価額や債務の負担額の使途が明確でない金額は相続を受けたものと推定し、相続財産として相続税が課されます。

この場合、当該財産の処分価額の評価は、実際収入した金額を基準とするが、その金額が確認されない場合には当該財産の処分当時の評価した価額を基準とします。

4　贈与税の場合における合算される贈与財産（再度贈与する場合）の基準日（韓相法47）

当該贈与日前の10年以内に同一人（贈与者が直系尊卑属である場合には、その直系尊・卑属の配偶者を含む。）から受けた贈与財産価額の合計額が1,000万W以上の場合、その価額は当該贈与財産価額に合算して課税します。この場合、加算される各々の贈与財産の評価額は、各々贈与日現在の財産価額によります。

すなわち、合算した贈与財産価額を基に税額を計算して、既納付贈与税額を控除することとなります。これは、年度を分けて贈与することによる超過累進課税の回避行為を防ぐ規定といえます。

Q3 韓国における財産の時価評価の原則

韓国における財産の時価評価の考え方と、具体的な評価の方法及び事例がありましたら、説明願います。

A

韓国における時価評価に関する評価の概念及び具体的な適用例は次のとおりです。

1 時価の概念

相続税又は贈与税が賦課される財産の価額は相続開始日又は贈与日（以下「評価基準日」といいます。）現在の時価によります（韓相法60①）。

時価とは、不特定多数の者間で自由に取引が成り立つ場合に通常成立すると認められる価額として、具体的には、

① 評価基準日の前後6か月（贈与財産の場合は前6か月、後3か月。以下「評価期間」といいます。）以内に売買・鑑定・収用・公売又は競売（以下「売買等」といいます。）がある場合（韓相令49①）
② ①の価額がない場合には、評価期間内の同一・類似財産の売買等価額
③ 評価基準日前2年以内、法定決定期限まで売買等の価額を評価審議委員会の審議を経て確定された金額

とされています。

2 時価の適用基準

(1) 2つ以上の時価がある場合

鑑定評価額が2以上ある場合には、評価基準日を前後して、一番近い日に該当する価額を時価とします（韓相令49②）。

(2) 評価期間内の適用基準

売買取引価額等が、評価期間内にあるかどうかを判定する基準は、以下の日付を基準とします。

① 取引価額：取引価額が確定される売買契約日
② 鑑定価額：価額算定基準日と鑑定価額評価書を作成した日
③ 収用・競売・公売：補償価額・競売価額・公売価額が決定された日

(3) 時価に含まれる価額

① 当該財産に対する評価期間内の売買・鑑定・収用等の価額
② ①がない場合
・同一・類似した財産に対する評価期間内の売買・鑑定・収用等の価額
・課税標準を申告した場合、相続開始日前6か月（贈与：3か月）から相続税・贈与税

申告時までの価額
・評価期間外の場合は、売買等価額中財産評価審議委員会の審議を経て時価と認定された価額

3　評価の実際

(1)　評価対象財産の取引価額

当該財産に対する売買事実がある場合には、その実際の取引価額を時価とみます。

ただし、①その取引価額が特殊関連者との取引等で客観的に不当だと認められる場合や、②取引された非上場株式の価額（額面価額の合計額）が、㋑額面金額の合計額で計算した当該法人の発行株式総額又は出資総額の100分の1に該当する金額、㋺3億Wの金額のうち、少ない金額未満の場合には、時価として見ません。

（参考解釈事例）
(A)　相続開始日後6か月を経過して売買価額がある場合には時価と見ない。（国税庁顧客満足センター書面4チーム－1230、2006.5.2）
(B)　形式上の売買を原因として所有権移転登記をしたが、事実上は贈与された住宅に該当するので登記のために作成した売買契約上の売買価額は時価に該当しない。（国税庁書面4チーム－3656、2006.11.6）。

(2)　評価対象の財産に対する2つ以上の鑑定価額の平均額（韓相令49②）

2つ以上の鑑定評価法人が評価した鑑定価額がある場合、その鑑定価額の平均額を時価とみなします。

(3)　時価と認められない鑑定評価額

① 時価と認められない鑑定価額
　イ　一定の条件が充足されることを前提に当該財産を評価する等相続税及び贈与税の納付目的に適していない鑑定価額
　ロ　評価基準日現在当該財産の原形のまま鑑定しない場合の当該鑑定価額
　ハ　当該鑑定価額＜基準金額［Min（Ⓐ韓相法61、62、64、65により評価した価額、Ⓑ同一・類似財産の売買等の価額の100の90である場合）］
　ニ　時価不認定の鑑定機関が時価不認定の期間中に鑑定した価額

② 時価不認定の鑑定機関
　鑑定機関が評価した鑑定価額が他の鑑定機関が評価した鑑定価額の80％に達していない等の場合には、1年の範囲内で期間を定めて当該鑑定機関を時価不認定鑑定機関として指定できる。その上で、その期間中の鑑定は時価と認めない。

（参考解釈事例）
(A)　1つの鑑定機関が評価した鑑定価額は時価の範囲に含まれない（財務部財産－582、2007.5.18）。
(B)　相続開始日から6か月が経過した後に作成された鑑定価額は当該財産の時価とし

て適用しない（国税庁書面4チーム－2876、2007.10.8）。

(4) 評価対象財産の収用補償価額、公売・競売価額

　当該財産に収用・公売・民事執行法による競売事実がある場合には、その補償価額、公売価額・競売価額は時価とみます。

(5) 時価と認められない公売価額等
　① 相続・贈与税の物納財産を相続人・贈与者・受贈者又は特殊関係人が競売又は公売で取得した場合の当該競売・公売価額
　② 競売又は公売で取得した非上場株式の価額（額面価額の合計額）＜Min（Ⓐ額面価額の合計額で計算した当該法人の発行株式総額又は出資総額の１％に該当する金額, Ⓑ３億W）
　③ 競売又は公売手続開始後関連法令が定めるところにより随意契約によって取得する場合
　④ 最大株主等の相続人又は特殊関係人が、最大株主等が保有していた非上場株式等を競売又は公売で取得した場合（2020.2.11以後適用）

(6) 同一・類似した財産の売買等価額

　相続・贈与財産と面積・位置・用途・種目及び基準時価が同一であったり、類似したほかの財産の価額（取引価額、鑑定価額、収用・公売・競売価額等）がある場合には、これらの価額を評価対象財産の時価とみます。

(7) 有価証券市場・コスダック市場上場株式の最終時価平均額

　有価証券市場・コスダック市場に上場された株式の場合、証券市場で不特定多数の者間で自由に成り立つ場合の当該取引価額は時価とみることができます。

　通常、株式の取引価額は時々、それぞれ変化しており、特定時点の価額を時価とする場合には、公平課税の点から問題があるとして評価基準日以前・以後各２月間の最終時価の平均額を時価とみています（韓相法63①一、イ、ロ）。

(8) 評価審議委員会

　韓国国税庁では、時価の算定や評価方法を審議するために、国税庁及び地方国税庁にそれぞれ評価審議委員会を設置しています。

（審議対象）
① 韓相贈法49条第１項各号の部分但し書きによる売買等の価額の時価評定
② 韓相贈法54条第１項各号による非上場株式等の同条第６項による価額評価及び評価方法（2017.7.1以後の相続贈与から）
③ 韓相贈令49条第７項による時価不認定鑑定機関の指定
④ 家業相続、家業承継事後管理時業種の変更（2020.2.11新設）
⑤ 建物、オフィステル、事業用建物基準時価の算定、告示のための諮問（2020.2.11新

設）

　納税者が上記基づく審議を必要とする場合には、①相続税については課税標準申告期限4か月前までに、②贈与税については課税標準申告期限70日前までに、申請することになります。

　申請を受けた評価審議委員会は、①相続税の場合は課税標準申告期限1か月前までに、②贈与税の場合は課税標準申告期限20日前までにその審議結果を納税者に書面で通知することになります。

Q4 不動産の評価方法

韓国では土地、建物等不動産の評価にあたっていくつかの評価方法があるとのことですが、どのような評価方法なのでしょうか？ 不動産の具体的な種類別に説明願います。

A

相続・贈与財産の価額は、評価基準日現在の時価で評価するのが原則です。しかし、その時価を算定することが難しい場合には、韓相法第61条ないし第65条で規定している各々の財産の種類別に規定した評価方法によって評価した価額によることとなります（韓相法60③）。

1 土地の評価
 (1) 個別公示地価による評価

　土地は、「不動産の価格公示に関する法律」によって、国土交通部長官が毎年1月1日を価格算定の基準日として告示する個別公示地価（以下「個別公示地価」といいます。）で評価します。

　個別公示地価は、評価基準日において告示されている個別公示地価を適用します（韓相法61①）。

　※ 韓国では、個々に特定した土地及び建物を個別的に時価を公示していますので、日本の路線価の評価と似ていますが、日本のそれは、評価計算方式と考えると、評価額を特定する韓国とは方式を異にしているともいえます。

 (2) 個別公示地価がない土地の評価

　個別公示地価がない土地の価額は、当該土地と地目・利用状況等地価形成要因が類似する近隣の土地を標準土地と見て、「不動産の価格公示に関する法律」第3条第8項の規定による比較表によって納税地の所轄税務署長（納税地の所轄税務署長と当該土地の所在地を所轄する税務署長が互いに異なる場合で、納税地の所轄税務署長の要請がある場合には、当該土地の所在地を所轄する税務署長とする）が評価します。

　この場合、納税地の所轄税務署長は、地方税法による市長・郡守が算定した価額又は2つ以上の鑑定機関に依頼して当該鑑定機関の鑑定価額を参酌して評価することとなります（韓相令50）。

　地価が急騰する地域として大統領令で定める地域の土地価額は、倍率方式で評価した価額とします。

　＊ 日本の倍率方式と考えると理解しやすいでしょう。しかし、適用の対象を異にする（日本は路線価がない、韓国は土地の急騰）ことに留意が必要です。

 (3) 個別公示地価がない土地とは

　個別公示地価がない土地とは、次のものをいいます。

① 「空間情報の構築及び管理等に関する法律」による新規登録土地
② 「空間情報の構築及び管理等に関する法律」によって分割又は合併された土地
③ 土地の形質変更又は用途変更によって「空間情報の構築及び管理等に関する法律」上の地目が変更された土地
④ 個別公示地価の決定・告示が漏れた土地（国・共有地を含む）

(参考解釈事例)
(A) 贈与日と新しい個別公示地価の告示日が同じ日であれば、新しい個別公示地価による（韓国国税庁財三46014-35,1999.1.7）。
(B) 個別公示地価が更正された場合には、更正された新しい個別公示地価を適用する（韓国国税庁財三46014-1774、1998.9.17）。
(C) 土地の形質変更又は用途変更によって地籍法上の地目が変更された場合で、贈与日の現在告示された個別公示地価を適用するのが不合理であると認められる場合には、個別公示地価がない土地の評価方法によるものとする（韓国国税庁書面4チーム－14、2008.1.4）。

(4) 特殊な土地の場合の補充的評価方法
① 換地予定地の評価
換地予定地の価額は、換地の権利面積によって算定した価額で評価します（韓相贈基通61－50…3）。
② 道路等の評価
不特定多数の者が共用する事実上の道路及び河川、堤防、溝渠等は相続財産又は贈与財産に含まれるが、評価基準日現在道路等以外の用途に使用できない場合で補償価格がない等財産的価値がないと認められる時にはその評価額を零（0）とします（韓相贈基通61－50…4）。
③ 土地の形質が変更された場合の評価
土地の評価時、換地及び宅地開発等によって土地の形質が変更された場合で、評価基準日現在、告示されている個別公示地価を適用することが不合理だと認定される場合には、個別公示地価がない土地のの評価方法を準用して評価します。
④ 分割（分筆）又は合併（合筆）された土地の評価
分割又は合併された土地は、個別公示地価がない場合の土地の評価方法を準用して評価します。ただし、分割又は合併前の評価方法でも合理的だと認定された場合には、その方法で評価します。

2　建物の評価

時価がない建物の場合、国土交通部長官又は国税庁長が告示する価格によって評価します。

(1) 一般建物の評価
一般建物（共同住宅、個別（一戸建）の家、告示されたオフィステル（筆者注：ホテルと事務所の兼用建物を指します。）及び商業用建物は除きます。）の評価は新築価格、構造、

用途、位置、新築年度等を参酌して毎年1回以上国税庁長が算定・告示する価額で評価します。

個別住宅価格、共同住宅価格、オフィステル、商業用建物の告示価格は、土地価額を含んだ建物価額であるので、一般建物基準時価は土地価額を除いた建物価額であるので注意が必要です。

① 基準時価の適用方法
　A：基準時価＝㎡あたりの金額×評価対象の建物の面積
　B：㎡あたりの金額＝建物新築価格の基準額×構造指数×用途指数×位置指数×経過年数別残価率×個別建物の特性による調整率
　※　㎡あたりの金額が1,000W単位未満は切り捨て。
　※　建物の面積は専有、共用面積を含めた延べ面積です。
　※　告示された年度別建物新築価格の基準額は次のとおりです。

（単位：W／㎡）

2002年	2003～2005	2006	2007	2008	2009	2010	2011	2012	2013	2014
420,000	460,000	470,000	490,000	510,000	510,000	540,000	580,000	610,000	620,000	640,000

2015年	2016	2017	2018	2019	2020	2021	2022
650,000	660,000	670,000	690,000	710,000	730,000	740,000	780,000

　※　韓国の税法での記述は、建物（付随土地を含む。）とされており、建物と土地は一体として見る傾向にあり、日本の土地と建物を別個に見るのとは異なると理解できます。

（参考解釈事例）
　○　韓相贈法第61条第1項第2号の規定による建物の基準時価を算定する場合で"経過年数別残価率"を適用する際、評価対象の建物が増築された建物の場合、新築年度は増築日が属する年度を適用する（韓国国税庁書面4チーム－845、2007.3.12）。

(2) オフィステル及び商業用の建物の評価（韓相法61①3）
　建物に付随される土地を共有として建物を区分所有するものであって、建物の用途・面積及び区分所有する建物の数などを勘案して国税庁長が指定（告示）するオフィステル及び商業用建物（これらに付随される土地を含みます。）に対しては、建物の種類、規模、取引状況、位置等を参酌して毎年1回以上国税庁長が土地と建物に対して一括して算定・告示した㎡当たりの価額で評価します。

（適用方法）
　国税庁長が算定・告示した㎡当たりの価額※×建物面積（専有面積＋共有面積）
　※　㎡当たりの価額は、土地と建物に対して一括して算定・告示されます。
　㊟1　国税庁長が告示しないオフィステル等は、一般建物の基準時価を適用することとなります。
　　2　告示対象：首都圏（ソウル、キョンギ、インチョン）と5大広域市（大田、光

州、大邱、釜山、蔚山)及びセジョン市に所在する区分所有されたオフィステルと一定規模(販売及び営業施設等の面積が3,000㎡又は100号)以上である商業用建物

(参考)
① 日本の相続税法上は、土地と建物を分離して評価します。個々に評価する結果、評価額が増加することとなる恐れがありますので、次ページの(参考解釈事例)を参照して、税務当局に韓国相続税法上の評価方法が適正であることの説明が重要となってきます。
② 韓国のオフィステルは、日本のSOHO(スモールオフィス・ホームオフィス)マンションに当たると考えます。SOHOとは、仕事場と住まいを兼用する仕事・生活スタイルをいい、そのような働き方をする事業者、又はその使用方法に適用する建物のことを指します。

(3) 住宅の評価(韓相法61①四)
「不動産の価格公示に関する法律」による個別住宅価格及び共同住宅価格で評価します。ただし、共同住宅の場合、国税庁長が決定・告示した共同住宅価格があるときは、その価格によることとなります。
ただし、2010.1.1以後の相続・贈与分からは、個別住宅の価格及び共同住宅価格がない住宅の価格は納税地の所轄税務署長が近隣の類似住宅の個別住宅の価格及び共同住宅価格を考慮して評価した金額とします。

○ まとめ
① 個別住宅の価格
「不動産の価格公示に関する法律」による個別住宅の価格で評価する。
② 共同住宅
「不動産の価格公示に関する法律」による共同住宅価格で評価する。ただし、国税庁長が国土交通部長官と協議して共同住宅価格(アパート(日本のマンション)及び165㎡以上の連立住宅)を別途決定・告示する場合には当該共同住宅価格として評価する。
③ 個別住宅の価格又は共同住宅価格がない、若しくは2014.1.1以降相続・贈与分から住宅価格公示後大修繕又はリモデルがある場合の住宅の評価
イ 個別住宅価格がない場合等には、当該住宅と構造、用途、利用状況等利用価値が類似の近隣住宅を標準住宅と見て、住宅価格の比準表によって納税地の所轄税務署長(納税地の所轄税務署長と当該住宅の所在地を所轄する税務署長が互いに異なる場合で納税地の所轄税務署長の要請がある場合には当該住宅の所在地を所轄する税務署長)が評価する。
ロ 共同住宅価格がない場合等には、近隣の類似の共同住宅の取引価格、賃料及び当該共同住宅と類似の利用価値があると認められる共同住宅の建設に必要な費用推定額等を総合的に考慮して納税地の所轄税務署長(納税地の所轄税務署長と当該住宅

の所在地を所轄する税務署長が互いに異なる場合で納税地の所轄税務署長の要請がある場合には当該住宅の所在地を所轄する税務署長）が評価する。

（参考解釈事例）
　○　土地のみを相続・贈与する場合
　　　個別住宅価額が公示された単独住宅（一戸建ての家）を評価するに当たって建物と附随土地の価額を区分しなければならない場合の評価額は、個別住宅価格を土地の個別公示地価と一般建物の基準時価で按分して計算する（韓国国税庁書面4チーム－1462、2007.5.2書面4チーム－858、2008.3.31）。

(4)　撤去対象の建物の評価
　評価基準日現在、他の法令によって撤去対象に該当する建物の評価額は、その財産の利用と撤去の時期及び撤去による補償の有無等諸般状況を勘案した適正価額によって評価することとなります（韓相贈基通61－5…2）。

(5)　建物の一部が毀損・滅失された場合
　建物の一部が毀損・滅失されて正常価額で評価することが不適当であると認められる場合には、これに相当する金額を控除して評価します。

(6)　建設（新築）中の建物の評価
　建設中の建物の価額は、建設に必要とされた費用の合計額で評価します。建設に必要となる借入金に対する利子又はこれと類似性質の支払金は、建設に必要とされた費用として加算します。

(7)　その他の施設物及び構築物の評価（韓相法61④）
　その他の施設物及び構築物（土地と建物の一括評価は除きます。）の評価については、評価基準日における、再建築又は再取得する時に必要とされる価額（以下「再取得価額等」といいます。）から、その設置日から評価基準日までの法人税法上の減価償却費相当額を差し引いた価額をいいます。この場合、再取得価額等を算定するのが困難な場合には、韓国地方税法施行令第4条第1項による価額を当該施設物及び構築物の価額とすることができます。

3　賃貸借契約が締結された財産の評価特例（韓相法61⑤）

評価基準日現在、韓国相続税法第60条第2項による時価がない場合で、事実上賃貸借契約が締結されている、又は賃借権が登記された不動産は、上記2の(1)～(7)の評価金額と賃貸保証金換算価額を比較して、大きい価額で評価します。

評価額＝Max（①上記2の(1)～(7)による土地又は建物の評価額，②賃貸保証金換算価額）

$$賃貸保証金換算価額 = 賃貸保証金 + \frac{1年間賃貸料合計額（※）}{企画財政部令で定める率（現在12\%）}$$

※　1年間賃貸料合計額＝評価基準日が属する月の賃貸料×12か月

Q5　国外財産の評価

国外財産の評価に当たって、韓国と日本ではどのように規定しているのですか。差異があれば説明願います。

A

（韓国での規定）

外国に所在する相続又は贈与財産で、韓相贈法第60条から第65条までの規定を適用することが適当でない場合には、当該財産が所在する国で譲渡所得税・相続税・贈与税等の賦課目的で評価した価額を評価額とします（韓相令58の3①）。

しかし、当該評価額がない場合には、税務署長等の2つ以上の国内又は国外の鑑定機関（株式等に対する評価の場合は、信用評価専門機関、「公認会計士法」による会計法人又は「税理法」による税務法人を含みます。）に依頼して鑑定した価額を斟酌して評価した価額によります。

外貨資産及び負債は評価基準日現在の「外国換取引法」第5条第1項により、基準換算率又は指定換算率により換算した価額を基準として評価します（韓相令58の4）。

（日本での規定）

財産評価基本通達5-2（国外財産の評価）で、取扱いを定めています。

この中で、国外の財産であっても、この通達による評価方法によると定め、この定めによって評価することができない場合については、通達に定める評価方法に準じる評価又は売買実例、精通者意見等を参酌すると定めています。

所在する国におけるその財産の評価額も一定の条件の基に評価額としてみると定めています。

（差異点）
① 評価方法の順序と適用財産の範囲を異にしているといえます。
　イ　韓国
　　韓国の相贈税法での評価→適当でない→財産所在地国での税法で評価→当該評価額がない場合→評価専門機関での評価
　ロ　日本
　　日本の財産評価基本通達で評価→評価することができない財産→売買実例、精通者意見の見積価額を参酌→通達で評価できない財産→財産所在地国での評価

以上のとおり、財産所在地国での評価方法に依るのは、韓国では相贈税法での評価が適当でない場合と定め、日本では、評価通達で評価できない財産と定めている点です。

② 韓国では、当該財産が所在する国での譲渡所得税と、相続税・贈与税等の賦課目的で評

価した価額を評価額とすると規定している一方、日本では、財産が所在する国におけるその財産と同一税額の財産の価格の時点修正又は売買実例の時点修正は価額で評価すると定めています。

　すなわち、韓国はその国の税法で定めた評価方法の適用を可としているところ、日本は現実の価額により近い価額を評価額と定めているといえます。

Q6 その他財産等の評価

韓国相続税法に基づいて申告する際には、その他財産に係る固有の評価方法があるかと思いますが、この点について説明願います。

A

1 地上権の評価

地上権とは他人の土地に建物、その他の構築物や樹木を所有するために、その土地を使用できる物権をいいます。

地上権の価額は地上権が設定されている土地の価額に2％を乗じて計算した金額を利子率10％で割引した価額で評価します。

この場合、その残存年数に関しては韓国「民法」第280条及び281条に規定された地上権の存続期間を準用します（韓相令51①）。

$$\text{地上権} = \sum_{n=1}^{\text{残存年数}} \frac{\text{地上権が設定された土地価額} \times 2\%}{\left(1 + \frac{10}{100}\right)^n}$$

n＝評価基準日からの残存年数

（参考）
(1) 韓国民法の規定

韓国民法第280条（存続期間を約定した地上権）
　第1項　契約により地上権の存続期間を定める場合には、その期間は、次の年限より短くすることができない。
　　第1号　石造、石灰造、煉瓦造若しくはこれに類似する堅固な建物又は樹木の所有を目的：30年
　　第2号　前号以外の建物の所有を目的：15年
　　第3号　建物以外の工作物の所有を目的：5年
　第2項　（略）
第281条（存続期間を約定しない地上権）
　第1項　契約により地上権の存続期間を定めなかったときは、その期間は、前条の最短存続期間とする。
　第2項　地上権設定当時に工作物の種類及び構造を定めなかったときは、地上権は、前条第2号の建物の所有を目的とするものとする。

(2) 日本での借地権評価との比較

韓国における地上権は、日本の借地権と類似した概念といえます。

ただ、評価額の算定方法に違いがあることに留意する必要があります。

日本の普通借地権は、路線価上において、借地権割合が表示されており、この割合で評価し、定期借地権（権利金等の授受がある場合）は、評価額に残存期間年数が加味されます。

あえていえば、韓国の地上権は、日本の定期借地権に類似した概念といえるかと思います。

2 不動産を取得できる権利及び特定施設物を利用できる権利の評価

不動産を取得できる権利（建物が完成する時にその建物とこれに附随する土地が取得できる権利を含みます。）及び特定施設物を利用できる権利の価額は、評価基準日まで払い込んだ金額と評価基準日現在のプレミアムに相当する金額を合計した金額によります。ただし、当該権利に対して韓国所得税法施行令第165条第8項第3号（土地、建物以外の資産の基準時価の算定）第8項第3号の規定による価額がある場合には、当該価額によります（韓相令51②）。

特定施設物を利用できる権利とは、特定施設物利用権、会員権その他名称のいかんにかかわらず、当該施設物を排他的に利用したり一般利用者に比して有利な条件で利用できるように約定した団体の一員となった者に付与される権利をいいます。

3 販売用ではない書画・骨董品の評価

販売用ではない書画・骨董品等芸術的価値がある有形資産の評価は、次の区分による専門分野別に2か所以上の専門機関が鑑定した価額の平均額によります。ただし、その価額が国税庁長が委嘱した3人以上の専門家で構成された鑑定評価審議会で鑑定した鑑定価額に達しない場合には、その鑑定価額によります。このことは、①国税庁委嘱よる鑑定価額と②専門機関の鑑定価額のＭａｘ鑑定価額を適用することとなります（韓相令52②二）。

ただし、鑑定評価額が鑑定評価審議会の鑑定価額の150％を超える場合には、鑑定評価審議会の鑑定価額とします（2024.1.1改正）
① 書画・典籍
② 陶磁器・土器・鉄物
③ 木工芸・民俗装身具
④ 先史遺物
⑤ 石工芸
⑥ その他骨董品
⑦ その他美術品

4 動物及び別途に評価方法を規定していない有形資産の評価

所有権の対象になる動物及び評価方法を規定していないその他有形資産の評価は、その物を処分する時に取得することができると予測される価額によります。ただし、その価額が確認されない場合には帳簿価額で評価します（韓相令52②三）。

5 国債・公債・社債及びその他の有価証券の評価

(1) 上場された国債等の評価

韓国取引所で取引される有価証券のうち、国債・公債・社債（転換社債等を除きます。以下「国債等」といいます。）の評価は、次の①②のうち、いずれか大きい金額によることとされています（韓相令58①一）。
① 評価基準日以前の2か月間に公表された毎日の韓国取引所最終時勢価額（時価）の平均額
② 評価基準日以前の直近日の最終時勢価額（時価）
　※ 評価基準日以前の2か月間のうち、取引実績がない国債等は、次の(2)と同じ評価

とします（韓相令58①一）。

(2) 上場されていない場合

上場されていないとか、評価基準日以前の２か月の期間中取引実績がない国債等は、次の区分により評価します（韓相令58①二）。

① 他人から買い入れた国債等

評価額＝買入価額＋評価基準日までの未収利子相当額

※ 国債等の発行機関及び発行会社から額面価額で直接買い入れたものは除きます（韓相令58①二）。

② それ以外の国債等

評価基準日現在これを処分する場合に受けることができると予想される金額（以下「処分予想金額」といいます。）。ただし、処分予想金額を算定することが困難な場合には、当該国債等の償還期間・利子率・利子支払方法等を参酌して「資本市場と金融投資業に関する法律」によって認可を受けた２つ以上の投資売買業者又は投資仲介業者、会計法人、税務法人が評価した金額の平均額ですることができます。

6 転換社債の評価

転換社債とは、社債の形態で発行されたが、社債権者の請求によって、前もって決定された条件で発行会社の株式に転換することができる社債をいいます。

(1) 韓国取引所で取引される転換社債の評価

国債等の評価方法を準用して評価します。

① 取引実績がある場合

転換社債の評価額＝Max（イ，ロ）

イ 評価基準日以前２か月間に公表された買入れの有価証券市場最終時価の平均額

ロ 評価基準日以前最近日の最終時価

② 評価基準日以前２か月の期間中に、取引実績がない場合

イ 他人から買入れした転換社債

＝買入価額＋評価基準日までの未収利子相当額

ニ イ以外の転換社債

＝処分予想金額

処分予想金額の算定が困難な場合には、投資売買業者等の評価額の平均額

(2) 韓国取引所で取引されない転換社債の評価

次の価額によって評価され、２以上の投資売買業者等の評価した金額の平均額で評価することができます。

① 転換禁止期間中の転換社債の評価

$$\text{転換社債の評価額} = \left\{ \frac{\text{満期償還金額}}{1 + \left[\text{Min}(R, r) \right]^n} \right\} + \text{評価基準日までの利子相当額}$$

　　R = 社債発行利率
　　r = 企画財政部令が定める利子率（適正割引率）：8％

② 転換等が可能な期間中にある転換社債の評価

転換社債の評価額 = Max（イ，ロ）

イ $\left\{ \dfrac{\text{満期償還金額}}{1 + \left[\text{Min}(R, r) \right]^n} \right\} + \text{評価基準日までの利子相当額}$

　　R = 社債発行利率
　　r = 転換割引率

ロ　転換できる株式価額 − 配当差額

$$\text{配当差額} = \frac{\text{株式又は出資持分1株当たり額面金額} \times \text{直前期配当率} \times \text{新株発生日が属する事業年度開始日から配当起算日までの日数}}{365}$$

7　貸付金・売掛金、受取手形等及び入会金・保証金等の債権価額の評価

　貸付金・売掛金、受取手形等及び入会金・保証金等の債権価額は、元本の回収期間、約定利子率及び金融市場で形成される平均利子率等を勘案して評価します。
　ただし、債権の全部又は一部が評価基準日現在回収が不可能なものと認められる場合にはその価額を算入しません（韓相令58②）。

(1) 回収期間が5年を超えたり会社整理手続等で内容が変更された場合

　貸付金等の元本の回収期間が5年を超えたり、会社整理手続の開始等の事由で当初債権の内容が変更された場合には、各年度に回収する金額（元本＋利子相当額）を利子率8％によって現在価値で割引した金額の合計額によります（韓相規18の2）。

$$\text{評価額} = \sum_{n=1}^{n} \frac{\text{各年度別に回収する金額（元本＋利子相当額）}}{(1 + \text{適正利率}^{※})^n}$$

　　n = 評価基準日から回収日が属する年数
　　※適正利率：2011年7月26日以後：8％

(2) 回収期間が5年未満である貸付金等の場合

　元本価額に評価基準日までの未収利子相当額を加算した金額で評価します（韓相規18の2②）。

8　預金・貯金・積金等の評価

預金・貯金（貯蓄）・積金等の評価は、評価基準日現在の預入総額（預金等残額）と同日現在すでに経過した未収利子相当額の合計額から、源泉徴収税額相当額を差し引いた価額で評価します（韓相法63④）。

$$評価額＝預入金額＋未収利子相当額－源泉徴収税額相当額$$

9　無体財産権の評価

無体財産権は、特許権・実用新案権・商標権・デザイン権・著作権等をいいます。
2014.1.1以後属する贈与分から、次の①と②の評価方法中、大きい価額で評価します。

① 買入れした無体財産権の評価（韓相法64①、韓相令59①）

$$評価額＝取得額－買入した日から評価基準日までの減価償却費相当額＊$$

＊減価償却費相当額＝

$$買入価額 \times \frac{買入時価から評価基準日までの総月数}{法人税法上無形固定資産の耐用年数（総月数）}$$

※　1か月未満の月数は1か月とします。

② 一般的な評価方法

特許権・実用新案権・商標権・デザイン権等は、その権利によって将来に受ける各年度の収入金額を現在価値で換算して評価します。

$$\sum_{n=1}^{n} \frac{各年度の収入金額}{\left(1+\frac{10}{100}\right)^n}$$

n＝評価基準日からの経過年数

評価基準日からの最終経過年数は、当該権利の存続期間から評価基準日前日まで経過した年数を差し引いて計算します。この場合、評価基準日からの最終経過年数が20年を経過する時には、20年とします（韓相規19③）。

10　営業権の評価

営業権の評価は、超過利益金額を評価基準日以後の営業権の持続年数（原則的に5年）を勘案して換算した価額によります（韓相令59②）。ただし、買入れした無体財産権として、その性質上営業権に含めて評価される無体財産権の場合には、別途に評価せず、当該無体財産権の評価額が換算した価額より大きい場合には、当該価額を営業権の評価額とします。

営業権の買入れをした場合で、その評価額（買入価額－減価償却費）が下記の算式によって算定した金額より大きい場合には、その評価額とします（韓相令59②）。

財産評価編

$$営業権 = \sum_{n=1}^{持続年数} \frac{自己資本利益率超過純損益額^※}{(1+0.1)^n}$$

n＝評価基準日からの残存年数

※自己資本利益率超過純損益額

$$= \left[\begin{array}{c} 直近3年間（3年未達時は \\ 当該年数）^{(注1)}の純損益額 \\ の加重平均額^{(注2)} \end{array} \times \frac{50}{100} \right] - \left[\begin{array}{c} 評価基準日現在 \\ の自己資本^{(注3)} \end{array} \times \frac{10}{100} \right]$$

(注)1　評価基準日以前の各事業年度が２又は１の事業年度しかない場合にも、その２又は１の事業年度の純損益額を基準として加重平均して営業権を評価します。

　　　この場合、評価基準日が属する事業年度に事業を開始して評価基準日以前の事業年度の純損益額がない場合には営業権価額は０Ｗとなり、営業権を包む全純資産価額である自己資本が０以下の場合にも０とします。

　　　※　自己資本が確認できない場合は、次のイ、ロのうち大きい方の金額とします。

　　　　イ　事業所得金額／自己資本利益率
　　　　ロ　収入金額／自己資本回転率

(注)2　非上場株式の評価時１株あたりの純損益価値を計算する方法を準用します。

(注)3　自己資本とは、韓相贈税法施行令第55条第１項によって計算した純資産価額をいい、資産総計から負債総計を控除して計算します。

(参考)　営業権関連の解釈事例（営業場が２つ以上であるときの営業権の評価額の通算可否）

　負数（−）の営業権価額と正数（＋）の営業権価額は通算できない。即ち、営業権の評価時営業権が２つ以上であったとしても各営業権の評価価額を通算して算定できない（韓国大法院2000ド7766、2002.4.12）。

11　仮想資産の評価

仮想資産とは「特定金融取引情報の保護及び利用等に関する法律」第２条第３号の仮想資産をいいます。

2022.1.1以後、韓相贈法第65条第２項による仮想資産の価額は、次の区分によって評価した価額とします（韓相令60③）。

(1)「特定金融取引情報の保護及び利用等に関する法律」第７条によって申告が受理された仮想資産業者中、国税庁長が告示する仮想資産事業者の事業場で取引される仮想資産

　　評価基準日前後各１か月のうちに当該仮想資産事業者が公示する一日平均価額の平均額

(2)　その他の仮想資産

　(1)に該当する仮想事業者以外の仮想事業者及びこれに準ずる事業者の事業場で公示する取引日の一日平均価額又は終了時刻に公示された時価額等合理的に認定される価額

財産評価編

Q7 韓国相続税及び贈与税法における株式の評価方法

韓国相続税及び贈与税法における株式の評価は、日本と同じように、上場、非上場を区別しているのでしょうか。区分して評価するならば、相続及び贈与においての具体的な評価方法について説明願います。

A

1　韓国における有価証券が取引される市場

　韓国における有価証券が取引される市場は、韓国取引所の有価証券市場、コスダック市場、コーネックス市場、K-OTC市場等に区分することができます。相続税及び贈与税法では、有価証券の市場で取引される株式の種類によって、各々の評価方法を区分しています。

　有価証券が取引される市場の種類は一般的に下記のように分類されています。

(1)　有価証券市場

　2005.1.27に、韓国証券取引所、コスダック市場、先物取引所が統合され、韓国証券先物取引所ができました。従前の証券取引所の市場が有価証券市場という名称に変更されました。

　有価証券市場に上場された株券を発行した法人を株券上場法人と呼び、同市場では株式、債券、外国株券と債券及び外国株式預託証書、株式ワラント証券等を運営しています。2009.2.4以後、資本市場と金融投資業に関する法律により、韓国取引所に名称を変えました。

　相続税及び贈与税法では、有価証券市場に上場された株式の場合、一定期間における毎日の最終時勢価額の平均額を時価と見るように規定しています。

(2)　コスダック市場

　従前の協会仲介市場がコスダック市場に名称変更され、運営されているものです。

　相続税及び贈与税法では、コスダック市場上場株式も有価証券市場上場株式と同じく、一定期間における毎日の最終時勢価額の平均額を時価と見るように規定しています。

(3)　コーネックス市場

　資本市場を通した初期の中小企業支援を強化して創造経済生態形基盤を組成するために開設された中小企業専用有価証券市場です。

　相続税及び贈与税法では、コーネックス市場で取引される株式は一般の非上場株式の評価方法によって評価するようにしています。

(4)　K-OTC市場（韓国場外市場）

　非上場株式の売買取引のために韓国金融投資協会が「資本市場及び金融投資業に関する法律」により開設、運用する制度化、組織化された場外市場をいいます。

一般非上場株式と同一に見て、非上場株式の評価方法により評価します。

(5) 場外市場

場外市場とは、韓国取引所等と同じく組織化された市場の外に証券会社の窓口で行われる取引及び投資家の相互間での直接的な接触と協議で成り立つ取引等非組織的であって抽象的な市場を意味しており、制度権市場と比較した相対的用語ということができます。

〇 有価証券上場株式やコスダック市場の上場株式は場外で取引する場合にも、一定期間における最終時勢価額の平均額を時価と見るようにしています。一方、非上場株式は、評価期間内の客観的な交換価値を反映した売買取引がある場合、これを時価と見ていますが、時価がない場合には、株式発行法人の純資産価値と純損益価値を加重平均して評価します。

2 株式評価にあたっての留意点

韓国相続税法は、遺産課税方式を採っていることから被相続人を主体として株式評価をしますが、日本相続税法は遺産取得課税方式を採っていますので、相続人を主体として株式評価をします。なお、贈与税は日本及び韓国とも受贈者を主体として株式評価をします。

そのことから、次の例のような評価額の違いがでてきますが、今後の検討課題となる点も多々あると考えます。

(例)
・被相続人……韓国居住者（韓国無制限納税義務者）
・相続人………日本居住者（日本無制限納税義務者）

☞ 韓国において被相続人の相続株式が最大株主の増割評価の対象となっても、日本相続税法上相続人の相続株式評価には増割評価の適用がありません。

☞ 非上場株式（取引相場のない株式）の評価にあたって、被相続人に適用した評価方式が必ずしも相続人に（持株数にもよりますが）同一の評価方式を適用して、評価額とすることにはなりません（例：韓国：純資産方式、日本：類似業種比準方式・配当還元方式）。

3 有価証券市場及びコスダック市場上場法人株式の評価

(1) 原則的評価方法

有価証券市場及びコスダック市場上場法人株式は、評価基準日（相続開始日、贈与日）以前・以後各2か月間に公表された毎日の韓国取引所の最終時価の平均額により評価します（韓相法63①）。

(2) 例外的評価方法

平均額の計算の際に、評価基準日以前・以後の各2か月の期間中に増資・合併等の事由で新株が発生し、当該平均額によることが不適当な場合は、評価基準日以前・以後の各2か月の期間中は、

イ　評価基準日以前に増資・合併等がある場合には、増資・合併等が発生した日の翌日から評価基準日以後2か月になる日までの期間の間の毎日の最終時価の平均額で評価します。

ロ　評価基準日後に増資・合併等がある場合には、評価基準日以前の2か月になる日から増資・合併等の事由が発生した日の前日までの期間の間の毎日最終時価の平均額で評価します。

ハ　評価基準日前・後に増資・合併等がある場合には、評価基準日以前等事由が発生した日の翌日から評価基準日以後等事由から発生した日の前日までの期間の最終時価の平均額で評価します。

(2)　有価証券市場上場及びコスダック市場上場法人株式の評価についての韓国・日本相続税法の相違点

項　目	相　違　点
評価基準	韓国は有価証券市場及びコスダック市場上場法人株式を評価基準日以前・以後の各2か月間の時価平均額とするように規定していますが、日本は、評価基準日の時価とそれ以前の3か月の各月等の時価平均額のうち、最も低い価額で評価することとしています。
最大株主の割増評価制度	韓国のこの規定は日本にはありません。
特殊関係者の中の「親族」の範囲	日本相続税法上も同様の「同族関係者」の定義がありますが、韓国・日本の民法上で定義されている「親族」の範囲の違いに留意する必要があります。 韓国民法第777条（親族の範囲）：8等親以内の血族。ただし、大株主判定時の税法上の親族の範囲は4等親以内の姻族、配偶者 日本民法第725条（親族の範囲）：6等親以内の血族、3等親以内の姻族、配偶者

4　有価証券市場上場推進中である株式の評価

法人が企業公開するために金融委員会に登録申告をした法人等の株式は、未だ上場されていないので、非上場株式とすることができます。

しかし、上場推進中である株式は、たとえ非上場株式といえども公募価額によって時価確認が可能であるので、一般的である非上場株式とは異なる評価をします（韓相法63②）。

(1)　有価証券市場上場推進中である株式の評価

次の①又は②のうち、いずれか大きい金額で評価します。

①　資本市場及び金融投資業に関する法律によって、金融委員会が定める基準により決定された公募価額

②　コスダック市場上場法人株式等の評価方法によって評価した当該株式等の価額（この価額がない場合には、非上場株式評価規定による評価額）

(2) コスダック市場推進中である株式の評価

次の①又は②のうち、いずれか大きい金額で評価します。
① 上記(1)①と同じ
② 相贈法第63条第1項第1号夕目（非上場株式）により評価した当該株式等の価額

5 未上場株式等の評価

(1) 未上場株式の評価方法

未上場株式とは、韓国取引所に上場（コスダック市場上場を含みます。）されている法人の株式のうち、当該法人の増資によって取得した新株式で評価基準日現在上場されていない株式をいいます。この未上場株式の評価額は、下記①の額から②の額を差し引いた額となります（韓相贈令57③）。

① 韓国取引所に上場されている当該法人の株式に対する評価基準日以前・以後の各2月間の韓国取引所の最終時価額（取引実績の有無を問わない）の平均額
② 配当差額（韓相贈規18②）

配当差額＝1株あたりの額面価額×直前期の配当率×新株の発行日が属する事業年度の開始日から配当起算日の前日までの日数÷365

※ 配当起算日とは、新株発行の効力発生時期の〝株（出資）購入金の納入日の翌日″をいいます（韓商法423①）。

(2) 増資の基準日から上場される前までの期間中の評価方法

① 新株の購入金を被相続人（贈与者）が納入した場合

上場法人が有償・無償増資をして、新株がまだ上場されていない時点で新株の株（出資）購入金を被相続人（贈与者）が納入した後に相続開始（贈与）が行われた場合には、すでに上場されている旧株式とまだ上場されていない新株式全てが課税対象になります。この場合、評価額は次のように区分されます。

イ 旧株式の評価

上場株式の評価方法（評価基準日の前後の2か月間の最終時価の平均額）

ロ 新株式の評価

旧株式の評価額－配当差額

② 新株の購入金を相続人（受贈者）が納入した場合

上場法人が有償・無償増資をして、新株がまだ上場されていない時点で新株（出資）の購入金を納入しない状態で相続開始（贈与）が行われ相続人（受贈者）が株金を納入した場合には、すでに上場されている旧株式と新株引受権が課税対象になります。この場合、評価額は次のように区分されます。

イ 旧株式の評価

上場株式の評価方法（評価基準日の前後の2か月間の最終時価の平均額）

ロ 新株式の評価

旧株式の評価額－配当差額－株購入納入額＝新株引受権

Q8 非上場株式の評価方法

非上場株式については、日本と同様に評価方法が定められているとのことですが、その計算方法（補充的評価方法）について説明願います。

A

1 非上場株式の評価の原則

韓国取引所で取引される有価証券市場上場法人の株式及びコスダック市場上場法人の株式ではないの株式を「非上場株式」といいます。

非上場株式も、不動産等と同じく評価基準日の前・後6か月（贈与財産の場合は前6か月、後3か月）以内に不特定多数の者間の客観的な交換価値を反映した取引価額又は競売・公売価額等の時価が確認される場合には、これを時価と認定して評価することができます。ただし、非上場株式の鑑定価額は時価と認められません。

しかし、非上場株式の時価の算定が困難な場合には、補充的な評価方法として純損益価値と純資産価値によって評価します。

2 時価算定が困難な場合の補充的な評価方法

(1) 時価の確認が困難な非上場株式は、1株当たり純損益価値と純資産価値による補充的評価方法で評価します。このとき、1株当たり純損益価値と1株当たり純資産価値をそれぞれ3と2の比率で加重平均した価額によることとなります。

ただし、不動産資産価額が資産総額の50％以上を占める法人（不動産過多保有法人：韓所法94①四タ目）の場合には、1株あたり純損益価値と純資産価値の比率をそれぞれ2と3とします。2018.4.1以後、加重平均と純資産価値の80％と比較して評価します。

（算式）
1株あたり評価額＝

$$\mathrm{Max}\left(\frac{\text{① 1株あたり純損益価値}\times 3 + \text{1株あたり純資産価値}\times 2}{5},\ \text{② 純資産価値}\times 80\%\ (2017.4.1\sim 2018.3.31:70\%)\right)$$

※ 不動産過多保有法人は、純損益価値2、純資産価値3の比率を使用します。

(2) 非上場株式を韓国相贈法第63条第1項第1号タ目で評価するに当たって、他の非上場法人の株式（自己株式と自己出資持分を除く）を10％以下所有している場合には、その他の非上場株式の時価の計算は、韓国法人税法施行令第74条第1項第1号マ目（移動平均法）による取得価額によることができます。ただし、2009.2.4以後最初に非上場株式を評価する分から、韓国相贈法第60条第1項による時価があれば、その時価を優先して適用します（韓相贈令54②）。

財産評価編

3　評価基準日

非上場株式の相続及び贈与と関連して、評価の基準時点である評価基準日は、財産評価の基準時点と同じです。

○　非上場株式の評価方法の計算式

【図の説明】
二重枠の算式が1株あたりの株式評価額を求めるものですが、そこにたどり着くまでの計算式が破線枠内の算式です。

-270-

4　純資産価値のみで評価する場合

　将来の収益力を推定する必要がない精算法人又は休廃業法人、継続した欠損法人など純損益価値の推定が困難な法人に対しては、純資産価値のみで評価することとしています。

　以下に該当する法人の非上場株式については、純資産価値のみで評価することとなります（主な例を挙げています。）。

① 　相続税・贈与税の申告期限内に清算が進行中である法人や、事業者の死亡等によって事業の継続が困難だと認定されている法人
② 　事業開始前の法人
③ 　事業開始後３年未満の法人（評価基準日から逆算して３年以内に事業を開始した法人）
④ 　休業又は廃業中の法人
⑤ 　法人の業績に関係なく、資産総額に占める不動産等の総額が80％以上である法人
⑥ 　法人の資産総額中、株式等の価額の合計額が占める比率が80％以上である法人
⑦ 　法人の設立時、定款に存続期限が設定されていて、評価基準日現在残り存続期限が３年以内の法人

5　不動産過多保有法人の評価

　不動産過多保有法人とは、当該法人の資産総額のうち次の資産価額の合計額が占める比率が、50％以上の法人をいいます。

① 　土地又は建物（附属された施設物と構築物を含みます。）
② 　不動産を取得できる権利
③ 　地上権
④ 　伝貫権と登記された不動産の賃借権

　※ 　不動産の過多保有法人の判定にあたっての資産総額に占める不動産価額は、当該法人の帳簿価額（2011.1.1以降の土地建物は基準時価と帳簿価額のうち大きい金額、2010.12.31以前の土地は基準時価）で判断し、次に掲げる資産は資産価額に含めません（韓所令158③）。

　　イ　開発費
　　ロ　使用収益寄付の資産価額
　　ハ　評価基準日から遡って１年になる日から評価基準日までの期間中借入金又は増資によって増加した現金・金融資産（韓相贈法第22条の規定による金融資産）及び貸付金の合計

（計算式）

$$1株あたり評価額 = \frac{1株あたり純損益価値 \times 2 + 1株あたり純資産価値 \times 3}{5}$$

6　評価審議委員会を通した評価

　大部分の非上場株式は、市場性が不足し、取引時価を確認して評価することが簡単ではなく、補充的評価方法が主に利用されています。

　一方、税法で定めた補充的評価方法は、法的安定性等を考慮して純資産価値と純損益価値によるよう画一的に規定しているため、具体的である個別会社の特性を勘案することが考慮され、企業の実質価値に比べて過大又は過少に評価される事例があります。

　そこで、まず、非上場中小企業中、過大評価される株式に対して適正な評価をしようと、委員会評価制度が導入されました（2005.1.1以後）。

　すなわち、非上場中小企業の株式中、補充的評価価額が当該中小企業と業績、資本金、売上額の規模等に類似した上場法人及びコスダック上場法人の株価に比して不合理な場合には、納税者が、国税庁に設置された評価審議委員会に非上場株式の評価を申請することができます。

　2017.7.1以後相続贈与分から、評価審議委員会非上場株式価額審議対象に現金フロー割引法、配当フロー割引法及びこれに準ずる方法として一般的に公正妥当なものとして認定される方法によって評価した価額が含まれています。

　このことは、中小企業の中でも売上規模や従業員数の多い企業については類似業種上場企業株価を斟酌するものと理解できます。

　すなわち、韓国での非上場株式の評価について日本の類似業種比準方式的な考え方が取り入れられていると見ることができます。

　日本税法での非上場株式評価と韓国税法による非上場株式評価の差異を埋める方法として、評価審議委員会を通した評価を積極的に活用することが勧められます。

Q9 純損益価額及び純資産価額を算定するための計算フロー

韓国相続税法による非上場株式の評価を計算する中で、純損益価額及び純資産価額を簡便に計算方法を理解するにあたり、計算フローでの説明を願います。

A

非上場株式の評価にあたっては、純損益価額計算書及び純資産価額計算書がありますので、それに基づいて算定するのがよいでしょう。

純損益価額及び純資産価額を算定するにあたって、税務上の加算・減算項目があります。それぞれの計算フローは以下のとおりです。

① 純損益価値の計算フロー（主要項目のみ）

〈評価審議委員会 運用規定 別紙 第4号 書式 附表3〉
〈평가심의위원회 운영규정 별지 제4호 서식 부표3〉 (2021.3.4. 개정)

(단위 : 원) (単位 : W) (제6쪽)

7. 순손익액 7. 純損益額

평가기준일 1년, 2년, 3년이 되는 사업연도	評価基準日 1年、2年、3年になる事業年度			
① 각 사업연도 소득금액	① 各事業年度 所得金額			

所得에加算하는金額	소득에가산할금액	② 국세, 지방세 과오납에 대한 환급금이자	② 国税、地方税、過誤納に対する還付金利子			
		③ 수입배당금 중 익금불산입액	③ 収入配当金中益金不算入額			
		④ 이월된 기부금 손금산입액	④ 繰り越された寄附金損金算入額			
		⑤ 이월된 업무용승용차 관련 손금산입액	⑤ 繰り越された業務用乗用車関連損金算入額			
		⑥ 외화환산이익(법인세 계산시 해당 이익을 반영하지 않은 경우)	⑥ 外貨換算利益（法人税加算時当該利益を反映しない場合）			
		⑦ 그 밖에 기획재정부령으로 정하는 금액	⑦ その他に企画財政部令で定める金額			
	가. 소계(①＋②＋…⑦)		小計（①＋②＋…⑦）			
所得에서控除하는金額	소득에서차감할금액	⑧ 당해 사업연도의 법인세액	⑧ 当該事業年度の法人税額			
		⑨ 법인세액의 감면액 또는 과세표준에 부과되는 농어촌특별세액, 지방소득세액	⑨ 法人税額の減免額又は課税標準に賦課される農漁村特別税額、地方所得税額			
		⑩ 벌금, 과료, 과태료, 가산금 및 체납처분비 손금불산입액	⑩ 罰金、過料、過怠金、加算金及び滞納処分費損金不算入額			
		⑪ 법령에 따라 의무적으로 납부하는 것이 아닌 공과금 손금불산입액	⑪ 法令によって義務的に納付することではない公課金損金不算入額			
		⑫ 징벌적 목적의 손해배상금 등에 대한 손금불산입액	⑫ 処罰的目的で損害賠償金等に対する損金不算入額			
		⑬ 각 세법에서 규정하는 징수불이행으로 인해 납부하였거나 납부할 세액	⑬ 各税法で規定する徴収不履行によって納付したり納付する税額			
		⑭ 과다경비 등의 손금불산입액	⑭ 過多経費等の損金不算入額			
		⑮ 기부금 손금불산입액	⑮ 寄附金損金不算入額			
		⑯ 접대비 손금불산입액	⑯ 接待費損金不算入額			
		⑰ 업무와 관련 없는 비용 손금불산입액	⑰ 業務と関連のない費用損金不算入額			
		⑱ 업무용승용차 관련 비용의 손금불산입액	⑱ 業務用乗用車関連費用の損金不算入額			
		⑲ 지급이자의 손금불산입액	⑲ 支払利子の損金不算入額			
		⑳ 감가상각비 시인부족액에서 상각부인액을 손금으로 추인한 금액을 뺀 금액	⑳ 減価償却費算入不足額から償却否認額を損金として追認した金額を除いた金額			
		㉑ 외화환산손실(법인세 계산시 해당 손실을 반영하지 않은 경우)	㉑ 外貨換算損失（法人税計算時当該損失を反映しない場合）			
		㉒ 그 밖에 기획재정부령으로 정하는 금액	㉒ その他に企画財政部令で定める金額			
	나. 소계(⑧＋…㉒)		小計（⑧＋…㉒）			
	다. 순손익액(가 - 나)		純損益額			
	라. 유상증(감)자시 반영액		有償増(減)資時反映額			
	마. 순손익액(다 ± 라)		純損益額			
	바. 사업연도말 주식수 또는 환산주식수		事業年度末株式数又は換算株式数			
	사. 주당순손익액 (마÷바) 充当純損益額			㉓	㉔	㉕
	아. 가중평균액 {(㉓×3＋㉔×2＋㉕)/6}		加重平均額 {(㉓×3＋㉔×2＋㉕)/6}			
	자. 기획재정부령이 정하는 율		企画財政部令で定める率			
	차. 최근 3년간 순손익액의 가중평균액에 의한 1주당 가액 (아÷자)		最近3年間純損益額の加重平均額による1株当たり価額			

② 純資産価額計算フロー（主要項目のみ）

純資産価額の計算を法人の貸借対照表上から求める場合のフローは、おおむね次のとおりとなります。

③ 貸借対照表上の資産価額に基づく資産総額の計算フロー

主要な加算項目及び減算項目を図示すると、おおむね次のとおりです。

④ 貸借対照表上の負債価額に基づく負債総額の計算フロー（主要項目のみ）

主要な加算項目及び減算項目を図示すると、おおむね次のとおりです。

(注) 韓国における負債総額の計算にあたって「退職金推計額」を含めている点に留意が必要です。日本相続税法での株式評価について、役員死亡退職金は未払金として債務計上しますが、使用人の退職金推計額は負債としていないことに違いがあります。

〈評価審議委員会 運用規定 別紙 第4号 書式 附表3〉
〈평가심의위원회 운영규정 별지 제4호 서식 부표3〉(2021.3.4. 개정)

(단위 : 원) (単位 : ₩)　　　　　　　　　　　　　　　　　　　　　　　　(제2쪽)

4. 순자산가액　　4. 純資産価額

가. 자산총액　　資産総額

① 재무상태표상의 자산가액	① 財務状態表(貸借対照表)上の資産価額	
② 평가차액	② 評価差額	제4쪽 5. 평가차액 "가"
③ 법인세법상 유보금액	③ 法人税法上留保金額	
④ 유상증자 등	④ 有償増資等	
⑤ 기타(평가기준일 현재 지급받을 권리가 확정된 가액 등)	⑤ その他(評価基準日現在支払を受けた権利が確定された価額等)	
⑥ 선급비용 등	⑥ 前払費用等	
⑦ 증자일 전의 잉여금의 유보액	⑦ 増資日前の剰余金の留保額	
⑧ 소계(①+②+③+④+⑤-⑥-⑦)	⑧ 小計 (①+②+③+④+⑤-⑥-⑦)	

나. 부채총액　　負債総額

⑨ 재무상태표상의 부채액	⑨ 財務状態表(貸借対照表)上の負債額	
⑩ 법인세	⑩ 法人税	
⑪ 농어촌특별세	⑪ 農漁村特別税	
⑫ 지방소득세	⑫ 地方所得税	
⑬ 배당금·상여금	⑬ 配当金・賞与金	
⑭ 퇴직급여추계액	⑭ 退職給与推定額	
⑮ 기타(충당금 중 평가기준일 현재 비용으로 확정된 것 등)	⑮ その他(充当金中評価基準日現在において確定されたもの等)	
⑯ 제준비금	⑯ 諸準備金	
⑰ 제충당금	⑰ 諸充当金	
⑱ 기타(이연법인세대 등)	⑱ その他	
⑲ 소계(⑨+⑩+⑪+⑫+⑬+⑭+⑮-⑯-⑰-⑱)	⑲ 小計 (⑨+⑩+⑪+⑫+⑬+⑭+⑮-⑯-⑰-⑱)	

다. 영업권포함전 순자산가액(⑧-⑲)　　タ. 営業権含む前純資産価額 (⑧-⑲)

라. 영업권　　ラ. 営業権　　　　　　　　　　　제5쪽 6. 영업권 "자"

마. 순자산가액(다 + 라)　　営業権 (タ+ラ)

評価額の計算

(단위: 원) （単位：₩） (제4쪽)

5. 평가차액　5．評価差額				순자산가액　純資産価額			
가. 평가차액 계산 (① - ②) 評価差額計算(①－②)				제2쪽 4. 순자산가액 "가"의 ② 기재			
자산금액　資産価額				부채금액　負債価額			
勘定 계정 科目 과목	상증법에 따른 평가액 相贈法に よる評価額	재무상태표 상 금액 財務状態表上 の金額	差額 차액 A	勘定계정 科目과목	상증법에 따른 평가액 相贈法に よる評価額	재무상태 표상 금액 財務状態表上 の金額	差額 차액 B
① 합계 合計				② 합계 合計			

財産評価編

Q10　韓国の割増評価制度

韓国固有の株式の評価制度として、被相続人が大株主であった場合に相続対象の有価証券の評価を割増評価する制度があるとのことですが、その内容について教えてください。

A

1　韓国の最大株主等が所有する株式等の割増評価制度とは

非上場会社の支配株主が所有する株式は、経営権と関係があって少数株主が所有する株式に比べて譲渡性等に差異があり、取引現実上一般的に、その価値が高く評価される点を反映しようとするものが「最大株主等の株式等の割増評価制度」です。いわば、日本の法人税における企業支配株式の評価に近い制度といえましょう。

当該支配株主の株式が移転されることで、現実的に経営権移転の結果が発生するのかどうかにより、その株式の評価が異なってくるという趣旨の規定ではないとされています。

1997.1.1以後から上場株式等についても割増評価対象に含まれました。

最大株主等の持分率	割増比率※（2003年以後）		2020.1.1以後
	非中小企業	中小企業	非中小企業
50％以下	20％	10％	20％
50％超	30％	15％	

※　中小企業の場合は、2005．1．1から2020.12.31までの期間の相続・贈与については、割増評価を排除。

2　最大株主等の範囲

「最大株主等」とは、株主1人及びそれと特殊関係にある株主（特殊関係にある株主グループ）が評価基準日現在保有している議決権のある株式等の合計を株主グループ別に計算して、当該法人において保有持分率が一番大きい株主グループに属するすべての株主をいいます。

この場合、次の事項に留意する必要があります。

① 最大株主等が保有する株式の持分率の計算は、評価基準日から遡及して1年以内の譲渡、又は贈与した株式を合算して計算します。

② 保有株式の合計が同一な最大株主等が2以上（すなわち、持分率が同じ場合）である場合には、全てを最大株主と見ます。

(注)　韓国は被相続人を中心として判断しますが、日本の同族株主のいる会社の株主及び評価方式の判定は、相続人毎に判定します。

3　割増評価が適用されない場合

経営権プレミアムが形成されていると見ることが困難であるとか、経営権プレミアムが反映された取引価額を時価と認定する場合等には、割増評価をしないようにしています。

①　純損益価値を評価する直前３事業年度の所得が継続して欠損金である場合
②　最大株主等が特殊関係にない者に売り渡した価額が時価と認定された場合
　　これは相続（贈与）日前後６か月（前６か月・後３か月）内に最大株主等の株式が全部売り渡された場合です。
③　合併・増資・減資・現物出資又は転換社債の贈与利益
④　循環出資株式（１次出資分に限定して割増評価）
⑤　事業開始３年未満の法人で営業利益がすべて欠損である法人の株式
⑥　相続・贈与税申告期限以内に清算が確定した法人の株式
⑦　最大株主等ではない者が、同一の贈与財産合算課税期間である10年以内に最大株主等が保有した株式を相続又は贈与を受けた場合で、相続又は贈与によって最大株主等に該当しない場合
⑧　名義信託贈与擬制で株式等を名義者が実際所有者から贈与を受けたことと見る場合

（参考）特殊関係人の範囲（韓相令２の２）
　本人と親族関係、経済的関連関係又は経営支配関係等大統領令で定める関係にある者とは、次のいずれか１つに該当する者をいいます。
①　親族及び直系卑属の配偶者の２親等以内の血族とその配偶者
②　使用人あるいは本人の財産で生計を維持している者
③　次の各目のいずれか１つに該当する者
　　イ　本人が個人である場合：（略）
　　ロ　本人が法人である場合：（略）

Q11 韓国株式市場における株式管理ポストに指定された株式の評価方法

韓国においても、上場株式管理ポストに指定された株式があるかと思います。これらの株式を相続するに当たり、その評価はどのようにすればよいのでしょうか？

A

2017.2.7以後、評価基準日前後2か月以内に取引所が定める基準によって売買取引が停止されたり、管理種目として指定された期間の一部又は全部が含まれている株式等（適正に時価を反映して正常的に売買取引が成り立つ場合は除外）は、補充的評価方法を適用します。

ただし、公示義務違反及び事業報告書提出義務違反等によって管理種目として指定・公示されたり、登録申請書虚偽記載等によって一定期間売買取引が停止された場合で適正に時価を反映して正常的に売買取引が成り立つときは、上場株式と同一の方法（評価基準日以前・以後各2か月間に公表された毎日の取引所最終時価の平均額）で評価します。

Q12 日本と韓国における非上場株式の評価方法の違い

非上場株式を評価するに当たって、日本と韓国の評価方法の違いは、どのような点があるのでしょうか。

A

日本と韓国における非上場株式の評価方法の違いには、いくつかあります。

大きな違いとしては、①日本においては少数株式に対する配当還元方式があるが韓国にはその方法はないこと。②日本においては、株式保有特定会社及び土地保有特定会社に係る特定評価方法がありますが、韓国においては不動産過多保有法人に係る特定評価方法があります。その他にも、③純資産価額（価値）の評価の計算方法に差異があります。

これら評価方法の違いについてまとめると、次表のとおりです。

○ 日本と韓国における非上場株式の評価方法の違い

	日本税法	韓国税法
評価方法	①純資産価額 ②類似業種比準 ③配当還元	①純損益価値＋純資産価値 ②純資産価値
特定評価対象法人	①株式等保有特定会社 ②土地保有特定会社	①不動産過多保有法人
割増評価法人	─	最大株主グループに係る評価割増特例 2019.12.31まで 　50％超保有→30％評価増（中小企業は15％） 　50％以下保有→20％評価増（中小企業は10％） 2020.1.1以後 　中小企業を除く企業の最大株主は20％の割増

Q13　抵当権等が設定された財産の評価の特例

抵当権等が設定された財産を相続・贈与した場合の財産の評価はどのようにするのでしょうか。

A

担保債権額の通常時価より高くなることはないが、基準時価よりは高いこともあってより時価に近接した価額で課税しようとする目的と万一基準時価が債務額より小さい場合にあって基準時価で評価しなければならないなら、当該評価価額が債務額より小さくなる問題等を防止するために抵当権設定財産の評価方法を規定しています。

1　抵当権等が設定された財産とは
抵当権等が設定された財産等は、次の財産をいいます。
① 抵当権又は質権が設定された財産
② 譲渡担保財産
③ 先貫権（チョンセケン）が登記された財産
④ 委託者の債務履行を担保する目的で一定の信託契約を締結した財産

2　抵当権等が設定された財産の評価方法
次の評価方法によります。

　　Max（①，②）
　　① 評価基準日現在の当該財産の時価又は補充的評価価額
　　② 評価基準日現在の当該財産が担保する債権額等で評価した価額

譲渡所得編

(注) 本文中の税法規定に係る記述は、特に断りのない限り韓国税法規定（条文）を示します。

譲渡所得編　目次

Q1　譲渡所得課税制度の概要　　288
Q2　譲渡所得の課税体系　295
Q3　譲渡所得税の納税義務者　　298
Q4　資産の取得又は譲渡の時期　301
Q5　譲渡差益の算定方法　304
Q6　実地取引価額に含まれる価額とは　　306
Q7　取得価額及び必要経費の計算　　309
Q8　相続・贈与を受けた資産の取得価額の取扱い　　312
Q9　配偶者から贈与を受けた資産の取得価額の引継ぎ　314
Q10　譲渡所得金額の区分計算と通算　　317
Q11　長期保有特別控除制度　　319
Q12　譲渡所得基本控除　　320
Q13　譲渡所得税の非課税・減免制度　　321
Q14　譲渡所得税の税率体系　　324
Q15　外国納付税額の控除制度　　327
Q16　譲渡所得税の申告・納付制度　　328
Q17　決定・更正と加算税制度　　330
Q18　譲渡所得税の賦課除斥期間　332
Q19　非居住者の不動産等の韓国国内源泉所得に対する源泉徴収制度　　333
Q20　国外資産譲渡に対する譲渡所得税　335
Q21　所得区分と税金　　337
Q22　居住者への出国時国内株式等に対する税制特例（韓国版国外転出時課税）　338

Q1 譲渡所得課税制度の概要

韓国における譲渡所得の課税制度について説明願います。また、韓国譲渡所得課税制度の特色についても併せて説明願います。

A

1 課税対象

譲渡所得税は、所得税法上列挙された資産を譲渡する場合に課税されます。このとき、資産の譲渡とは、資産の登記・登録に関係なく所得税法上列挙された資産を売渡し、交換、法人に対する現物出資等で有償で事実上所有権が移転されることをいいます（韓所法88一）。

不動産の交換、収用、公売、競売等で所有権が移転される場合も資産の譲渡に該当して、譲渡所得税が課税されます。贈与者が受贈者に資産を贈与しながら当該資産に担保された贈与者の債務を受贈者が引受けする場合に相当する部分は事実上有償で移転されたことであり、贈与者は、その部分に対して譲渡所得税を納付する義務があります。

（図示）

（税務上の見方）

Q1－2　譲渡の範囲は？

譲渡とは資産に対して登記又は登録に関係なく売渡し、交換、法人に対する現物出資等によって、その資産が有償で事実移転されるものをいいます。

この場合の有償移転には、取引対価として金銭等を受領する積極的な資産の流入だけでなく、資産流入がない債務（物上保証債務を含む）の消滅対価として資産を移転する場合が含まれます。

Q1－3　課税対象資産の範囲は？

韓国所得税法第94条第1項で、譲渡所得の範囲を定めています。
① 土地及び建物の譲渡所得

② 次の不動産に関する権利の譲渡所得
　イ　不動産を取得できる権利
　ロ　地上権
　ハ　伝貰（チョンセ）権
　ニ　登記された不動産賃借権
③ 次の株式又は出資持分の譲渡所得
　イ　株券上場法人に該当する法人の大株主（注1）が譲渡する株式等又は該当しない者が証券市場での取引によらないで譲渡する株式等
　ロ　株券非上場法人の株式等
　ハ　外国法人が発行した株式等（証券市場に上場された株式等とその他資産該当株式を除く）
　ニ　内国法人が発行した株式等（外国委託機関が発行した「韓国所得税法施行令」第152条の2による証券委託証券を含む）として国内証券市場に類似した市場で海外証券市場にある市場に上場された株式等
④ その他資産の譲渡所得
　イ　事業に使用する不動産・不動産に関する権利と一緒に譲渡する営業権
　ロ　特定施設物利用権、会員権等
　ハ　特定株式等（注2）
　ニ　不動産過多保有法人の株式等（注3）
　ホ　不動産と一緒に譲渡する移築権（区分申告する場合を除く）
⑥ 派生商品の取引又は海外で発生する所得（韓所令159の2①）
　イ　コスピー200先物・オプション（2016.1.1以後最初に取引又は行為が発生する分から）
　ロ　ミニコスピー200先物・オプション（2016.7.1以後譲渡する分から）
　ハ　コスピー200株式ワラント証券（コスピー200ELW、2017.4.1以後譲渡する分から）
　ニ　コスダック150先物・オプション、KRX300先物、セクト・配当指数先物、コスピー200変動性指数先物　等
　ホ　海外派生商品市場で取引される派生商品
　ヘ　差益決済取引（CFD、2021.4.1以後譲渡する分から）

(注)1　大株主の要件
　　大株主の要件は、次の(1)(2)中、いずれか一つに該当する場合とされています（韓所令157④⑤）。
　　(1)　持分率要件
　　　　譲渡日が属する事業年度の直前事業年度の終了日現在、株主1人及びその他株主（下記①）が所有する株式等の合計額に占める比率（所有株式の比率）が、下記②の持分率以上である場合
　　(2)　時価総額要件
　　　　譲渡日が属する事業年度の直前事業年度の終了日現在、株主1人及びその他株主（下記①）が所有した当該法人の株式等の時価総額*が、下記②の適用時期別価額

である場合
　＊時価総額は、次の金額をいいます。
　　イ　有価証券市場、コスダック市場及びコーネックス市場上場法人の株式等
　　　　株式等の譲渡日が属する事業年度の直前事業年度終了日現在の最終時価額。ただし、直前事業年度終了日現在の最終時価額がない場合には、直前取引日の最終時価額
　　ロ　イに該当しない株式等
　　　　「韓国所得税法施行令」第165条第4項による評価額（基準時価）

① 大株主判定時特殊関係人（その他株主）の範囲

適用時期		その他株主
2016.4.1以後	最大株主	①血族（6親等）、姻族（4親等） ②配偶者（事実婚を含む）、親生子（嫡出子）等 ③株主、出資者等経営支配関係
	最大株主外	①直系尊卑属、配偶者（事実婚を含む） ②親生子（嫡出子）及びその配偶者、直系卑属（2018.2.13以後除外される） ③株主、出資者等経営支配関係
2023.1.1以後	最大株主	①血族（4親等）、姻族（3親等） ②配偶者（事実婚を含む）、親生子（嫡出子）等 ③株主、出資者等経営支配関係 ④婚姻と出生子の生父母
	最大株主外	——

② 大株主（上場法人及び税率適用）判定時持分率及び時価総額要件

（単位：％以上、億W以上）

適用時期	課税対象及び税率適用						税率適用			
	コスピー		コスダック		コーネックス		非上場		K-OTC取引ベンチャー企業	
	持分率	時価総額	持分率	時価総額	持分率	時価総額	持分率	時価総額	持分率	時価総額
2020.4.1～	1	10	2	10	4	10	4	10	4	40
（2024.1.1～）		(50)		(50)		(50)				

(注)2　特定株式（韓所法94①四タ目）

特定株式とは、次に該当する法人の株式又は出資持分をいいます。

このような特定株式は、当該株式等の譲渡だけで不動産の譲渡効果があると見て、当該株式の譲渡に対して不動産と同じく課税するようにしています。

○特定株式の要件（韓所法94①四タ目、韓所令158⑦）

　法人の資産総額のうち次の合計額が占める比率が50％以上である法人の株式であること
① 不動産の価額
② 当該法人の直接又は間接に保有する他の法人の株式価額にその他の法人の不動

産保有比率を乗じて算出した価額
(注)3 不動産過多保有法人の株式（韓所法94①四ラ目、韓所令158⑧）

不動産過多保有法人の株式とは、「体育施設の設置・利用に関する法律」によるゴルフ場・スキー場等体育施設業、「観光振興業」による観光事業中休養施設関連業及び不動産業・不動産開発業として「所得税法施行規則」第76条第2項で定める事業を営む法人として資産総額中不動産の保有比率が80%以上である法人の株式等をいいます。

この株式は証券市場上場か否かにかかわらず、1株のみ譲渡する場合であっても譲渡差益に対して譲渡所得税が課税されます。

Q1-4 譲渡と見る場合とは？

譲渡所得税が課される資産の譲渡とは、資産に対する登記、登録に関係なく、所得税法に列挙された売渡し、交換、法人に対する現物出資等によって、資産が有償で移転されるものをいいます。取引代価を金銭等で受領する直接的な資産の流入だけでなく、資産流入のない債務の消滅で資産を移転する場合も、移転に含まれます。有償譲渡が課税の前提ですので、無償譲渡は贈与税の課税対象となります。

(注) 韓国は有償譲渡が前提ですので、日本の「みなし譲渡課税」制度はないと筆者は理解しています。日本のみなし譲渡所得部分は、贈与税対象になると考えます。

（参考）国外資産譲渡所得の範囲（韓所法118の2）

居住者（当該資産の譲渡日まで継続して5年以上国内に住所又は居所を置いた者のみ該当する）の国外にある資産の譲渡所得が発生する場合には、譲渡所得税納税義務があります。

ただし、国外で外貨借入により取得した資産の譲渡で発生する所得として、為替変動による換算利益は譲渡所得の範囲から除かれます。

① 土地又は建物の譲渡所得
② 不動産に関する権利（不動産を取得することができる権利、地上権、伝貰（チョンセ）権及び不動産賃借権の譲渡所得
③ 国外にある資産として次のその他資産の譲渡所得
　イ　事業用固定資産（不動産・不動産に関する権利）と一緒に譲渡する営業権
　ロ　特定施設物利用権・会員権等
　ハ　特定株式等（前ページ(注)2参照）
　ニ　不動産過多保有法人の株式等

Q1-5 資産が有償で移転される場合とは？

資産の有償での移転は、ある行為に補償があるものをいい、現金で代価を受けるものは無論、組合員の地位を取得したり、債務の免除等資産を移転して報酬を受けるものは資産が有償で移転される場合に含まれます。

資産の有償移転事例	対価
売買（売渡し）	金銭
交換	不動産又は動産
法人に対する現物出資	株式又は出資持分
共同事業・組合への現物出資（※1・2）	組合員の地位
合意買収・収用	現金・債券又は換地
競売・公売・債権者の担保権執行で処分する場合（※3）、慰謝料を不動産で代物弁済する場合（※4）、負担付贈与	債務の減少

※1　共同事業に現物出資する場合：居住者が共同事業（住宅新築販売業等）を経営することを約定する契約によって、土地等を当該共同事業に現物出資する場合、登記に関係なく現物出資をした日又は登記受付日中早い日に、当該土地が有償譲渡されたものとみます。

※2　組合に現物出資する場合：不動産賃貸業を共同で営業するために数人が各々その所有土地を出資して賃貸用建物を新築する場合、組合に出資した出資者の個人財産とは別個の組合財産が成立して、組合員の合有となり、出資者はその出資の対価で組合員の地位を取得することとなります。

※3　債権者の担保権執行によって処分する場合：物上保証人に譲渡所得税の納税義務があります。

※4　慰謝料を不動産で代物弁済する場合：慰謝料支払に代えて当事者一方が所有していた不動産で代物弁済したときは、その資産を譲渡したものとみます。

Q1-6　譲渡と見ない場合

譲渡所得税法上、譲渡と見ない場合に該当する行為とされるものには、以下のものがあります（主要なもの）。

① 換地処分、保留地充当、土地の境界変更による分割
② 信託で所有権が移転される場合
③ 担保資産として所有権が移転される次の場合
　㋑　譲渡担保
　　譲渡担保とは、担保を目的として所有権を移転する表式をとることをいいます。債務者が譲渡担保契約を締結した場合には、譲渡担保契約書の写本を課税標準確定申告書に添付して申告する時にはこれを譲渡とみません。
　　ただし、譲渡担保契約を締結した後、その契約に違反したり、債務不履行によって当該資産を弁済に充当したときには、その時にこれを譲渡したものとみます（韓所令151①）。
　㋺　仮登記担保
　　仮登記担保とは、債権担保のために債務者所有不動産に代物弁済の予約又は売買予約等の仮登記を設置する表式による担保をいいます。
④ 名義信託解約
　信託者名義で登記していた不動産が裁判手続等によって信託財産であることが確認さ

れ、信託解約を原因として原状回復されることは、贈与税や譲渡所得税が課税されることにはなりません。

⑤ 売買原因無効によって資産が移転される場合

⑥ 離婚による財産分割

韓国民法第839条の２の規定による合意が成立し、離婚合意書に財産分割請求によって所有権移転することが確認できる場合、又は合意が成立せず家庭裁判所において財産分割請求権行使によって所有権移転が成り立つ場合には、離婚者の一方が当初取得時から自己持分である財産の還元を受けたものと見て、これを譲渡とはみません。

⑦ 共有物の分割

⑧ 土地取引許可を受けず無効の状態である場合の売買取引

土地取引許可区域内での売買契約等取引契約は、管轄官庁の許可を受けたもののみ効力が発生するため、許可を受ける前は、物権的効力は無論、債権的効力も発生せず、無効に該当し、取引許可を受けずに無効の状態にあるなら、売買代金が先に支払われて譲渡人がこれを保管していたとしても、資産の譲渡があったとはみません。

ただし、土地取引許可区域内の土地を許可なく売り渡した場合、その売買契約及び転売契約が無効だとしても、所有権移転登記が抹消されないまま残っていて売買代金も買受人又は第三者に返還されないまま、そのまま保有している時には例外的に売渡人等に譲渡所得税を課税することとなります。

⑨ 譲渡で移転されたが贈与推定された場合

イ　配偶者又は直系尊卑属に譲渡した資産の贈与推定（韓相法44①）

ロ　特殊関係者が介入した譲渡資産の贈与推定（韓相法44②）

○父（夫）に譲渡課税せずに、子（配）に贈与税を課税。

2　韓国譲渡所得課税制度の特色

韓国譲渡所得課税制度の日本譲渡所得課税制度と比較してみた特色は、以下の点にあります。

① 譲渡とは、有償によるものをいい、その有償が時価の代価であるかどうかは規定されていない。

② 上場株式の譲渡は原則非課税であるが、改正によって金融所得課税が導入されると、課税されることとなる。しかし、現在のところ当該法案の成立は延期されている。
③ 譲渡であっても、その取引形態によっては贈与税課税対象となる。
④ 日本の譲渡所得税制度以上に、韓国のその制度は複雑で、税率構成も数多い複数税率となっている。

Q2　譲渡所得の課税体系

韓国における不動産等の譲渡所得の課税は、総合所得課税なのでしょうか。それとも日本と同様に分離した課税体系なのでしょうか。

A

　居住者の譲渡所得に対する課税標準は、総合所得・退職所得に対する課税標準と区分して計算します。すなわち、日本の譲渡所得分離課税と同様な課税体系を採っています。
　非居住者の譲渡所得も、有価証券を除き居住者と同一の方法で計算、課税します。

1　譲渡所得税の計算

　譲渡所得税は、一般的に、次の下記フロー図のとおり計算します。
　なお、2024.1.1の改正で、韓国所得税法第92条により一般国民の譲渡所得税概略的理解の提供のため、譲渡所得税概略規定が新設されました。

韓国の譲渡所得税計算フロー図

譲渡価額	・実地取引価額 　　確認不能→売買事例価額、鑑定平均価額
（－）	
取得価額	・実地取引価額 　　確認不能→売買事例価額、鑑定評価価額、換算取得価額
（－）	
必要経費	・実地取引価額：資本的支出額＋譲渡費 ・売買事例価額、鑑定評価価額、換算取得価額、基準時価の3％適用
⇩	
譲渡差益	・譲渡価額－取得価額－必要経費
（－）	
長期保有特別控除	・保有期間3年以上である土地・建物・組合員入住権 ・譲渡差益×長期保有特別控除率（6～80％）
⇩	
譲渡所得金額	・譲渡差益－長期保有特別控除 ・国内資産、国外資産、それぞれの株式、株式と資産別に損益通算
（－）	
譲渡所得基本控除	・国内不動産、国外不動産、株式（国内・外通算）、派生商品（国内・外通算）、 　国外転出税、信託収益権各250万W控除（未登記資産を除く）
⇩	

```
┌─────────────────┐
│ 譲渡所得課税標準 │ ・譲渡所得金額 − 譲渡所得基本控除
└─────────────────┘
        (×)
┌─────────────────┐   ┌ 不動産・その他資産等：6〜45％（非事業用土地：16〜55％）
│  譲渡所得税率   │   │ 株式：10、20、25、30％
└─────────────────┘ ─┤ その他資産：6(26)〜38(62)％
        (＝)         │ 派生商品：20％（弾力税率：10％）
                     └ 未登記譲渡資産：70％
┌─────────────────┐
│   算出税額      │ ・譲渡所得課税標準 × 税率
└─────────────────┘
        (−)
┌─────────────────┐ ・減免税額、外国納付税額控除
│ 税額控除＋減免税額 │ ・電子申告税額控除
└─────────────────┘
        (＋)
┌─────────────────┐ ・申告不誠実加算税：10〜40％
│    加算税       │ ・納付遅延加算税：1日 2.2/10,000
└─────────────────┘ ・記帳不誠実加算税：10％（算出税額がない場合：取引金額の7/10,000）
        ⇓
┌─────────────────┐
│ 自主(進)納付する税額 │ ・算出税額 −（税額控除＋減免税額）＋ 加算税
└─────────────────┘
```

2　譲渡所得金額の区分計算

譲渡所得金額は、次の各号に掲げる所得別に区分して計算します。

この場合、所得金額を計算する時発生する欠損金は、他の号の所得金額と通算しません。

① 土地、建物、不動産を取得できる権利、地上権、伝貰（チョンセ）権、登記された不動産取得権、その他資産に対する譲渡所得

② 株式等の譲渡で発生する所得

③ 派生商品等の取引又は行為で発生する所得

④ 信託受益権の譲渡で発生する所得

3　譲渡差損の通算方法

譲渡所得金額を計算する時、譲渡差損が発生した資産がある場合には、上記2の各号別に対象資産外の他の資産から発生した譲渡所得金額から、その譲渡差損を控除します。

その方法は、次の順序で控除します。

① 譲渡差損が発生した資産と同じ税率の適用を受ける資産の譲渡所得金額

② 譲渡差損が発生した資産と異なる税率の適用を受ける資産の譲渡所得金額

　　異なる税率の適用を受ける資産の譲渡所得金額が2以上ある場合には、各税率別譲渡所得金額の合計額から当該譲渡所得金額が占める割合で按分して控除します。

　　譲渡所得金額に減免所得金額が含まれている場合には、純譲渡所得金額（減免所得金額を除いた部分）と減免所得金額が占める比率で按分して譲渡差損を控除したと見て、減免所得金額から譲渡差損の当該分を控除した金額を減免所得金額と見ます。

(参考）譲渡所得が欠損金の場合の通算方法例示

区分	不動産の所得金額					株式等の所得金額			
保有金額 （税率）	合計	一般税率	一般税率	単一税率（50%）	単一税率（40%）	合計	10%	20%	30%
	4,000	2,000	△3,000	3,000	2,000	400	△100	300	200
① 1次通算（同一税率）後の所得金額	4,000		△1,000	3,000	2,000				
残余欠損金配分			0	(注)1 △600	(注)2 △400		0	(注)3 △60	(注)4 △40
① 2次通算（異なる税率）後の所得金額	4,000		0	2,400	1,600			240	160
税率				50%	40%			20%	30%
算出税額	1,840			1,200	640	96		48	48

(注)1　△1,000×3,000／（3,000＋2,000）＝△600

(注)2　△1,000×2,000／（3,000＋2,000）＝△400

(注)3　△100×300／（300＋200）＝△60

(注)4　△100×200／（300＋200）＝△40

譲渡所得編

Q3 譲渡所得税の納税義務者

譲渡所得税の納税義務者となる範囲について説明願います。

A

1 譲渡所得税の納税義務の範囲

居住者……国内・国外に所在する資産及び国外転出税など韓国「所得税法」上列挙された資産の譲渡で発生する所得所得

　　　　　国外財産の場合、当該資産の譲渡日まで継続5年以上国内に住所又は居所を置いた者に限定

非居住者……国内にある韓国「所得税法」上列挙された資産の譲渡で発生する所得

※　居住者：国内に住所を置いたり183日以上居所を置いた個人

（居住・非居住判定における居住期間の計算の留意点）

・居所を置いた個人の一時的出国期間：居所期間に含みます（韓所令4②）。
・在外同胞の一時的入国：居所期間除外（韓所令4④、韓所規2）
・海外現地法人等の役職員等に対する居住者判定（韓所令3）

　　居住者や内国法人の国外事業場又は海外現地法人（内国法人が発行済株式総数又は出資持分の100分の100を直接又は間接に出資した場合に限定）等に派遣された役員又は職員や、海外で勤務する公務員を居住者と見ます。

　韓国「所得税法施行令」第3条本文とカッコ書きで「内国法人が発行株式総数又は出資持分の100分の100を出資した場合」ということは、内国法人の海外現地法人発行株式総数又は出資持分直接保有比率と韓国「相続税及び贈与税法施行令」第34条の2第2項により計算した間接保有比率の合計額が海外現地法人の発行株式総数又は出資持分の100分の100である場合をいい、当該海外現地法人に派遣された役職員は韓国「所得税法施行令」第3条により居住者と見ます（書面法規課－133.2014.02.11）。

　このことから、日本所在韓国法人の子会社に派遣された者（エクスパッツ）は、日本と韓国の双方居住者に該当することとなります。

2 共同所有資産譲渡に対する納税義務

　共同所有資産を譲渡することで発生する譲渡所得に対しては、その所有持分により分配されたり分配される所得金額に対して、各居住者別に納税義務があり、各居住者は資産の納税地管轄税長に各者の所得金額を申告することとなります。

　この場合、共同所有者相互間の連帯納税義務はありません。

3 法人と見る団体外の法人ではない団体の納税義務

　法人として見る団体（国基法13①）外の法人ではない団体（国基法13②）は、国内に主た

る事業所又は実質的管理場所を置いた場合には居住者として、その他の場合には非居住者として所得税法を適用します。

4　譲渡所得税の連帯納税義務

譲渡所得税の負担を減少させるために特殊関係者に資産を贈与した後に、その贈与を受けた者が贈与日から10年以内に再びこれを他人に譲渡して、贈与者がこの資産を直接譲渡したものと見る場合（韓所法101②）には、当該譲渡所得税に対して贈与者と受贈者が連帯して納税義務を負います。

5　不動産名義信託後、譲渡時納税義務

名義信託した不動産の譲渡所得は、実質課税原則によって実質上帰属される者に譲渡所得税の納税義務があります（国審2002ク2961.2003.4.8）。

○　韓国における非居住者の国内源泉所得に対する課税方法（韓所法121②）【要旨】

国内源泉所得（韓所法119）		国内に事業場がある非居住者等(注1)（韓所法121②④⑤）	国内に事業場がない非居住者（韓所法121②③）	分離課税 源泉徴収税率（韓所法156①）
1号	利子所得	総合課税（総合所得税申告・納付。ただし第11号所得が源泉徴収された場合等は除く）	分離課税（完納的源泉徴収）(注3)	20%(注5)（債権利子14%）
2号	配当所得			20%(注5)
3号	不動産所得		総合所得税申告・納付	―
4号	船舶等賃貸所得		分離課税（完納的源泉徴収）(注3)	2%
5号	事業所得			2%
7号	勤労所得			居住者と同じ
8号の2	年金所得			居住者と同じ
10号	使用料所得			20%（15%）
11号	有価証券譲渡所得(注2)			Min(①又は②) ①譲渡価額×10% ②譲渡差益×20%
12号	その他所得			20%
6号	人的用役所得		分離課税（総合所得確定申告可能）	20%（国外提供3%）
8号	退職所得		居住者と同じ（分離課税）	居住者と同じ
9号	不動産等譲渡所得 ・土地又は建物 ・不動産に関する権利 ・事業用資産（土地、建物、不動産に関する権利）と一緒に譲渡する営業権 ・特定施設物利用権会員権等 ・特定株式等 ・不動産株式等(注4)	居住者と同じ（分離課税。ただし一世帯一住宅（組合員入住権を含む）非課税及びその長期保有特別控除適用除外）	居住者と同じ（分離課税。ただし譲受者が法人である場合、予納的源泉徴収）	Min(①又は②) ①譲渡価額×10% ②譲渡差益×20%

(注)1　国内に事業場がある非居住者等には所法第119条第3号（不動産所得）による国内源泉不動産所得がある非居住者を含む。

(注)2　所法第119条第11号（有価証券譲渡所得）の具体的な内容
　　　次の各目のいずれか1つに該当する株式・出資持分（証券市場に上場された不動産株式等を含む）又はその他の有価証券の譲渡で発生する所得で所令第179条に定める所得
　イ　内国法人が発行した株式又は出資持分とその他の有価証券
　ロ　外国法人が発行した株式又は出資持分（証券市場に上場されたものだけが該当）及び外国法人の国内事業場が発行したその他の有価証券

(注)3　所法第119条第11号所得の場合、租税条約により課税可否及び税率等が異なる。

(注)4　租税条約相手国と相互協議により我が国（韓国）に課税権限があるもの（韓・米租税条約上不動産株式）

(注)5　日韓租税条約で利子10％、配当15％の源泉徴収。ただし、源泉徴収義務者に制限税率適用申請書、日本居住証明書等の提出が必要。

Q4 資産の取得又は譲渡の時期

韓国における資産の取得又は譲渡の時期の取扱いについて説明願います。
また、韓国には、取得時期の擬制制度があるとのことですが、これについても簡単に説明願います。

A

譲渡資産に係る資産取得又は譲渡の時期について、例示すると次のとおりです。

1 一般的な取引
 ① 代金精算日が明らかな場合
  当該資産の代金を精算した日（ほとんどの代金を支払った場合も含まれます。）

 ② 代金精算が明らかでない場合
  登記簿・登録簿又は名簿等に記載された登記・登録受付日又は名義変更日

 ③ 代金を精算する前に所有権移転登記をした場合
  登記簿・登録簿又は名簿等に記載された登記受付日

 ④ 長期割賦払条件である場合
  所有権移転登記（登録・名義変更）受付日・引渡し日又は使用収益日中早い日

 ⑤ 相続又は贈与で取得した資産の取得時期
  ・相続で取得した財産の取得時期：相続が開始された日（死亡日）
  ・贈与で取得した財産の取得時期：贈与を受けた日
  ・被相続人の不動産を相続人が相続登記をせずに被相続人名義で第三者に譲渡する場合には相続人に相続税とは別に相続開始日から譲渡日までの譲渡所得税が課税されます。
  ・相続税申告期限を経過して相続財産を合意分割して、相続登記を各相続人の相続分が確定された後、その相続財産に対して共同相続人が再合意分割して所有権が更正された結果、特定相続人が当該相続分を超過して取得することになる財産の取得時期は、贈与を受けた日となります。

 ⑥ 特定株式の場合
  株主1人とその他株主が株式等を数回に分けて譲渡する場合の譲渡時期は、当該法人の株式等の合計額の100分の50以上が譲渡される日とされます。取得時期は当該株式を実際に取得した日となります。譲渡価額は株主1人とその他株主が事実上株式等を譲渡した日の譲渡価額によります。

2　特殊な取引の場合

①　譲渡財産の取得時期が明らかでない場合（韓所法162⑤）

譲渡又は取得の時期を適用する時、譲渡した財産の取得時期が明らかでない場合には、先に取得した資産を先に譲渡したものと見ます。

②　交換の場合

交換資産の譲渡及び取得時期は、交換価額に差異がなければ交換成立日で、差異の精算が必要な場合には、これを精算した日で、不分明な場合には交換登記受付日となります。

③　共同事業の現物出資の場合

共同事業に現物出資した日又は登記受付日中早い日が、当該不動産が共同事業体に有償で譲渡されたものと見ます。

④　「不動産登記特別措置法」による移転の場合

代金精算日が確認される場合には代金精算日、代金精算日が不分明な場合には所有権移転登記受付日が取得時期となります。

⑤　土地取引許可対象土地を譲渡した場合

土地取引許可対象土地を取引して代金精算後に許可を受けた場合は、その契約が遡及して有効な契約として代金精算日が譲渡時期となります。

⑥　代物弁済の場合

不動産で代物弁済する約定をした場合の譲渡又は取得時期は所有権移転登記受付日です（移転登記によって代物弁済が成立し既存債務が消滅します。）。

⑦　不動産に関する権利を譲渡する場合

不動産の分譲契約をした者が当該契約に関する全ての権利を譲渡した場合には、その権利に対する取得時期は、当該不動産の分譲を受けることができる権利が確定される日であり、他人からその権利を受ける時には残金精算日が取得時期となります。

⑧　債権不履行で債権者名義で本登記した場合

債権者が債権担保の目的で債務者所有不動産に仮登記を設定後、債務者の債務不履行によって債権者名義で本登記を履行する場合には本登記した日がその取得・譲渡時期になります。

3　取得時期の擬制

韓国においては、取得時期があまりにも古いものについては、特定時に取得したものとみる、取得時期の擬制度があります。その取得擬制時点は、次のとおりです。

①　不動産・不動産に関する権利、その他不動産（韓所令162⑥一、⑦一）
　　1984.12.31以前に取得した資産は1985.1.1に取得したものとみなします。

②　上場株式及び非上場株式（韓所令162⑥三、⑦三）
　　1985.12.31以前に取得した資産は1986.1.1に取得したものとみなします。
　※　取得時期の擬制に伴って生じる（擬制取得日前に取得した）資産の取得価額の計算については、Ｑ６の「５　実地取引価額が確認できない場合の取扱い」を参照して下さい。

（参考）譲渡資産に係る取得時期及び取得価額が不明の場合
　譲渡資産に係る取得時期及び取得価額が不明の場合において、日本では譲渡価額の５％を取得価額とする、いわゆる５％ルールがありますが、韓国では取得時期を特定し、その時の換算相場価額等を取得価額とするといった違いがあります。

Q5 譲渡差益の算定方法

譲渡所得の計算は、譲渡価額－譲渡原価＝譲渡所得が基本と考えますが、韓国での譲渡差益を計算するに当たっての計算方法を説明願います。

A

資産の譲渡差益は、譲渡価額から取得価額等必要経費を控除して算定します。

2006.12.31までに譲渡した場合は基準時価課税を原則としていましたが、2007.1.1以後の譲渡分から全て譲渡所得課税対象資産は、実際の実地取引価額によって譲渡差益を算定することになります。

1　譲渡差益の算定原則（韓所法100①）

資産の譲渡差益を計算する場合、譲渡価額を実地取引価額（売買事例価額及び鑑定価額等を含む）による時には、取得価額も実地取引価額（売買事例価額、鑑定価額及び換算価額等を含む）によります。譲渡価額を基準時価により計算する時には、取得価額も基準時価となります。

(注)　実地取引価額とは、譲渡者と譲受者の間で実際に取引された価額をいいます。

2　実地取引価額による譲渡差益の計算

2007.1.1以後譲渡分からは、全ての資産に対して実地取引価額によって譲渡差益を計算することとなります。実地取引価額によって譲渡差益を計算する場合、その譲渡価額及び取得価額の計算の適用方法は、納税者が申告する場合と課税当局が決定・更正する場合を区分して適用方法に差異があります。

これを要約すると、次のとおりです。

(1)　納税者が実地取引価額で申告時に適用する譲渡・取得価額（韓所法96、97）
　①　譲渡価額：必ず実地取引価額で申告しなければならない。
　　⇒　売買事例価額、鑑定価額、換算価額は認められない。
　②　取得価額：原則は、実地取引価額による。
　　ただし、実地取引価額が確認できない場合には、売買事例価額、鑑定価額、換算価額を順序的に適用することとなる（所令163②）。

(2)　課税庁が決定・更正時に適用する譲渡・取得価額（韓所法114⑦）
　①　譲渡価額：実地取引価額、売買事例価額、鑑定価額を順序的に適用できる。
　　⇒　換算価額は認められない。
　②　取得価額：実地取引価額、売買事例価額、鑑定価額を順序的に適用できる。
　　⇒　課税庁で譲渡価額に対する実地取引価額、売買事例価額、鑑定価額の全てが認定・確認できなければ、譲渡及び取得価額を基準時価によって決定・更正すること

ができる。

3 基準時価による譲渡差益の計算

基準時価を適用するに当たっては、譲渡差益の計算は、次の算式によります。

譲渡差益＝譲渡当時の基準時価^(注1)－取得当時の基準時価－概算控除額^(注2)

(注1) 基準時価とは、資産の譲渡又は取得当時の「所得税法」第99条の規定による基準時価をいいます。

(注2) 概算控除額とは、「所得税法施行令」第163条第6項の規定によって計算した価額をいいます。

各種取引価額の適用関係図示

（参考）

○ 韓国所得税法第99条（基準時価の算定）（要約）
① 土地：「不動産価格公示に関する法律」による個別公示地価
② 建物：国税庁長が算定・告示する価額
③ オフィステル及び商業用建物：国税庁長が土地及び建物に対して一括して算定・告示する価額
④ 住宅：「不動産価格公示に関する法律」による個別住宅価格及び共同住宅価格

○ 韓国所得税法施行令第163条（譲渡資産の必要経費）第6項（要約）
① 土地：個別公示地価 $\times \dfrac{3}{100}$

② 建物：価額 $\times \dfrac{3}{100}$

③ 地上権、賃借権等：取得当時の基準時価 $\times \dfrac{7}{100}$

④ 上記以外の資産：取得当時の基準時価 $\times \dfrac{1}{100}$

Q6 実地取引価額に含まれる価額とは

実地取引価額には、売買事例価額や鑑定価額が含まれるとのことですが、それぞれの価額はどのような価額をいうのでしょうか。また、実地取引価額が確認できない場合の取引についても説明願います。

A

全ての譲渡所得税課税対象資産は実地取引価額によって譲渡差益を算定しています。その上で、譲渡時の実地取引価額には、売買事例価額、鑑定価額が含まれ、取得時の実地取引価額には売買事例価額、鑑定価額、換算価額が含まれます。

1 実地取引価額とは
 (1) 譲渡当時の実地取引価額（韓所法88）
  ① 譲渡当時の実地取引価額とは、資産の譲渡当時に譲渡者と譲受者が実際に取引した価額で、当該資産の譲渡と対価関係にある金銭とその他の財産価額をいいます。
  ② 法人税法第2条第12号による特殊関係法人に資産を高価譲渡することによる時価超過部分が同法第69条による所得処分される場合には、同法第52条による時価が、実地取引価額となります。
  ③ 特殊関係法人との者に資産を時価より高い価額で譲渡した場合で、相続税及び贈与税法第35条により当該居住者の贈与財産価額とする金額がある場合には、その譲渡価額から贈与財産価額を控除する金額が実地取引価額となります（韓所法96③二）。
  ④ 課税当局の推定決定・更正時、実地取引価額が認定、確認されれば、売買事例価額、鑑定価額が適用されます。

 (2) 取得当時の実地取引価額（韓所法97）
  ① 取得当時の実地取引価額とは、資産の取得当時に譲渡者と譲受者が実際に取引した価額として、当該資産の取得と対価関係にある金銭とその他の財産価額をいいます。
  ② 所得税法第94条第1項第1号（不動産）及び第2号（権利）による資産を譲渡した居住者が、その資産取得当時「不動産取引申告等に関する法律」第3条第1項により申告した実際取引価額を管轄税務署長が確認した事実がある場合には、原則として、これをその居住者の取得当時の実地取引価額と見ます。
  ③ 実地取引価額を確認できない場合は、売買事例価額、鑑定価額、換算取得価額を順序的に適用します。

2 売買事例価額とは（韓所令176の2③一）
売買事例価額とは、譲渡日又は取得日前後各3か月以内に当該資産（証券上場法人の株式等は除きます。）と同一性又は類似性がある資産の売買事例がある場合、その価額をいいます。
　(注) 株式の場合は、証券非上場法人の株式のみ売買事例価額が認定されることに留意。

3 鑑定価額とは（韓所令176の2③二）

　鑑定価額とは、譲渡日又は取得日前後各3か月以内に当該資産（株式等は除きます。）に対して2つ以上の鑑定評価業者が評価したもので、信憑性があるものと認定される鑑定価額（鑑定評価基準日が譲渡日又は取得日前後各3か月以内であるものに限ります。）がある場合には、その鑑定価額の平均額をいいます。

　ただし、2020.2.11以後譲渡分から基準時価が10億W以下である資産（株式等は除きます。）の場合には、譲渡日又は取得日前後各3か月以内に一つの鑑定評価業者が評価したもので信憑性があるものと認定された場合には、その鑑定価額（鑑定評価基準日が譲渡日又は取得日前後各3か月以内であるものに限ります。）とします。

4 換算取得価額（換算した取得価額）とは（韓所令176の2②）

　換算取得価額とは、譲渡当時実地取引価額等の価額に取得及び譲渡当時基準時価の比率を乗じて計算した価額をいいます。

（換算取得価額計算）

　イ　上場株式・非上場株式及びその他資産

$$\begin{bmatrix} 譲渡当時の実地取引価額 \\ 売買事例価額 \\ 鑑定価額 \end{bmatrix} \times \frac{取得当時の基準時価}{譲渡当時の基準時価}$$

　　（注）　売買事例価額適用除外：証券上場法人の株式等
　　　　　　鑑定価額適用除外：株式等
　　　　　　換算取得価額適用除外：2013.2.15以後譲渡する新株引受権

　ロ　土地・建物と不動産に関する権利

$$\begin{bmatrix} 譲渡当時の実地取引価額 \\ 売買事例価額 \\ 鑑定価額 \end{bmatrix} \times \frac{取得当時の基準時価^{(注2)}}{譲渡当時の基準時価^{(注1)}}$$

　　（注）1　譲渡当時と取得当時の基準時価が同じ場合は、韓所令164⑧及び韓所規80に定める方法による。
　　（注）2　個別住宅価額及び共同住宅価額が最初に公示される以前に取得した住宅と付随土地を一緒に譲渡する場合は、取得当時の基準時価は、次の計算式によって計算した価額を適用する。

$$最初の公示価額 \times \frac{取得時住宅・土地基準時価合計額}{最初の公示時点の住宅・土地基準時価合計額}$$

5 実地取引価額が確認できない場合の取扱い

(1) 譲渡当時の実地取引価額が確認できない場合

　鑑定手続きなしに資産と資産の交換が成立する等、実地譲渡価額自体がなく、実地取引価額での計算が不可能な場合は、譲渡価額又は取得価額を基準時価で計算することができます。

(2) 取引当時の実地取引価額が確認できない場合

　資産の取得時期の実地取引価額が確認できない場合には、納税者や課税官庁では取得当時売買事例価額、鑑定価額、換算価額を順序として適用して取得価額を算定することができます。

　しかし、納税者が、取得当時に実地取引価額を確認できないという理由で、取得価額を売買取引価額、鑑定価額、換算価額を適用して申告したとしても、課税官庁において別途に調査確認して実地取引価額が明らかとなり、その確認された実地取引価額で取得価額を計算することになります。

(3) 擬制取得日前に取得した資産の取得価額計算特例

　① 擬制取得日（韓所令162⑥⑦）

　　イ　土地、建物、不動産に関する権利、その他資産
　　　　1984.12.31以前取得→1985.1.1に取得したものと見る。
　　ロ　証券非上場法人の株式等
　　　　1985.12.31以前取得→1986.1.1に取得したものと見る。

　② 擬制取得日現在の取得価額計算（韓所令176の2④）

　　擬制取得日前に取得した資産（相続・贈与を受けた資産を含む。）の取得価額を実地取引価額、売買事例価額、鑑定価額、換算価額を適用して算定する時の擬制取得日現在の取得価額は、次の価額中大きいものとします。

　　イ　擬制取得日現在の売買事例価額、鑑定価額、換算価額
　　ロ　取得当時の実地取引価額、売買事例価額、鑑定価額を生産者物価上昇率で換算した価額

Q7 取得価額及び必要経費の計算

資産の譲渡差益を計算するに当たって、譲渡価額から控除されるものに何がありますか。

A

所得税法では、資産の譲渡差益を計算する時、譲渡価額から控除する経費を取得価額、資本的支出額等、譲渡費等の3種類に規定しています。これは譲渡価額に対する必要経費を取得当時所要される費用、取得以後資産の耐用年数の延長又は資産の価値の現実的増加と譲渡関連直接支出費用等の取得・保有・譲渡の段階別に発生した費用中、譲渡価額に直接対応する費用だけを限定して控除することを基本としています。

(算式)
　　譲渡価額から控除する必要経費＝取得価額＋資本的支出額等＋譲渡費用

1　取得価額を実地取引価額による場合
　次の経費を譲渡価額から控除する必要経費とします（韓所法97①）。
　①　取得価額：その資産の取得に所要された実地取引価額です（韓所令163①）。
　②　資本的支出額等として韓国所得税法施行令第163条第3項[注1]で定めるもの
　③　譲渡費等として韓国所得税法施行令第163条第5項[注2]で定めるもの
　　[注1]　韓国所得税法施行令第163条第3項（例示）
　　　　…資本的支出、訴訟費用、和解費用、開発分担金
　　[注2]　韓国所得税法施行令第163条第5項（例示）
　　　　…証券取引税、譲渡所得税、申告書作成費用、公証費用、印紙代

2　取得価額を売買事例価額、鑑定価額、換算価額で計算する場合
　次の経費を譲渡価額から控除する必要経費として計算します（韓所法97①1ナ目）。
　①　取得価額：当該資産の取得当時の売買事例価額、鑑定価額、換算価額
　②　必要経費：韓国所得税法施行令第163条第6項[注3]で定める必要経費計算控除額
　　[注3]　韓国所得税法施行令第163条第6項（例示）

$$土地……個別例示時価 \times \frac{3}{100}$$

$$建物……価額 \times \frac{3}{100}$$

3　換算取得価額適用時の必要経費適用方法
　「換算取得価額＋概算控除額」と「資本的支出額等＋譲渡費等」中、大きい金額を適用可能

譲渡所得編

4　擬制取得日前に取得した資産の取得価額の計算特例
　(1)　擬制取得日（韓所令162⑥⑦）
　　　①　土地、建物、不動産に関する権利、その他資産
　　　　⇒　1984.12.31以前取得⇒1985.1.1に取得したものとみなす
　　　②　証券上場法人の株式等
　　　　⇒　1985.12.31以前取得⇒1986.1.1に取得したものとみなす
　　　③　証券非上場法人の株式等
　　　　⇒　1985.12.31以前取得⇒1986.1.1に取得したものとみなす

　(2)　擬制取得日現在の取得価額計算（韓所令176の2④）
　　擬制取得日前に取得した資産（相続・贈与を受けた資産を含みます。）の取得価額を実地取引価額、売買事例価額、鑑定価額、換算価額を適用して算定する時の擬制取得日現在の取得価額は次の価額中、大きいものとします。
　　①　擬制取得日現在の売買事例価額、鑑定価額、換算価額
　　②　取得当時実地取引価額、売買事例価額、鑑定価額を生産者物価上昇率で換算した価額
　　　・生産者物価上昇率による擬制取得日現在取得価額算定方法
　　　　取得価額＝取得当時実地取引価額、売買取引価額、鑑定価額×（1＋取得日から擬制取得日の直前日までの保有期間の間の生産者物価上昇率）
　　　・生産者物価上昇率＝〔（擬制取得日直前日の年間生産者物価指数－取得当時年間生産者物価指数）／取得当時年間生産者物価指数〕×100

○　擬制取得日前後による取得価額及び必要経費計算（要約）

区　分	取得価額	その他必要経費
擬制取得日以後取得分	実地取引価額	資本的支出額等＋譲渡費等
	売買事例価額、鑑定価額、換算価額	概算控除額
	不動産実地取引価額申告価額（認定される場合）(注1)	資本的支出額等＋譲渡費等
	不動産実地取引価額申告価額（事実と異なる場合）	概算控除額
擬制取得日前取得分（①と②の大きい金額を取得価額として適用）（韓所令176の2④）	①擬制取得日現在の売買事例価額、鑑定価額、換算取得価額	概算控除額
	②取得当時実地取引価額、売買事例価額、鑑定価額が確認される場合：当該資産の価額＋その価額に取得日から擬制取得日の直前日までの保有期間の間の生産者物価上昇率を乗じて計算した金額(注2)	・実地取引価額を基準として換算する場合：資本的支出額等＋譲渡費等 ・売買事例価額又は鑑定価額を基準として換算する場合：概算控除額

(注)1　不動産実地取引価額申告価額を取得価額として適用する場合で「資本的支出額等＋譲渡費等」控除規定は2009.1.1以後譲渡する分から適用
(注)2　取得当時実地取引価額を基準として換算する場合「資本的支出額等＋譲渡費等」控除規定は2009.1.1以後最初に決定・更正する分から適用

5 減価償却費の取得価額からの減算

譲渡資産保有期間中に、その資産に対して減価償却費として各課税期間の事業所得金額を計算する場合必要経費に算入したり、あるいは算入する金額があるときには、これを取得価額から控除した金額を取得価額とします。

6 譲渡費等の範囲

譲渡費とは次のいずれかに該当するものをいいます。

(1) 資産を譲渡するために直接支出した費用で次の費用
  ① 「証券取引税法」により納付した証券取引税
  ② 譲渡所得税課税標準申告書作成日費用及び契約書作成費用
  ③ 公証費用・印紙代及び紹介費
  ④ 売買契約による引渡義務を履行するために譲渡者が支出する引渡し費用
  ⑤ ①から④までの費用と類似した費用で企画財政部令で定める費用

(2) 資産を取得することにあって法令等の規定により買入した国民住宅債券及び土地開発債券を満期前に譲渡することによって発生する売却差損、この場合企画財政部令で定める金融機関外の者に譲渡した場合には同一日に金融機関に譲渡した場合に発生する売却差損を限度とします。

7 日本の所得税法上の譲渡費用の範囲

所得税基本通達で、譲渡費用の範囲(取得費を除きます)を、以下のとおり定めています。

所基通33-7 (譲渡費用の範囲)

　法第33条第3項に規定する「資産の譲渡に要した費用」(以下33-11までにおいて「譲渡費用」という。)とは、資産の譲渡に係る次に掲げる費用(取得費とされるものを除く。)をいう。

(1) 資産の譲渡に際して支出した仲介手数料、運搬費、登記若しくは登録に要する費用その他当該譲渡のために直接要した費用

(2) (1)に掲げる費用のほか、借家人等を立ち退かせるための立退料、土地(借地権を含む。以下33-8までにおいて同じ。)を譲渡するためその土地の上にある建物等の取壊しに要した費用、既に売買契約を締結している資産を更に有利な条件で他に譲渡するため当該契約を解除したことに伴い支出する違約金その他当該資産の譲渡価額を増加させるため当該譲渡に際して支出した費用

(注) 譲渡資産の修繕費、固定資産税その他その資産の維持又は管理に要した費用は、譲渡費用に含まれないことに留意する。

Q8 相続・贈与を受けた資産の取得価額の取扱い

譲渡資産が相続・贈与を受けた資産であった場合、日本の税制は被相続人・贈与者が取得した時の取得価額を引き継ぎますが、韓国も同様の取扱いでしょうか。それとも相続・贈与時の評価額でしょうか。

A

1 実地取引価額で譲渡差益を計算した資産の取得価額

実地取引価額で譲渡差益を計算した資産の取得価額は、相続開始日又は贈与日現在の評価額を、取得当時の実地取引価額とみます。

(1) 不動産価格公示に関する法律により、1990.8.30個別公示時価が公示される前に相続・贈与を受けた土地の場合（韓所令163⑨一）

次の①②中、大きい金額を取得当時の実地取引価額と見ます。

① 相続開始日又は贈与日現在、相続贈与税法第60条から第66条までの規定によって評価した価額

② $1990.1.1基準個別公示時価 \times \dfrac{取得時の時価標準額}{(1990.8.30現在の時価標準額 + その直前に決定された時価標準額) \div 2}$

(2) 2000.12.31以前に相続・贈与を受けた一般建物の場合（韓所令163⑨二）

次の①②中、大きい金額を取得当時の実地取引価額と見ます。

① 相続開始日又は贈与日現在、相続贈与税法第60条から第66条までの規定によって評価した価額

② 所得税法施行令第164条第5項から第7項までの規定による金額

$2001.1.1現在の建物基準時価 \times 取得当時の基準時価算定基準率$

(3) 贈与を受けた財産を基準時価で評価した後の譲渡（実価）時取得価額

投機地域不動産等に該当して実地取引価額によって譲渡差益を計算する場合、贈与で取得した資産の取引価額（実価）は、相続贈与税法によって評価した価額で、相続贈与税法上の評価額が基準時価である場合には、譲渡価額は実地取引価額、取得価額は基準時価が適用されます。

2 相続・贈与財産と見る資産の譲渡時の二重課税の調整（韓所令163⑩一）

譲渡所得税課税対象資産に対して、譲渡差益を実地取引価額で計算する場合で、相続贈与税の規定によって相続税若しくは贈与税の課税を受けた場合には、当該相続財産価額若しく

は贈与財産価額又はその増減額を取得価額に加算若しくは減算します。

　これは、経済的利益の無償移転に対して相続税や贈与税を課税するとしても所得税課税論理上、当該財産処分時には当該相続税又は贈与税課税価額を必要経費に認定しなければならないからです。

Q9 配偶者から贈与を受けた資産の取得価額の引継ぎ

譲渡した資産が例えば配偶者から贈与を受けた資産であった場合には、譲渡資産の取得価額については、日本の制度同様に当該配偶者の取得価額を引き継ぐのでしょうか。

A

韓国において、居住者が資産を譲渡した場合のその譲渡資産の取得が配偶者からの贈与資産であった場合には、当該配偶者が取得した価額を引き継ぐことになります。
その制度の概要は次のとおりです。

配偶者等繰越課税時の取得価額の計算（韓所法97の2①）

(1) 居住者が譲渡日から遡及して10年（2022.12.31以前に贈与を受けた分については5年）以内にその配偶者（譲渡当時婚姻関係が消滅した場合を含む、死亡で婚姻関係が消滅した場合は除きます。）又は直系尊卑属（2009.1.1以後贈与分から）から贈与を受けた土地、建物、特定施設物利用権、不動産を取得できる権利（2019.2.12以後譲渡分から適用）に対する譲渡差益を計算する時には、その取得価額を贈与した配偶者又は直系尊卑屈が取得した当時を基準として算定します。

(計算式)

配偶者等繰越課税時取得価額 ⇨ 贈与した配偶者の取得当時実地取引価額、売買事例価額、鑑定価額、換算価額、基準価額とする。

(注) この規定は、日本における、相続・贈与に係る、取引価額の引継ぎと軌を一にする取扱いといえます。

ただし、繰越課税制度を適用しない例として、次の場合があります。
① 繰越課税制度を適用して計算した譲渡所得決定税額が、繰越課税制度を適用しないで計算した譲渡所得決定価額より少ない場合
② 繰越課税制度適用の際、一世帯一住宅非課税（特例）による譲渡に該当する場合

(2) 配偶者等繰越課税規定を適用する時、贈与を受けた資産に対して納付したり納付する贈与税相当額がある場合には必要経費に算入します。
必要経費に算入された贈与税相当額は居住者がその配偶者から贈与を受けた資産に対しての贈与税の算出税額に譲渡した当該資産価額が贈与税課税価額に占める比率を乗じて計算した金額とします。この場合必要経費として算入される贈与税相当額は譲渡差益を限度とします。

不当行為計算（韓所法101②）に該当する場合の取扱い

規定の概要は、次のとおりです。
① 租税回避目的
　　贈与者基準で計算した譲渡所得税算出税額が、受贈者が負担する贈与税＋譲渡所得税より大きい場合に適用されます。ただし、譲渡所得が実質的に受贈者に帰属される場合は、適用が除外されます（2010.1.1以後譲渡分から適用）。
② 譲渡所得税納税義務
　　当初の贈与者
③ 贈与税納付義務
　　贈与税の賦課課税はしない。
④ 譲渡差益の計算
　　取得価額及び必要経費は贈与者が取得する時を基準として計算する。
⑤ 適用期間
　　贈与後10年以内に譲渡（2022.12.31以前に贈与を受けた分は５年以内に譲渡）

（参考１）配偶者等繰越課税制度の韓国所得税法上の規定（筆者訳）
所法97の２（譲渡所得の必要経費計算特例）
① 居住者が譲渡日から遡及して10年以内にその配偶者又は直系尊卑属から贈与を受けた第94条第１項第１号（土地又は建物）による資産やその他の大統領令で定める資産の譲渡差益を計算するとき、譲渡価額から控除する必要経費は第97条第２項（譲渡所得必要経費）による（2023.12.31改正）。
　１　取得価額はその居住者の配偶者又は直系尊卑属が当該資産を取得する当時の第97条第１項第１号（取得価額）による金額とする。
　２　第97条第１項第２号による必要経費には、居住者の配偶者又は直系尊卑属が当該資産に対して支出した同号による金額を含む。
　３　居住者が贈与を当該資産に対して納付したとか、納付する贈与税相当額がある場合には、必要経費に算入する。
② 次の各号のいずれか１つに該当する場合には、第１項を適用しない。
　１　事業認定公示日から遡及して２年以前に贈与を受けた場合で、韓国の「公益事業のための土地等の取得及び補償に関する法律」や、その他の法律により合意買収又は収用された場合
　２　第１項を適用する場合、第89条第１項各目の住宅の譲渡に該当することになる場合
　３　第１項を適用して計算した譲渡所得決定税額が第１項を適用しないで計算した譲渡所得決定税額より小さい場合

(参考２) 配偶者等繰越課税制度の概要

区　　分	配偶者等繰越課税（韓所法97の２）
①譲渡所得税納税義務者	贈与を受けた配偶者、直系尊卑属
②贈与税納税額	必要経費算入
③譲渡差益計算	取得価額は贈与者の取得価額
④適用対象資産	土地、建物、特定施設物利用権、不動産を取得することができる権利
⑤適用期間	贈与後10年以内に譲渡
⑥取得時期	受贈者の登記受付日
⑦税率適用及び長期保有特別控除時保有期間計算	当初の贈与者の取得日から計算
⑧連帯納税義務	なし
⑨適用除外	一世帯一住宅非課税が適用される場合、決定税額等が更に少なくなる場合

Q10 譲渡所得金額の区分計算と通算

譲渡所得には1課税期間内にあって譲渡益が出る場合もあるし、譲渡損が出る場合もあります。日本においては通算できる場合に制限がありますが、韓国でも同様でしょうか？

A

韓国においても、譲渡損の通算については制限を設けています。その概要は次のとおりです。

1　譲渡所得金額の区分計算と通算

譲渡所得金額は、1課税期間に発生した次の(1)から(4)までの各号の所得別に区分して計算します。この場合、所得金額を計算するとき発生する欠損金は、他の号の所得金額と合計（通算）しません。

ただし、不動産・不動産に関する権利・その他資産中一般税率が適用される資産の課税標準は、税率適用時、その課税標準を全て合算して算出税額を計算します。

(1) 土地・建物、不動産に関する権利、地上権、チョンセ権、登記された不動産賃借権、その他資産に対する譲渡所得
(2) 証券の譲渡で発生する所得
(3) 派生商品等の取引又は行為で発生する所得
(4) 信託収益権の譲渡で発生する所得

2　譲渡差損の通算方法

譲渡所得金額を計算するとき、譲渡差損が発生した資産がある場合には、上記1の(1)から(4)の別に、当該資産外の異なる資産から発生した譲渡所得金額から、その譲渡差損を控除します。その方法は、次の順序で行います。

① 譲渡損が発生した資産と同じ税率を適用する資産の譲渡所得金額
② 譲渡損が発生した資産と異なる税率を適用する資産の譲渡所得金額、この場合異なる税率を適用する資産の譲渡所得金額が2以上である場合には、各税率別譲渡所得金額の合計額から当該譲渡所得金額が占める比率で按分して控除します。

3　具体的な計算の例示

具体的な計算の例示を以下に掲げましたので、参照してください。

（譲渡差損通算の例示）

区分	不動産等所得金額					株式所得金額			
保有期間 （税率）	合計	一般 税率	一般 税率	単一 税率 （50％）	単一 税率 （40％）	合計	10％	20％	30％
資産別所得金額	4,000	2,000	△3,000	3,000	2,000	400	△100	300	200
①一次通算 （同じ税率） 後所得金額	4,000		△1,000	3,000	2,000				
残余欠損金配分			0	△600 （＊1）	△400 （＊2）		0	△60 （＊3）	△40 （＊4）
②二次通算 （異なる税率） 後所得金額	4,000		0	2,400	1,600	400		240	160
税率				50％	40％			20％	30％
算出税額	1,840			1,200	640	96		48	48

（＊1）△1,000×［3,000／（3,000＋2,000）］＝△600
（＊2）△1,000×［2,000／（3,000＋2,000）］＝△400
（＊3）△100×［300／（300＋200）］＝△60
（＊4）△100×［200／（300＋200）］＝△40

Q11 長期保有特別控除制度

韓国には譲渡所得金額を計算するに当たって譲渡資産の保有期間に応じた特別控除額制度があると聞きました。説明願います。

A

韓国においては、譲渡所得金額を計算するにあたって、譲渡差益から「長期保有特別控除額」を控除する制度があります（Ｑ２の「韓国の譲渡所得計算フロー図」参照）。

長期保有特別控除額は、譲渡差益に譲渡資産の保有期間別に控除率（最高30％、80％）を乗じて計算して、原則的に３年以上保有した登記された土地、建物及び組合員入住権に対して適用します。

不動産ではない資産、３年未満保有の不動産、未登記譲渡資産、重課対象多住宅者が譲渡する調整対象地域住宅、国外所在の不動産は長期保有特別控除の規定の適用はありません。

長期保有特別控除率は、不動産の保有期間及び一世帯一住宅の可否によって次の区分のとおり適用します。

非居住者に対しては、下記の①は適用しますが、②は特別な例を除いては、適用されません。

(計算式)
○　長期保有特別控除額＝譲渡差益×保有期間による控除率

長期保有特別控除率（2021.1.1以後譲渡分）
①　土地・建物・組合員入住権

保有期間	３年	4	5	6	7	8	9	10	11	12	13	14	15年以上
控除率	6％	8	10	12	14	16	18	20	22	24	26	28	30

②　３年以上保有した一世帯一住宅

控除率		３年	4	5	6	7	8	9	10年以上
	保有期間	12％	16	20	24	28	32	36	40
	居住期間	12％(8)	16	20	24	28	32	36	40
合計		24(20)	32	40	48	56	64	72	80

(注)　一世帯一住宅：保有期間が３年以上（12％）で、居住期間が２年以上３年未満（８％）である場合は、20％を適用。

Q12　譲渡所得基本控除

韓国においては、譲渡所得額を計算するに当たって、基本控除制度があると聞きました。説明願います。

A

韓国における譲渡所得課税標準額は、総合・退職所得と区分して譲渡価額から取得価額及び必要経費と長期保有特別控除額を控除した譲渡所得金額から更に譲渡所得基本控除をした金額です。

譲渡所得基本控除は、居住者又は非居住者に総合所得等の他の所得があるかないかにかかわらず控除でき、予定・確定申告をしなかったとしても控除されます。ただし、未登記の譲渡資産に該当する場合には控除されません（韓所法103）。

1　基本控除金額

譲渡所得基本控除額は、当該年度の譲渡所得を、まず国内資産であるか国外資産であるかで区分して、譲渡所得の範囲に従って不動産等（土地・建物・不動産に関する権利及びその他資産）、株式等（上場・非上場株式）及び派生商品、譲渡所得、信託の利益を受ける権利に区分して、それぞれ年間250万Wを控除します。この場合、派生商品は2017.1.1以後譲渡分から、株式は2020.1.1以後譲渡分から、国内・国外損益を合算するようにして、国外転出税は2018.1.1以後譲渡分から、信託収益税は2021.1.1以後譲渡分から、年250Wを控除します。

譲渡資産		譲渡所得基本控除
国内（韓所法103）	不動産（特定株式等を含む）	2,500,000W
	株式等	2,500,000
	派生商品（2016.1.1以後）	2,500,000
	信託収益権（2021.1.1以後）	2,500,000
国外（韓所法118の7）	不動産（特定株式等を含む）	2,500,000
国外転出税（韓所法118の10④、2018.1.1以後）		2,500,000
計		15,000,000

2　控除方法

譲渡所得金額に韓国「所得税法」又は韓国「租税特例制限法」や、その他の法律による減免所得金額がある場合には、その減免所得金額以外の譲渡所得金額から先ず控除して、減免所得金額以外の譲渡所得金額の中では、当該課税期間で先に譲渡した資産の譲渡所得金額からの順序で控除します。

3　非住居者の基本控除

非住居者の国内源泉譲渡所得の課税標準計算時「譲渡所得基本控除」は、居住者と同じく適用されます。

Q13 譲渡所得税の非課税・減免制度

韓国における譲渡所得に係る非課税や減免制度がありましたら説明願います。

A

(注) 本文中の税法は韓国税法条文を示しています。

1 譲渡所得税非課税・減免制度

土地・建物等「所得税法」第94条第1項各号の資産を譲渡する場合には、譲渡所得税が課税されます（法89①三、令154①二）。しかし、一世帯一住宅、農地の交換等国民住居生活の安全と自経農民の保護等社会政策的な理由で一定の要件に該当する場合には、譲渡所得税が課税されない非課税制度があります。非課税は、国家が課税権を当初から放棄したことで納税者の申告、申請の手続や税務署長の行政処分を経ずに、当然に譲渡所得税が課税されません。

一方、「租税特例制限法」等で国家の政策目的を達成するために、納税者が負担しなければならない税金から一定率を減免する制度を規定しています。減免制度は、租税負担をしないという面からは非課税と類似していますが、非課税は申請なく当然に課税されない反面、減免は通常、納税者の申告や申請が必要となる点で異なります。

また、未登記譲渡資産に該当したり、虚偽契約を作成した場合には、譲渡所得非課税・減免の適用がされないことに留意しなければなりません。譲渡所得税の非課税・減免制度は、租税政策目的により随時に新設・改正されて「所得税法」及び「租税特例制限法」等に種々の規定があるため、これを総合的に理解することが容易でないことは、日本の譲渡所得税制と同様といえます。

以下、住宅、農地、株式に対する非課税・減免制度を中心に要約して説明します。

① 住宅に対する譲渡所得税非課税・減免（主なもの）

種類	韓国条文	租税支援内容	備考
一世帯一住宅	所法89①三	非課税	──
一世帯一組合員入住権	所法89①四	非課税	
長期賃貸住宅	租特法97	50％減免又は100％減免	2000.12.31までに賃貸開始
長期賃貸住宅	租特法97の4	長期保有特別控除率 最大10％追加	──
新築賃貸住宅	租特法97の2	100％免除	2001.12.31まで取得分
長期一般民間賃貸住宅	租特法97の5	賃貸期間中に発生した譲渡所得税に対して100％減免	2018.12.31まで取得分
長期一般民間賃貸住宅	租特法97の3	長期保有特別控除率70（50）％	2020.12.31までに賃貸登録
非居住者取得住宅	租特法98の4	・未分譲住宅以外の住宅 ・10％減免	2010.2.1まで取得分
竣工後未分譲住宅	租特法98の6	・5年以内譲渡：50％減免 ・5年経過譲渡：5年間所得の50％を課税対象所得金額から控除	

② 農地・林野に対する譲渡所得税非課税・減免の類型

種類	韓国条文	租税支援内容	備考
農地の交換又は分合	所法89①二	非課税	
8年以上自経農地	租特法69	減免	
農地換地	租特法70	減免	
経営再生支援のための農地売買後買戻し特約	租特法70の2	還付	

② 農地・林野に対する譲渡所得税非課税・減免の類型

種類	韓国条文	租税支援内容	備考
破産宣告による処分	所法89①一	非課税	
中小企業間の統合	租特法31	繰越課税	
法人転換（現物出資又は産業譲受方式	租特法32	繰越課税	
株式の包括的交換移転	租特法38	課税繰延べ	
公益事業用土地等	租特法77	減免	2023.12.31まで

2　譲渡所得税非課税・減免の排除

① 未登記譲渡資産（韓所法104③）に該当する場合
② 売買契約書の取引価額が実際取引価額と異にして小さい場合（韓所法91②、韓租特法129①）

非課税又は減免を受ける税額から次の区分による金額を控除します。

A　非課税に関する規定の適用を受ける場合

Min（イ，ロ）

イ　非課税に関する規定を適用しなかった場合の所得税法第104条第1項による譲渡所得税算出税額

ロ　売買契約書の取引価額と実際取引価額との差額

B　減免に関する規定の適用を受ける場合

Min（イ，ロ）

イ　減免に関する規定の適用を受けたり受ける場合の当該減免税額

ロ　売買契約書の取引価額と実際取引価額との差額

3　一世帯一住宅非課税制度の概要（韓所法89①三）

一世帯とは、居住者及び配偶者が一緒に住所又は居所で生計を一つにする者と一緒に構成する家族単位をいいます。

一世帯一住宅非課税は非居住者には適用されません。

一世帯一住宅非課税規定は、住宅とそれに付随する土地の譲渡当時、実地取引価額が12億W以下である場合に適用されます。

12億Wを超過する高価住宅である場合には、12億Wを超過する部分に相当する譲渡差益に対しては、譲渡所得税を納付しなければなりません。

一世帯一住宅非課税要件を充足した高価住宅の課税対象譲渡差益の計算方法は、次のとお

りです。

○高価住宅に係る譲渡所得税の計算
① 課税される高価住宅の譲渡差益

② 課税される高価住宅に適用する長期保有特別控除額

（参考）
一世帯一住宅非課税要件は、以下のとおりとなります（ただし、一部例外規定があります）。

① 居住者が構成する一世帯が譲渡すること。
② 譲渡日現在国内に一住宅を保有していること。
③ 保有期間が２年以上であること。
④ 未登記譲渡資産に該当しないこと。
⑤ 売買契約書の取引価額を実地取引価額と異なって作成していないこと。
⑥ 高価住宅（譲渡価額（土地＋建物）が12億Ｗを超過する住宅）に該当しないこと。
⑦ 建物を実際に住宅として使用していること。
⑧ 住宅附随上地は住宅定着面積の５倍以内であること。

4　非居住者の一世帯一住宅非課税制度の適用可否

国内源泉不動産所得がある非居住者に対しては、居住者と同様の方法で課税され（韓所法121）、一世帯一住宅に対する譲渡所得税非課税規定を原則的に譲渡者が譲渡日現在所得税法上居住者に限定しています。

ただし、一世帯が出国日及び譲渡日現在一住宅を保有した場合で、海外移住法に海外移住で世帯全員が出国した後、出国日（現地移住の場合は永住権又はそれに準ずる長期在留資格を取得した日）から２年以内に当該住宅を譲渡する場合には、保有期間及び居住期間の制限を受けなくして、譲渡価額12億Ｗ以下に相当する譲渡差益に対しては、譲渡所得税が非課税となります。

（出典：2023.在日納税者が知らなければならない韓・日税金常識p.77（筆者翻訳））

譲渡所得編

Q14　譲渡所得税の税率体系

日本の譲渡所得課税には申告分離課税制度があり、その税率は一律ですが、韓国においても譲渡所得にかかる分離課税の税率は一律なのでしょうか？

A

(1)　韓国の譲渡所得税の税率体系は、最も複雑な税率体系となっているといえましょう。住宅の数、資産の種類、土地の利用状況、保有期間、登記の有無等によって適用税率を異にします。

　　例えば、韓国譲渡所得に係る税率構成の特色を箇条書きで例挙すると次のとおりです。

① 国外財産の譲渡については分離課税を適用しないので、一般税率（累進課税）適用となる
② 保有期間に応じて適用する税率が異なる
③ 株式及び出資証券の譲渡については大株主の場合の適用税率は高率となる
④ 非事業用土地の譲渡については、事業分適用税率より高税率となる
⑤ 未登記の資産の譲渡所得には、かなりの高率の税率が課される

(2)　韓国の譲渡所得税率体系及び基本税率は、下表のとおりです。

○韓国の譲渡所得税の税率体系

資　産	区　分		税　率	国外資産譲渡所得
土地・建物・不動産に関する権利	住宅等保有期間	1年未満	70%	6～45%基本税率
		2年未満	60%	
		2年以上	基本税率	
	非事業用土地		基本税率＋10%	
	未登記譲渡資産		70%	
その他資産			6～45%基本税率	

資　産	国内資産譲渡所得					国外資産譲渡所得
	中小企業以外			中小企業		・中小企業：10% ・中小企業以外：20%
	大株主		少額株主	大株主	少額株主	
株式又は出資持分	1年未満	1年以上	20%	20～25%	20%	
	30%	20～25%				
派生商品	2018.4.1以後譲渡分から10%					

○所得税基本税率

課税標準	基本税率	非事業用土地
1,400万W以下	6％	16％
1,400万W超～5,000万W以下	15％	25％
5,000万W超～8,800万W以下	24％	34％
8,800万W超～1億5,000万W以下	35％	45％
1億5,000万W超～3億W以下	38％	48％
3億W超～5億W以下	40％	50％
5億W超～10億W以下	42％	52％
10億W超	45％	55％

○韓国譲渡所得税の税率適用方法

① 1つの資産が2つ以上の税率に該当するときには、それぞれの税率を適用した算出金額中、大きい税額を納付することになります。

㋐ 1年5か月間保有した非事業用土地を2023年中に譲渡する時の納付する税額の計算

⇒ 下表a・b中、大きい金額である2,400万Wが納付する税額です。

	課税標準	税率	累進控除額	算出税額
a	6,000万W	40％（2年未満）		2,400万W
b	6,000万W	34％（非事業用土地）	576万W	1,464万W

② 1課税期間に税率の異なる2つ以上の資産を譲渡する場合の算出税額は、次のⒶとⒷの金額中、大きい金額となります。

　Ⓐ 当該課税期間の譲渡所得課税標準合計額×基本税率＝譲渡所得算出税額－譲渡所得税減免額

　Ⓑ 資産別譲渡所得算出税額合計額－譲渡所得税減免額

㋐ 2年以上保有した非事業用土地と非事業用土地ではない資産を譲渡する時の納付する税額の計算

⇒ 下表a・b中、大きい金額である21,660万Wが納付する税額です。

	区分	課税標準	税率	累進控除額	算出税額
a	課税標準合計	60,000万W	42％	3,540万W	21,660万W
b	算出税額の合計				20,520万W
	非事業用土地	11,000万W	45％	1,490万W	3,460万W
	非事業用土地ではない資産	49,000万W	40％	2,540万W	17,060万W

（参考）
① 未登記譲渡資産に対する不利益
　イ　譲渡所得非課税・減免適用排除
　ロ　基準時価必要経費概算控除率適用時、低い率を適用
　ハ　長期保有特別控除適用排除
　ニ　譲渡所得基本控除適用排除
　ホ　譲渡所得税最高税率適用（2002〜2003年：60％、2004.1.1以後：70％）

② 大株主の範囲
　「Ｑ２　譲渡所得税の計算」参照

譲渡所得編

Q15　外国納付税額の控除制度

　国外財産を譲渡した際に納付した外国税額については、居住地国（韓国）で申告納付する際に控除されて二重課税が調整されるのでしょうか？

A

　国外資産の譲渡によって、その譲渡者が当該外国で譲渡資産に対する税金を負担する場合には、韓国で当該財産の譲渡所得を申告する際に二重課税を排除する方法として、税額控除方法と必要経費算入方法中、1つを選択して適用を受けることができます。

1　税額控除方法

　国外資産に係る譲渡所得税額を次の限度範囲内で当該課税期間の譲渡所得算出税額から控除する方法

$$\text{外国納付税額控除限度} = \text{当該課税期間譲渡所得算出税額} \times \frac{\text{国外資産の譲渡所得金額}}{\text{当該課税期間の譲渡所得金額}}$$

　(注)　国外資産譲渡所得に対する税額とは、国外資産の譲渡資産に対して外国政府（地方自治体を含みます。）が課税した次に該当する税額をいいます。
　　①　個人の譲渡所得金額を課税標準として課税された税額
　　②　個人の譲渡所得金額を課税標準として課税された税の付加税

2　必要経費算入方法

　国外資産譲渡所得に対して納付したり、納付する国外資産譲渡所得税額を当該課税期間の譲渡所得金額計算上必要経費に算入する方法です。

3　税額控除又は必要経費算入申請書提出

　国外資産譲渡所得税額の控除受けようとしたり必要経費に算入しようとする者は「国外資産譲渡所得税額控除（必要経費算入）申請書」（「所得税法施行規制」別紙第89号書式）を確定申告（予定申告を含みます。）期限内に納税地所轄税務署長に提出しなければなりません。

譲渡所得編

Q16 譲渡所得税の申告・納付制度

韓国の譲渡所得税の申告期限や、それに伴う修正申告・更正の請求について説明願います。

A

韓国所得税法上の確定申告期限は翌年5月31日ですが、譲渡所得の申告については、予定申告制度があります。以下、説明します。

1　予定申告・納付（韓所法94①）

資産を譲渡した者は、必ず予定申告をしなければならず、譲渡所得がないとか、譲渡差損が発生した場合でも、申告をしなければなりません。

資産種類	申告・納付期限	適用
土地・建物、資産不動産に関する権利、その他資産及び信託収益権	譲渡日が属する日の末日から2か月以内	
負担付贈与	贈与日が属する日の末日から3か月以内	2017.1.1以後
国内株式（特定株式・不動産過多保有法人株式を除く）	譲渡日が属する半期の末日から2か月以内	2018.1.1以後
国内株式（特定株式・不動産過多保有法人株式）	譲渡日の末日から2か月以内	2019.9.11以後

・国外資産中株式等に対しては2012年譲渡分から予定申告・納付制度が廃止されています。
・予定申告及び納付をしなかった場合にも各種加算税が賦課されます。

2　確定申告・納付

譲渡所得税の納税義務者は当該課税期間（通常1.1～12.31）の譲渡所得課税標準と税額を譲渡した年度の翌年度5月1日から31日まで納税地管轄税務署長に確定申告して自進納付しなければなりません。

予定申告をした場合にも1課税期間の間に2回以上譲渡所得税課税対象資産を譲渡したときには必ず確定申告しなければなりません（予定申告時合算して申告しない場合に限ります）。

居住者は通常住所地管轄税務署長に、非居住者は国内事業場がない場合には譲渡資産の所在地（国内源泉所得発生場所　例：不動産所在地）管轄税務署長に申告します。

修正申告と更正等の請求
(1)　修正申告（韓基法45）

課税標準申告書を法定申告期限内に提出した者は、その課税標準及び税額が申告しなければならない課税標準及び税額に満たないとか、欠損金額又は還付税額が申告しなければならない欠損金額や還付税額を超過している時には管轄税務署長が課税標準と税額を決定又は更

正して通知する前で国税賦課の除斥期間が終了する前までに課税標準修正申告書を提出することができます。

(2) 一定期限内での修正申告による加算税減免の効果

　法定申告期限が経過した後、一定期限内に期限後申告書及び修正申告書を提出する場合には、過少申告・超過還付加算税の一定率を減免します。ただし、課税官庁から更正することを前もって知って修正申告書等を提出する時には加算税は減免されません。

	区分		申告時期	減免比率	減免除外
法定申告期限（注1）	確定申告期限	修正申告（韓基法48②一）	1か月以内	90%	課税標準と税額を更正することを前もって知って修正又は期限後申告書を提出した場合は減免を除外します。
			1か月超～3か月以内	75%	
			3か月超～6か月以内	50%	
			6か月超～1年以内	30%	
			1年超～1年6か月以内	20%	
			1年6か月超～2年以内	10%	
		期限後申告（韓基法48②二）	1か月以内	50%	
			1か月超～3か月以内	30%	
			3か月超～6か月以内	20%	
	予定申告期限	修正申告（韓基法48②三タ）	1か月以内	90%	
			1か月超～3か月以内	75%	
			3か月超～確定申告期限	50%	
		期限後申告（韓基法48②三ラ）	確定申告期限	50%（注2）	

(注)1　法定申告期限には、確定申告期限、予定申告期限の全てを含みます。
(注)2　予定申告期限までに予定申告したが、過少（還付超過）申告をして確定申告した場合及び予定申告期限までに無申告をして確定申告をした場合

Q17 決定・更正と加算税制度

韓国の決定・更正とそれに伴う加算税制度について説明願います。

A

(注) 本文中の税法は韓国税法条文を示しています。

1 課税標準及び税額の決定・更正事由
 (1) 決定事由
  「所得税法」第105条による予定申告又は第110条による確定申告をしなければならない者が、その申告をしなかった場合。いわゆる無申告の場合です。

 (2) 更正事由
  ① 「所得税法」第105条による予定申告又は第110条による確定申告をした者の申告内容に脱漏又は誤謬がある場合
  ② 譲渡所得税標準と税額を決定又は更正した後、その決定又は更正に脱漏又は誤謬があることが発見された場合
  いわゆる過少申告の場合です。

2 加算税の賦課
 (1) 無申告又は過少申告加算税（韓基法47の2、47の3）
  ① 要件
   譲渡所得がある者が申告が申告しなければならない所得金額を予定（確定）申告期限まで申告をしなかったり、過少に申告・納付したときに無申告又は過少申告加算税が課税されます。
  ② 無(過少)申告加算税の計算
   (無(過少)申告納付税額＋超過申告した還付税額) ×X
     Xは、無申告加算税率 20％
       過少（超過還付）申告加算税率 10％
       不正申告加算税率 40％

 (2) 納付遅延加算税（韓基法47の4）
  ① 要件
   申告期限まで納付しなければならない税額を納付しなかったり、納付する税額に未達で納付したときには、納付遅延加算税（下記②のⒶ＋Ⓑ）が課税されます。
  ② 納付遅延加算税の計算
   Ⓐ 遅延利子
    ・未納（過少納付税額）×（法定納付期限の翌日～納付日）×1日0.022％
    ・超過還付を受けた税額×（還付を受けた日の翌日～納付日）×1日0.022％

Ⓑ　遅延納付に対する制裁

　法定納付期限までに納付しなければならない税額（税額中、納税告知書による納付期限までに納付しなかった税額又は過少納付分税額）×３％

Q18 譲渡所得税の賦課除斥期間

譲渡所得税が課税できる期間制限（除斥期間）は何年でしょうか。

A

譲渡所得税の賦課制限期間は、譲渡した日の所属する翌年度6月1日（課税標準確定申告期限の翌日）から起算して、賦課除斥既期間が満了すれば、国の賦課権が消滅します。次に規定された期間が経過した日から賦課されません。

譲渡所得除斥期間の起算日は、賦課できる日から起算します。

○韓国譲渡所得税の賦課除籍期間

区分	除斥期間
詐欺その他不当な行為で国税逋脱	10年
国際取引から発生した不正行為（2015.11以後）	15年
無申告	7年
それ以外（一般過少申告）	5年

Q19 非居住者の不動産等の韓国国内源泉所得に対する源泉徴収制度

日本では、非居住者が不動産を譲渡した場合に譲受者が支払代金から税金を徴収して納付する制度がありますが、韓国においても同様な制度があるのでしょうか。

A

1 源泉徴収対象

非居住者が韓国国内で不動産等を譲渡する場合で、譲受者が内国法人又は外国法人である場合、譲渡所得税を源泉徴収することになります。

源泉徴収対象になる非居住者の不動産等の国内源泉所得とは、韓国国内にある土地・建物・不動産に関する権利、その他資産を譲渡して発生した所得をいいます。ここでその他資産に該当する株式の場合とは、譲渡日が属する事業年度開始日現在、当該法人の資産総額中不動産と不動産に関する権利の価額の合計額が50％以上である非上場法人の株式又は出資持分を意味します。

2 源泉徴収義務者

源泉徴収義務者は、非居住者に譲渡価額を支払う内国法人又は外国法人（売買代金の支払者である不動産取得者）です。ただし、譲渡時期前に譲渡所得課税標準予定申告・納付をしたという納税地管轄税務署長が交付した確認書を提出するとか、若しくは不動産等の譲渡所得が非課税等に該当する場合には、譲渡者の源泉徴収義務が免除されます。このとき、譲渡者である非居住者が非課税又は課税未達に該当する場合であると申告して「非課税等確認書」の発給を受ける手続は、次のとおりです。

（非課税等確認書の発給取扱い）

3 源泉徴収税率

源泉徴収義務者は、譲渡価額（支払額）の10％を源泉徴収して翌月10日までに納付しなければなりません。ただし、当該譲渡者の取得価額及び譲渡費用が確認される場合には、譲渡価額の10％と譲渡差益の20％中少ない金額を源泉徴収します。譲受者が源泉徴収税額を期間内に納付しないとか、少なく納付した時は、その未納税額又は未達税額の10％を加算税として賦課徴収されます。

4 非居住者の譲渡所得税申告納付

譲渡者（非居住者）は、居住者と同じ方式で譲渡所得税を予定（確定）申告・納付しなければならず、当該譲受者に支払った源泉徴収税額がある場合には、予定（確定）申告時、既納付税額として源泉徴収税額を控除して予定（確定）申告税額を計算します。

Q20　国外資産譲渡に対する譲渡所得税

韓国居住者が国外財産を譲渡した場合にも、韓国で譲渡所得税を納付する義務があるのでしょうか。

A

資本自由化の本格化に伴い、居住者（当該資産の譲渡日まで継続して5年以上国内に住所又は居所を置いた者が該当。以下「永住者」といいます。）が国外資産を譲渡する場合にも、その譲渡所得に対して譲渡所得税の納税義務があります。

(注)　日本の居住者の中の永住者に該当する者は、国内送金の有無にかかわらず、全世界所得課税となる制度と類似した制度と思われます。
　　　また、韓国においても、日本と同様に非永住者概念が取り入れられています。

1　課税対象資産（韓所法118の2、韓所令178の2）
　永住者が、国外にある資産を譲渡することで発生する、次の所得に限ります。
(1)　土地又は建物の譲渡で発生する所得
(2)　不動産に関する権利等次の各目の資産（未登記資産を含みます。）の譲渡で発生する所得
　　①　地上権・先貰権と不動産賃借権
　　②　不動産を取得できる権利
(3)　次の各目に該当する株式等の譲渡で発生した所得
　　①　外国法人が発行した株式等（証券市場に上場された株式等と、場内派生商品に該当する株式等を除く。）
　　②　内国法人が発行した株式等（国外預託期間が発行した証券預託証券を含む。）で証券市場と類似した市場で外国にある市場に上場された株式等
(4)　派生商品
(5)　国外にある資産で所得税法第94条第1項第4号によるその他資産と同法第118条の2第2号による不動産に関する権利で未登記譲渡資産の譲渡で発生する所得
(6)　国外で外貨を借入れして取得した資産を譲渡して発生する所得で為替変動によって外貨借入金から発生する為替損金差益を含んでいる場合には、当該為替差益を譲渡所得の範囲から除外

2　譲渡価額
　国外資産の譲渡価額は、原則として譲渡当時の実地取引価額となります。実地取引価額が確認できない場合には、外国政府による時価額又は譲渡日前後6か月以内に成立した実地取引価額等によります。

3　外国納付税額控除

　外国納付税額控除法法等については、「Q15　外国納付税額の控除制度」を参照してください。

譲渡所得編

Q21 所得区分と税金

不動産を譲渡する時に発生する所得が、韓国税法上、譲渡所得に該当するのか、事業所得に該当するのかの区分について、説明願います。

A

不動産等を譲渡して申告・納付する場合、資産の所有権移転が譲渡所得税課税対象となるのか事業所得にあたるのかを明確に区分して申告しなければなりません。

譲渡所得とは原則的に事業の一部としてではなく、単純に非事業者の地位として資産を移転する個人に課税される税金で、事業所得は不動産売買業、住宅新築販売業者等と同じく資産が事業の一部として移転されて事業者に課税される税金です。

資産移転により発生した所得に対する課税区分は、下表のとおりです。

代価性	納税義務者	事業性	税目	備考
有償移転	譲渡者	一時的・非反復的譲渡	譲渡所得税	
		事業的譲渡	(事業)所得税	事業的に資産譲渡
無償移転	受贈者 (個人・非営利法人)	非事業者	贈与税	
		個人事業者	(事業)所得税	事業と関連して受ける資産受贈益は所得税課税
	受贈者 (営利法人)		法人税	資産受贈益として益金算入で法人税課税

Q22　居住者への出国時国内株式等に対する税制特例（韓国版国外転出時課税）

> 日本には居住者が出国時に国内株式の評価益相当額を納税する、いわゆる国外転出時課税制度がありますが、韓国においても同様な課税制度があるのでしょうか。

A

域外租税回避防止及び国内資産に対する課税権確保のため、居住者が移転等で国外転出する場合、国外転出日に国内株式を譲渡したものとみて課税する制度が、韓国においても2016.12.20法律第14389号で新設されました。その施行は2018.1.1以後居住者が出国する場合から適用されます。この制度は、「国外転出税」と呼称されています。

1　国外転出税申告制度とは

2018.1.1から大株主である居住者が海外移住等の事由で出国する場合、出国当時所有している国内株式等の評価利益を譲渡所得とみなして、譲渡所得税を申告・納付する制度です。

2　納税義務者（韓所法118の9）

国外転出税納税義務者は、次の要件を全て満たして出国する居住者（国外転出者）をいいます。

① 出国日10年前から出国日まで国内に住所又は居所を置いた期間の合計が5年以上であること。
② 出国日直前年度終了日現在所有株式等の持分率又は時価総額等を考慮して、大株主に該当すること。

大株主の要件（所令167の8①）

出国日	上場株式							非上場株式			
	コスピー		コスダック		コーネックス		ベンチャー企業		その他	
	持分率	時価総額	持分率	時価総額	持分率	時価総額	持分率	時価総額	持分率	時価総額
20.3.31以前	1％	15億W	2％	15億W	4％	10億W	4％	40億W	4％	15億W
20.4.1以後	1％	10億W	2％	10億W	4％	10億W	4％	40億W	4％	10億W

3　課税対象資産

国外転出者が、出国当時所有していた「韓国所得税法」第94条第1項第3号、第4号タ目及びラ目に規定する上場、非上場国内株式及び不動産株式（新株引受権、証券預託証券を含む）等をいいます。

4 課税標準及び税額の計算

(1) 譲渡所得課税標準

譲渡所得課税標準＝譲渡価額－必要経費－年250万W

株式の評価額を譲渡価額とみて課税標準と算定し、評価額は出国日当時の時価で、時価がない場合は基準時価で評価します。

必要経費は「所得税法」第97条による取得価額及び譲渡費等に該当して、基本控除250万Wを適用します。

(2) 税率及び算出税額

算出税額＝譲渡所得課税標準×税率

譲渡所得税算出税額は、譲渡所得課税標準に下記の税率を乗じて求めます。
① 2018.12.31以前出国時：20％単一税率
② 2019.1.1以後出国時：課税標準3億W以下は20％、3億W超過分は25％（中小企業株式に対する税率引上げは、2020.1.1以後出国時から適用）

5 税額控除

国外転出者が、出国後、国内株式等を実際に譲渡した場合、譲渡した日から2年以内（2019.1.1以後譲渡分から。以前は3か月以内）に税額控除申請書を提出して、①調整控除、②外国納付税額控除、③非居住者の国内源泉所得税額控除を申請します。

なお、外国納付税額控除と非居住者の国内源泉所得税額控除は、重複適用できません。

(1) 調整控除

調整控除は、国外転出者が国内株式等を実際譲渡した場合に、実際譲渡価額が出国時評価額より低い時に申請します。

控除額＝（課税標準計算の譲渡価額－実際譲渡価額）×税率

(2) 外国納付税額控除

外国納付税額控除は、当該資産の譲渡所得に対して外国政府（地方自治団体を含む）に税額を納付した若しくは納付することがある時に申請します。

$$控除額＝外国政府に納付した税額 \times \frac{譲渡価額－必要経費}{実際譲渡価額－必要経費}$$

(3) 非居住者の国内源泉所得税額控除（株式譲渡時の国内源泉に係る税金の調整）

非居住者の国内源泉所得税額控除は、「所得税法」第119条第11項に規定する国内源泉所得で、国内で課税される時に申請します。

控除税額＝Min〔支給（譲渡）金額の10％, 譲渡差益の20％〕

6　申告納付

(1) 出国時提出書類

国外転出者は、"納税管理人申告書"及び"国外転出者国内株式等保有現況申告書"を、出国日前日までに納税地管轄税務署長に提出し、翌年5月31日までに申告・納税しなければなりません（納税管理の届出がある場合）。

※　出国日の前日までに国内株式等の保有現況が無（過少）申告の場合は、額面価額の2％加算税が賦課されます（2019.1.1以後申告分から）。

(2) 申告・納付期限

国外転出者は、出国日が属する月の月末から3か月以内に、納税地管轄税務署長に譲渡所得税を申告・納付しなければなりません。

ただし、2019.1.1以後出国から、納税管理人を申告した場合、譲渡日が属する年の翌年5月（譲渡所得税確定申告期限）に申告・納付します。

(3) 納付猶予

国外転出者が、納税管理人申告及び納税担保提供した時は、出国日から国内株式等を実際に譲渡する時まで、納付猶予申請が可能です。

納付猶予期間は、出国日から5年間（留学の場合は10年間）であって、納付猶予を受けた転出者は下記の納付期限まで納付猶予申請日現在利子率に相当する利子を加算して納付します。

納付猶予適用者に係る納付期限

区分	納付期限
出国日から5年（留学の場合10年）以内に譲渡しない場合	出国日から5年（留学の場合10年）になる日が属する月の末日から3か月以内
実際に譲渡した場合	譲渡日が属する月の末日から3か月以内

7　納付した税額の還付及び納付猶予中である税額の取消し

国外転出者は、次のいずれか1つに該当する事由の発生時、当該事由が発生した日から1年以内に、納付した税額の還付申請又は納付猶予中である税額の取消しを申請しなくてはなりません。

① 出国日から5年以内に、国外転出者の国内株式等を譲渡せずに再び入国して居住者になった場合
② 出国日から5年以内に、国外転出者の国内株式等を居住者に贈与した場合
③ 国外転出者の相続人が、国外転出者の出国日から5年以内に国外転出者の国内株式等を相続した場合

上記②又は③の事由に該当して国外転出者が納付した税額を還付する場合は、国税還付加算金は加算されません。

税務調査・その他編

(注) 本文中の税法規定に係る記述は、特に断りのない限り韓国税法規定（条文）を示します。

税務調査・その他編　目次

Q1　韓国における相続税調査の実際①　344
Q2　韓国における相続税調査の実際②　346
Q3　韓国の権利救済制度　354
Q4　韓国における限定承認、相続放棄の手続　357
Q5　相続財産を分配後に再び異なる分配比率で財産の分割をする場合の
　　韓国税法の取扱い　358
Q6　韓国民法で定める法定相続分とは異なる分配をしようとする場合　359
Q7　父が死亡後相当期間経過後での国内不動産の相続登記　360
Q8　韓国非居住者である相続人が韓国に行かずに相続登記をしようとする場合　361
Q9　韓国に所在する財産の評価　362
Q10　小規模宅地等の適用可否　364
Q11　在外国民印鑑経由制度　365
Q12　在外国民の「不動産等譲渡申告確認書」提出制度　366
Q13　韓国で相続を受けた不動産の譲渡代金の日本送金　368
Q14　韓国の不動産公示価格制度　371
Q15　韓国の海外金融口座申告制度　372
Q16　韓国の海外信託資料提出義務制度の導入（国税法58、59、91）　374

Q1 韓国における相続税調査の実際①

韓国における相続税調査の手続や調査管轄について説明願います。

A

　韓国の相続税法は、自主申告制度を導入しているものの、申告によって納税義務が確定することではなく、申告後一定期間までに税務調査を実施して、相続税を確定するという「賦課課税方式」を採っています。自主申告の提出先及び調査管轄について、また、相続人が日本に居住していることから韓国税務調査に立会いができない状況における場合の対応についても説明します。

1　相続税の申告・納付先

　相続税の納付義務がある相続人又は受遺者は、相続開始日の属する月の末日から6か月以内に相続税の課税価額及び課税標準を、相続税の課税標準申告書によって納税地の管轄税務署長に申告・納付しなければなりません。ただし、被相続人又は相続人の全員が国外に住所がある場合には、9か月以内に申告・納付しなければなりません。

(1)　納税地
　①　相続開始地が国内の場合
　　・住所がある場合……被相続人の住所地を管轄する税務署長又は地方国税庁長（日本の国税局に相当します。）
　　・住所がないか又は不分明な場合……被相続人の居所地を管轄する税務署長又は地方国税庁長
　②　相続開始地が国外の場合
　　・国内にある財産の所在地を管轄する税務署長又は地方国税庁長
　　・相続財産が二つ以上の場合で税務署長又は地方国税庁長の管轄区域の内にある場合……主な財産の所在地（＝課税管轄別に計算した相続財産評価額の合計額が一番多額な所）を管轄する税務署長又は地方国税庁長

(2)　相続税を調査決定する期限
　税務署長又は地方国税国税庁長は、相続税の申告を受けた場合に、原則的にその申告を受けた日から"法定決定期限"（＝相続税は課税標準申告期限から9か月、贈与税は課税標準申告期限から6か月）以内に課税標準と税額を決定しなければなりません。
　ただし、相続税及び贈与税を逋脱しようとする行為が認められる場合等は、申告期限内においても随時決定することができます。

(3)　高額相続財産を相続した相続人の事後管理
　税務署長又は地方国税庁長が当初決定した相続財産の価額が30億W以上の場合で、相続

開始から５年になる日までの期間以内に相続人が保有した主要財産の価額が相続開始当時に比べて著しく増加した場合には、その決定した課税標準と税額に脱漏又は誤謬があるかどうかを調査しなければならないこととなっています。

この場合、その増加要因が客観的に明白でない場合に限って実施されます。

2　金融財産一括照会

国税庁長は、「金融実名取引及び秘密保障に関する法律」第４条（金融取引の秘密保障）にかかわらず、金融機関の長に次の事項を記載した文書によって一括して金融財産に関する資料を要求することができます。

日本の相続税及び贈与税の調査に当たっては、事前に被相続人及び相続人の金融資産を金融機関に照会しているところです。

① 相続人・被相続人又は贈与者・受贈者の人的事項
② 使用目的
③ 要求する資料の内容

3　納税管理人の指定・変更・解任の申告

相続税の申告・納付等国税に関する事項を処理するために、納税管理人を定めなければなりません。納税管理人として、税理士、弁護士、税理士登録をした公認会計士を置くことができます。

納税者が納税管理人を指定したり、納税管理人を変更又は解任するときには、納税管理人設定（変更・解任）申告書を管轄税務署長に提出することとなります。

（納税管理人を置く場合）
① 納税者が国内に住所又は居所を置かないとか、国外に住所又は居所を移転しようとする場合
② 相続人が確定していないとか、相続人が相続財産を処分する権限がない場合
③ 非居住者である相続人が金融機関に相続財産の支払、名義書換え又は変更を請求する場合

（参考）相続人が国外に居住していることなどから調査立会いができない場合の対応方法

納税者が相続税及び贈与税等の賦課処分のために実地調査を受ける場合において、相続人が国外に居住しているとか韓国語での意志の疎通が不十分であるとかの理由で立会いができない場合には、国税基本法第81条の５の規定により、弁護士、公認会計士、税理士を調査に立会いさせ意見を述べることができます。この場合には、当該税務代理人にその権限があることを証明する「委任状」を税務署に提出しなければなりません。

Q2　韓国における相続税調査の実際②

日本に居住している被相続人の財産が韓国に所在することから、韓国において相続税課税標準申告書（制限納税義務者）を提出しました。韓国は賦課課税方式であることから、必ず調査があるとのことですが、韓国の税務署による相続税税務調査の実際について説明願います。

A

被相続人は日本に居住していることから、韓国相続税法上「制限納税義務者」に該当し、韓国に所在する財産について相続税申告が必要となります。

相続税申告期限は被相続人、相続人とも外国（日本）に居住していることから、相続開始日の属する月末から9か月後（9か月目が土日祭日に該当する場合はその翌日）に申告することとなります。

その後、税務署から相続税額を確定するための税務調査が開始することとなります。

以下次葉に、韓国税務署の相続税調査の実際について、順を追って説明します。

○韓国相続税調査の実際

```
│┐
││ 相続開始日
│┘
│ }9か月以内に相続税申告書（自進申告）を提出
│
│  9か月以内（贈与税は6か月以内）
│
├→ 所轄税務署から税務調査を行う旨の通知（委任した韓国税理士に通知）
│
├← 税務署に税務調査に関する委任状を提出（韓国税理士）
│
├→ 税務署から税務調査を行う日数（期間）の指定通知
│
│
├ 調査着手日 （韓国税理士対応） →納税者権利憲章    }の受領
│                              →税務調査ガイドブック
│
│      ・必要に応じて、日本居住相続人が対応
│      ・質問事項についての資料提出、説明
│      ・税務署による金融機関一括照会などによる調査進展
│
├ 調査終結
│      税務署から「税務調査結果通知」が届きます。
│     （添付書類）
│      ①「収入金額・課税標準及び税額の算出内訳」
│       ＝この中に新たに納税することとなる「予想の告知税額」の記載があります。
│      ② 税務調査の結果に対する「権利救済手続」※の文書
│       ※「権利救済手続」の流れについては、次頁及びQ3を参照
│      ③「顧客チェックリスト」
│       ＝調査員が調査手続を適法に行ったかを個々にチェックし、提出する書類です。
↓
```

※ 納税者権利救済手続フロー図

→ 税務署からの決定通知書
　　① 「納税告知書」
　　　・税額算出根拠
　　　・加算税算出根拠　等
　　② 「相続税課税標準及び税務計算内容通知」
　　③ 「相続人又は受遺者別納付する相続税額及び連帯納税義務者通知」

→ 納税が遅れると
　　① 債権差押通知
　　② 国税確定前保全の差押財産（預金有価証券等）の納期内の充当同意書※

※ 充当同意書を提出することの効果

○ 国税庁の相続税税源管理フロー

○税務調査ガイドブック

○税務調査ガイドブック

税務調査ガイドブックは納税者に税務調査手続をわかりやすく説明する指針書です

세무조사 가이드북은 **납세자**에게 **세무조사 절차를 알기 쉽게 설명하는 지침서**입니다.

[세무조사 절차 안내 영상]

CONTENTS

- **3** 納税者権利憲章
  납세자권리헌장

- **4** 税務調査はこのように進行します
  세무조사는 이렇게 진행됩니다

- **5** 税務調査進行過程別確認事項
  세무조사 진행 과정별 확인할 사항

- **6** 税務調査準備に負担をかけません
  세무조사 준비에 부담을 갖지 마세요
  세무조사 시작전 税務調査着手前

- **10** 税務調査は公正かつ透明に進められます
  세무조사는 공정하고 투명하게 진행됩니다
  세무조사의 시작과 진행 税務調査の着手と進行

- **18** 税務調査の最後まで配慮されます
  세무조사의 마지막까지 배려하겠습니다
  세무조사의 마무리 税務調査のまとめ

- **21** 納税者の声に耳を傾けます
  납세자의 목소리에 귀를 기울이겠습니다
  납세자 권리구제 및 고객평가 納税者権利救済及び顧客評価

- **28** **기타 안내말씀** その他案内

납세자권리헌장
納税者憲章

납세자의 권리는 헌법과 법률에 따라 존중되고 보장됩니다.

납세자는 신고 등의 협력의무를 이행하지 않았거나 구체적인 조세탈루 혐의가 없는 한 성실하다고 추정되고 법령에 의해서만 세무조사 대상으로 선정되며, 공정한 과세에 필요한 최소한의 기간과 범위에서 조사받을 권리가 있습니다.

납세자는 증거인멸의 우려 등이 없는 한 세무조사 기간과 사유를 사전에 통지받으며, 사업의 어려움으로 불가피한 때에는 조사의 연기를 요구하여 그 결과를 통지받을 권리가 있습니다.

납세자는 세무대리인의 조력을 받을 수 있고 명백한 조세탈루혐의 등이 없는 한 중복조사를 받지 아니하며, 장부·서류는 탈루혐의가 있는 경우로서 납세자의 동의가 있어야 세무관서에 일시 보관될 수 있습니다.

납세자는 세무조사 기간이 연장 또는 중지되거나 조사범위가 확대될 때, 그리고 조사가 끝났을 때 그 사유와 결과를 서면으로 통지받을 권리가 있습니다.

납세자는 위법·부당한 처분 또는 절차로 권익을 침해당하거나 침해당할 우려가 있을 때 그 처분의 적법성에 대하여 불복을 제기하여 구제받을 수 있으며, 납세자보호담당관과 보호위원회를 통하여 정당한 권익을 보호받을 수 있습니다.

납세자는 자신의 과세정보에 대해 비밀을 보호받고 권리행사에 필요한 정보를 신속하게 제공받을 수 있으며, 국세공무원으로부터 언제나 공정한 대우를 받을 권리가 있습니다.

국세청장

（まとめ）

調査の一連の流れは前述のとおりですが、

① 調査過程での疎明は、委任した韓国税理士が対応しますが、重要な事項は相続人自らが対応する必要が出てきます。
② 調査結果の妥当性の判断、納税資金の手当の仕方など各場面で相続人の判断が求められますので、韓国税理士と意思疎通を密にしておくことが大切です。
③ 制限納税義務者を理由とした疎明に日時を要するとした調査期間の延長は、原則認められないとの前提で、疎明資料の十分な準備が必要と考えます。
④ 税務調査に当たっての立証責任は、納税者にあります。日本での課税立証は税務署にあることと異なりますので、留意して下さい。
⑤ 韓国の税務調査が終結し、韓国税務署長から相続財産及び相続税額の増額の更正決定を受けると、日本においても増加した相続財産及び納税額に基づいて相続税修正申告が必要となります。

　日韓での個々の税法規定の違いもあり、相続人、日本の税理士、韓国の税理士の三者間の連絡を密にして意思の疎通を図ることが重要です。

　なお、相続人が両国税理士との関係をより密にする上で、日韓税法規定を相互に理解する上で、日韓税務に精通した第２オピニオンとして相談する税理士の手当をすることの考慮が必要かと思います。

Q3 韓国の権利救済制度

税の処分等に不服がある場合の韓国の権利救済制度について説明願います。

A

　税の処分を受けたり処分を受けるに当たって不服がある場合の権利救済制度は、日本の制度といくつか異なる点があります。

　1つは、日本の制度では、①審査請求前再調査請求、②審査請求、③訴訟となっていますが、韓国の制度は、①異議申立、②審査請求、（審判請求）、③監査院審査請求、④訴訟と、日本の審査請求に当たるところが複数となっている点です。

　2つ目は、税に関する問題の積極的な解決を図るために、納税者保護担当官が税務署に配置されている点にあります。

　その他にもいくつか相違がありますので、以下概説します。

1　韓国における法による権利救済制度

(1)　課税前適否審査制度

　課税前適否審査制度とは、税務調査を実施して、その調査結果を納税者に告知処分するとか、業務監査及び課税資料によって告知処分する場合（予想告知税額100万W以上）に、課税する内容を前もって納税者に知らせた後、納税者がその内容に対して異議があるときに、その課税予告の適法可否に対して審査請求する制度です。

　課税前適否審査請求書は、通知を受けた日から30日以内に税務署長等に提出しなければなりません。

　課税前適否審査請求を受けた税務署長等は、国税審査委員会の審査を経て決定し、その結果を、請求を受けた日から30日以内に請求人に通知することとなります。

　一方、課税前適否審査請求をしない納税者は、「早期決定申請制度」を利用することができます。

　早期決定申請制度とは、納税者が「早期決定申請書」を提出すれば、課税前適否審査請求期間内でも、すぐに告知を受けることになって、加算税負担の軽減及び調査の早期終了という効果があります。

(2)　告知後の権利救済制度

　課税処分（納税告知書）を受け取った後は、国税基本法の規定に従って異議申立、審査請求、審判請求を通じてその課税処分に対し不服を訴えることができます。審査請求、審判請求の処分に対して不服がある納税者は、行政訴訟法によって行政訴訟を提起することができます。

○不服手続の流れ

○審査請求（国税庁長）の流れ

2　韓国における行政による権利救済制度
　○　納税者保護担当官制度
　　　納税者保護担当官制度とは、税金と関連する悩みを納税者側に立って積極的に処理することで、納税者の権益を実質的に保護するために導入されました。
　　　日本にも同様な、納税者の苦情に対して積極的に解決する「納税者支援調整官」制度があります。
　　　納税者保護担当官が解決すべき職務を例を挙げて説明すると、次のとおりです。
　　①　税金救済手続を知らず不服請求期間が過ぎたとか、課税当時立証資料を提出できなくて、税金を払うようになった場合
　　②　滞納税額に比べて過大な財産を差し押さえたり、他の財産があるにもかかわらず事業活動に係る財産を差し押さえた場合
　　③　税務調査過程で過度な資料要求等、税務調査と関連して隘路、不満事項がある場合
　　④　その他税金関連隘路事項発生

Q4　韓国における限定承認、相続放棄の手続

相続財産が債務より少ないので、限定承認又は相続放棄をしようと考えていますが、韓国におけるそれらはどのようにすればよいのですか？

A

1　相続債務が相続財産を超過する場合、相続人が自己の財産で債務を返済できない場合には、家庭法院（裁判所）に限定承認又は相続放棄を申告して、法院から承認を受けることとなります。

(1)　相続人が限定承認（相続財産の範囲内で相続債務を負担するという条件付相続）をする場合には、相続開始を知った日から3か月以内に相続財産の目録を添付して、相続開始地を管轄する家庭法院に限定承認の申告をしなければなりません。相続人が、相続債務が相続財産を超過する事実を、重大な過失なく3か月以内に知ることができなかったため申告できない場合には、相続債務が超過する事実を知った日から3か月以内に申告することができます。

相続放棄をしようとする者は、相続開始を知った日から3か月以内に、相続開始地を管轄する家庭法院に相続放棄の申告をしなければなりません。

(2)　相続放棄の場合、第1順位の相続人全員が相続放棄すれば、第2順位の相続人に相続権が生じ、その相続人も再び相続放棄をしなければならない複雑さがあり、かつ、日本と韓国に相続財産があって、後日、相続財産が発見される可能性も考慮すると、限定承認を採用して、第1順位者たちが相続財産の範囲内でだけ債務を弁済することが、相続人が日本居住で韓国非居住者である場合での、実益のある方法ではないかと思われます。
（出典）韓国国税庁『在日納税者が知らなければならない韓日税金常識』(2023.6) p.286を著者翻訳（一部加工）

2　日本における限定承認及び相続放棄の手続は、次のとおりです。

(1)　限定承認は、相続の開始があったことを知った時から3か月以内に、家庭裁判所に書面「家事審判申立書」で申し立てをしなければなりません（民法924）。

また、相続人が数人ある時は、その全員が限定承認をしなければなりません。

(2)　相続放棄は、相続人が自己のために相続の開始があったことを知った時から3か月以内に、家庭裁判所に申述（申述書の提出）することによって行います。相続の放棄をすると、その者は、その相続に関しては初めから相続人にならなかったものとみなされます（民法939）。

なお、相続放棄者も、相続税の基礎控除額の計算上、法定相続人に含まれることに留意が必要です（相法15②）。

Q5 相続財産を分配後に再び異なる分配比率で財産の分割をする場合の韓国税法の取扱い

相続財産を分配した後に、都合により再び相続人間で当初の分配比率を異にする分割をする場合、税金にはどのような影響があるのでしょうか？

A

韓国民法上は、相続財産は相続人間でいつでも協議分割ができ（韓民法1013）、その効力は相続開始当時に遡及して効力を生じます（韓国民法1015）が、税法上、各相続分が1次確定（不動産登記、株式の名義書替等）された後、協議分割を理由として、当初相続分に増減がある場合には、持分が減少された相続人が、持分が増加した相続人に対して贈与があったこととみて、贈与税が課税されます。

ただし、当初相続財産分割に原因無効の事項があったり、次の事由によって相続人間で相続財産の変動がある場合には、贈与税を課税しないこととされています。

(1) 相続税申告期限内に再分配して、当初相続分が変動された場合
(2) 相続回復請求の訴えによる裁判所の確定判決によって、相続人及び相続財産に変動がある場合
(3) 韓国民法第404条の規定による債権者代位権の行使によって共同相続人達の法定相続分で登記等がされた相続財産を相続人間の協議分割によって再分配する場合
(4) 相続税課税標準申告期限以内に相続税を物納するために、民法第1009条による法定相続分で登記、登録、名義変更などを通して物納を申請したが、物納許可を受けられず、物納財産の変更命令を受けて当初の物納財産を相続人間の合意分割によって再分割する場合

(出典) 韓国国税庁『在日納税者が知らなければならない韓日税金常識』（2024.6）p.288を著者翻訳

Q6 韓国民法で定める法定相続分とは異なる分配をしようとする場合

韓国にある財産を、韓国民法による法定相続分とは異なる分配をしようとする場合、韓国においてどのような手続きをしなければなりませんか？

A

　法定相続分と異なる相続財産を分配しようとする場合には、被相続人が遺言をするとか、相続人間で相続財産を協議分割する方法によることとなります。

　ただし、被相続人が遺言を通して相続財産を法定相続分と異なる分配をしようとしても、相続人の遺留分は侵害できません。

　遺留分権利者は、被相続人の配偶者、直系卑属、直系尊属、兄弟姉妹です。

　遺留分の範囲は、配偶者及び直系卑属は法定相続分の1/2で、直系尊属及び兄弟姉妹は法定相続分の1/3です。

Q7　父が死亡後相当期間経過後での国内不動産の相続登記

父がずいぶん前に死亡していますが、今になって韓国国内不動産の相続登記ができますか？

A

被相続人の財産は登記がなくとも法律上当然に相続人に移転しています。相続放棄をしていない以上は、父の死亡と同時に相続権者は父の財産について所有権を取得します。

したがって、父がずいぶん前に死亡したとしても、いつでも相続人は不動産登記をすることができます。

もし、相続人が登記をしないまま第三者に不動産を譲渡するには、韓国民法187条但書きにより、必ず相続人の前で登記することが要求されます。

（出典）韓国国税庁『在日納税者が知らなければならない韓日税金常識』（2024.6）p.291
　　　の一部を著者翻訳

Q8 韓国非居住者である相続人が韓国に行かずに相続登記をしようとする場合

韓国非居住者である相続人が韓国に行かずに相続登記をしようとする場合は、どのようにすれば登記できるのでしょうか？

A

お尋ねの場合には、登記申請を代理人に委任して行うこととなります。

登記申請に必要な書類は本人が直接登記する場合と同一ですが、追加で申請人の委任状が必要となります。

（必要な書類）
① 相続による所有権移転登記申請書
② 相続人であることを証明する書類：除籍謄本、家族関係証明書、基本証明書、親養子入養関係証明書
③ 被相続人（死亡者）及び相続人の住民登録票謄本
④ 取得税税領収証確認書
⑤ 土地・建築物台帳
⑥ 印鑑証明書（協議分割による相続登記を申請する場合には分割協議書に捺印した相続人全員の印鑑証明が必要）
⑦ 委任状

委任状には委任者（非居住者）の署名又は印鑑を捺印して、登記対象となる不動産の内訳、代理人の人的事項、代理人が処理しなければならない事務の内容などを具体的に特定して記載しなければなりません。

また、委任状に使用した印鑑の印鑑証明を一緒に提出しなければなりません。さらに署名が本人のものであることを日本官公署の証明、公証人の公証、又は韓国大使館（領事館）の確認を受けて併せて提出しなければなりません。

（出典）韓国国税庁『在日納税者が知らなければならない韓日税金常識』（2024.6）p.290を著者翻訳

Q9　韓国に所在する財産の評価

日本相続税法において、不動産の評価にあっては、路線価方式、倍率方式があり、株式にあっては、配当還元方式があります。これら評価方法が韓国所在不動産及び韓国上場株式においても適用されますか？

A

　国外にある財産の価額についても、原則として財産評価基本通達の定めにより評価します。
　それができない場合には、財産評価基本通達の定めに準じて、又は売買実例価額、精通者意見価額等を参酌して評価することとなります（日相評通5－2）。
　その上で、財産評価基本通達の定めにより評価できない財産については、課税上弊害がない限り、その財産の取得価額を基にその財産が所在する地域若しくは国におけるその財産と同一種類の財産の一般的な価額動向に基づき、時点修正して求めた価額又は課税時期後にその財産を譲渡した場合における譲渡価額を基に、課税時期現在の価額として算出した価額により、評価することができることとされています。
　したがって、韓国における財産の評価方法の基本は、日本のそれと同一といえます。

1. 韓国の不動産についての評価方法は、①時価、②補充的評価方法で、その中で「不動産価額公示及び鑑定評価に関する法律」に基づき、個別公示時価を毎年発表していますので、この公示時価を採用することになると考えます。
　　ただし、採用するに当たっては、次の点に留意する必要があります。
　① 農地、山林の個別公示時価は宅地並みの課税で評価されることから、日本の扱いと大きく異なり、課税上の弊害が逆の意味であり、減額評価をする必要があること。
　② 倍率方式は、日本では路線価がない地域の適用ですが、韓国においては、不動産価額の急騰するおそれがある地域に対して適用され、適用することの考え方が正反対であること。

2. 韓国における株式の評価方法については、日本の株式評価方法と類似していますが、大きく違う点は、「配当還元方式」が韓国にはないということです。
　　しかし、韓国株式であっても、日本の財産評価通達5－2にあるように、「国外にある財産の価額についても、この通達に定める評価方法により評価する（ことに留意する。）」こととなりますので、日本の財産評価通達に基づいて配当還元方式が適用できるといえます。
　　ただし、適用するに当たっての留意点として、日本で韓国株式を配当還元方式を適用して評価したとしても、韓国における相続財産の評価に当たってはそれを適用せず、韓国相続税法に基づく評価をしているところ、韓国で納付した相続税を外国税額控除する際に、評価額の調整をして外国税額を再計算する必要があるか否かという点です。
　　この点については、外国税額控除の限度額の計算は、総相続財産価額に占める日本相続

税評価通達に基づく韓国相続財産価額ですので、調整は不要であると考えます。
　また、類似業種比準方式については、韓国において類似業種に係る指標がありませんので、事実上、適用はできないことになると考えます。

Q10 小規模宅地等の適用可否

被相続人居住地である韓国の居住用不動産には、日本での相続人による相続税申告に当たって、小規模宅地等の適用はありますか？

A

　小規模宅地等の評価の特例については、当該不動産が国内にある場合に限定していないことから、たとえ、当該不動産が韓国に所在しているとしても、宅地等が被相続人又は生計を一にする親族の居住の用に供している等、小規模宅地等に該当する要件を満たしている限り、適用があるといえます。

Q11　在外国民印鑑経由制度

在外国民が韓国内の不動産を譲渡在外国民印鑑経由手続が必要と聞きましたが、その手続について説明願います。

A

在外国民に対して、国内不動産の譲渡によって発生した所得に対する譲渡所得税申告・納付方法及び手続等を事前案内するために、在外国民が不動産売渡し用印鑑証明書の発給を受ける前に税務署を経由して税務署長の確認を受けるようにしています。

2019.1.1から、在外国民が委任状や添付書面に本人が直接署名又は捺印した意味の大韓民国在外公館から公証を受けた処分委任状等を代理人の印鑑証明書と一緒に提出する場合には、印鑑証明の提出にかえることができるように大法院不動産登記規則が改正されました。

（出典）韓国国税庁『在日納税者が知らなければならない韓日税金常識』（2024.6）p.67を著者翻訳

Q12　在外国民の「不動産等譲渡申告確認書」提出制度

在外国民が所有していた国内所在不動産を処分する時に必要とされる「不動産等譲渡申告確認書」提出制度について、説明願います。

A

（申請対象者）

「在外同胞の出入国と法的地位に関する法律」第2条第1号による在外国民と「出入国管理法」第2条第2号による外国人が、所得税法第94条第1項第1号の資産を譲渡して、その所有権を移転するために登記官署の長に登記を申請する時には、所得令第171条による不動産等譲渡申告確認書を提出しなければなりません。

（提出方法）

登記官署の長に不動産等譲渡申告確認書を提出しなければならない者は、企画財政部令で定める申請書（所規別紙第88号書式）を税務署長に提出して、不動産譲渡申告確認書発給を申請しなければなりません。

この場合「印鑑証明法施行令」第13条第3項但書による税務署長から不動産売渡用印鑑証明書の発給確認を受けていた場合には、不動産等譲渡申告確認書の提出を要しません。

○所得税法第94条第1項第1号

不動産等譲渡申告確認書発給申請書

■ 소득세법 시행규칙 [별지 제88호서식] 〈개정 2021. 9. 16.〉

[ ] 부동산등양도신고확인서 발급 신청서
[ ] 부동산등양도신고확인서

※ 뒤쪽의 작성방법을 읽고 작성하시기 바랍니다. (앞쪽)

발행번호	제 호		처리기한: 즉시

신청인(양도인)	① 성명		② 주민등록번호(국내거소신고번호, 외국인등록번호, 여권번호)
	③ 주소		(전화번호 :)
	④ 구분 [ ] 재외국민 [ ] 외국인		

등기권리자(양수인)	⑤ 성명(법인명)		⑥ 주민등록번호(법인등록번호)
	⑦ 주소		(전화번호 :)

⑧ 등기원인		⑨ 양도계약일자	

부동산등 양도내용

⑩ 부동산소재지	⑪ 종류	⑫ 면적(㎡)	⑬ 양도지분	⑭ 잔금일자

「소득세법」제108조 및 같은 법 시행령 제171조에 따라 부동산등양도신고확인서 발급 신청서를 제출합니다.

년 월 일

양도인 또는 대리인 주소
성명 (서명 또는 인)

세무서장 귀하

위와 같이 부동산등 양도내용을 신고하였음을 확인합니다.

년 월 일

세무서장 [인]

Q13　韓国で相続を受けた不動産の譲渡代金の日本送金

韓国非居住者である相続人が韓国で受けた不動産を譲渡し、その譲渡（処分）代金を日本に送金するにはどのような手続を踏めば可能でしょうか？

A

不動産の譲渡代金資金を日本に送金するにあたって、取引外換銀行を指定して、「在外同胞財産搬出申請書」「不動産売買契約書」、税務署長が発給した「不動産売買資金確認書」（確認書申請日が不動産譲渡日から5年以内である場合に限る）を取引外換銀行に提出しなければなりません。

この場合の送金可能限度額は、売却代金から債務・税金を控除した実手取額となります。

（参考）韓国の預金から引き出して資金を日本に送金する場合の手続

韓国国内銀行にあるＷ預金を引き出して、日本に送金する場合には、申請者の住所地管轄税務署長が発給した「預金等に対する資金出処確認書」を、指定取引の外国換銀行に提出し、送金手続をすることになります。

この時、外国換銀行から他の必要書類の提出を求められることもあります。

○不動産売却資金確認書

○預金等に対する資金出処確認書

Q14　韓国の不動産公示価格制度

韓国においても、日本と同様に土地公示価格制度があるとのことですが、概要を説明願います。

A

1　公示価格適用と現況

不動産価格公示は、国家及び地方自治体が多様な行政目的活用のため、「不動産価格公示に関する法律」により、国土交通部から毎年1月1日を基準として不動産の適正価格を公示することとなっています。

1989年から（住宅は2005年から）導入されて、不動産に対する公示価格は各種保有税、健康保険料賦課、基礎生活保障給与対象選定、鑑定評価等60余の分野で活用されています。

区分	活用分野
租税・負担金	財産税、総合不動産税、贈与税、健康保険料、開発負担金等
福祉事業	基礎年金、障害者年金、基礎生活保障給与、奨学金、勤労奨励金等
鑑定評価	補償、訴訟、競売、担保等

2　住宅公示価格閲覧

住宅に対する公示価格は、単独（一戸建）住宅と共同住宅に区分して、毎年1月標準単独住宅に対する公示価格を、公示後4月末共同住宅と個別単独住宅に対する公示価格が確定されます。

共同住宅、標準単独住宅に対する公示価格閲覧は、不動産公示価格ホームページで照会可能で、個別単独住宅に対する公示価格は、管轄地方自治体ホームページで確認できます。

3　日本との制度の違い

韓国では個別の土地、建物毎に価格が公示されますが、一方、日本での評価は路線価、固定資産税評価額などを基準としているといった評価方法に違いがあります。

したがって、日本では土地付建物については建物と土地を別個に評価しますが、韓国では建物付随土地として一括評価するのが原則となっています。

（出典）韓国国税庁『在日納税者が知らなければならない韓日税金常識』（2024.6）p.95を著者翻訳、3を加筆。

Q15 韓国の海外金融口座申告制度

韓国においても、日本の国外財産調書と同様な「海外金融口座申告制度」があるとのことですが、説明願います。

A

1 海外金融口座申告制度

海外金融口座を保有した居住者又は内国法人で当該年度の毎月の末日までの中でいずれか1日の保有口座残高（保有口座が複数ある場合には、その合計額）が5億Wを超過する場合、その海外金融口座情報を翌年6月1日から30日までに納税地管轄税務署に申告する制度です（韓国租調法52～57、62）。

2 申告義務者

海外金融会社に開設された海外金融口座を保有している居住者及び内国法人が申告義務者となります。

居住者とは国内に住所があるか、もしくは183日以上居所を置く個人をいいます。内国法人とは、本店、主たる事務所又は事業の実質的管理場所を国内に置く法人をいいます。内国法人の海外支店や海外連絡事務所は内国法人に包含されて、海外現地法人は除外されます。

申告義務者である居住者及び内国法人は、申告対象年度終了日を基準として判定します。

口座が借名口座である場合には、口座借名者と実質的所有者とも、全て申告義務があって、共同名義口座である場合には、共同・名義者全てに申告義務があります。

3 申告義務免除者

申告義務者中、次のいずれか1つに該当する場合には、申告義務が免除されます。

① 「在外同胞の出入国及び法的地位に関する法律」第2条第1号の在外国民として当該申告対象年度終了日の1年前から国内に居所を置いた期間の合計が183日以下である者
② 申告対象年度終了日現在10年前から国内に住所又は居所を置いた期間が5年以下である外国人居住者、国際機関の従事者
③ 国家、地方自治団体、公共機関、条約等によって設立された機関、金融会社等
④ 国家の管理監督が可能な機関（金融業関連機関、集合投資機構、集合投資機構評価会社、債券評価会社、金融持株会社、外国為替業務取扱機関等）

4 申告対象範囲

当該年度の毎月末中いずれか1つの保有口座残高（保有口座が複数である場合には、各保有口座の残高を合計します）が5億Wを超過する場合です。

申告対象となる海外金融口座は、海外金融会社に預貯金口座等銀行業務と関連して開設した口座、証券（海外証券を含みます）の取引によって開設した口座、派生商品（海外派生商品を含みます）の取引によって開設した口座、仮想（通貨）資産及びこれと類似した資産の

取引によって開設した口座（2022.1.1以後申告義務が発生する場合から適用）その他の金融取引によって開設した口座をいいます。

　申告対象となる海外金融口座の資産は、現金、株式（預託証書を含みます）、債券、集合投資証券、保険商品、仮想（通貨）資産等、上記の申告対象海外金融口座に保有した全ての資産をいいます。

5　申告しなければならない海外金融口座情報
　申告義務者が申告しなければならない海外金融口座情報は、次のとおりです。
　①　身元に関する情報（口座保有者の姓名、住所等）
　②　保有口座に関する情報（口座番号、金融会社名、毎月月末の保有口座残高の最高額等）
　③　海外金融口座関連者に関する情報（共同・借名・実質所有者に関する情報）

6　申告時期及び申告方法
　翌年6月1日から30日までに納税地管轄税務署に海外金融口座申告書を提出するか、ホームタックスを通して電子申告します。

7　申告義務不履行に対する制裁
　海外金融口座情報の申告義務者で、申告期限内に申告しなかった場合や、過少申告した場合には、過怠料賦課、名簿公開及び刑事処罰を受けます。
　①　過怠料賦課　　未・過少申告金額の20％以下に相当する過怠料賦課（20億W限度）
　②　名簿公開　　未・過少申告金額が50億Wを超過する場合は、人的事項及び申告義務違反金額等を公開
　③　刑事処罰　　未・過少申告金額が50億Wを超過する場合は、2年以下の懲役又は申告義務違反額の13％以上20％以下に相当する罰金

8　海外金融口座褒賞金制度
　韓国居住者（内国法人を含みます）の海外金融口座申告義務違反行為を摘発するのに重要な資料を国税庁に情報提供した場合には、最高20億Wまでの褒賞金が支払われることになっています。
　①　情報提供方法　　文書、FAX、インターネットホームページ
　②　褒賞金の支払　　過怠料又は罰金の5～15％（20億W限度。ただし、過怠料又は罰金が2,000万W未満の場合を除く）
　③　秘密保持　　情報提供者の秘密は国税基本法第84条の2（褒賞金の支払）第5項及び同法第81条の13（秘密の保持）により完全に保障されます。

（参考）在外国民：大韓民国の国民で外国の永住権を取得した者又は永住する目的で外国に居住している者（「在外同胞の出入国及び法的地位に関する法律」第2条第1号）

Q16 韓国の海外信託資料提出義務制度の導入（国税法58、59、91）

韓国では、海外金融口座申告制度に加えて、海外信託口座についても申告するとの税制改正があったとのことですが、説明願います。

A

韓国国税庁では、2025.1.1以後開始する課税年度から、「海外信託資料提出義務制度」を導入しました。これによって、2026.1.1以後本資料を提出することとなります。

1　居住者・内国法人の海外信託資料※提出義務
　※　外国法令による信託中「信託法」による信託と類似したもの
　・信託設定移転時
　　居住者・内国法人が海外信託を設定したり、海外信託に財産を移転する場合
　　　→　委託者は1件当たり1回資料を提出
　・信託設定以後
　　居住者・内国法人である委託者が信託財産を実質的に支配・統制する場合
　　　→　委託者は毎年資料を提出

2　資料提出内容
　委託者、受託者及び受益者情報等信託契約基本情報、信託財産価額等

3　提出期限
　課税年度終了日が属する月の末日から6か月以内

4　過怠料
　信託財産価額の10％以下（最大1億W）

韓国相続税申告書等様式

(翻訳:永田金司)

韓国相続税申告書等様式

●相続税課税標準申告及び自進納付計算書

■ 相続税及び贈与税法施行規則 [別紙 第9号書式] <改正 2023. 3. 20.>

相続税課税標準申告及び自進納付計算書
[ ]期限内申告, [ ]修正申告, [ ]期限後申告

管理番号 -

※ 裏面の作成方法を読んで作成してください。 (表面)

申告人	① 姓 名		② 住民登録番号		③ 電子メールアドレス		
	④ 住 所				⑤ 被相続人との関係		
	⑥ 電話番号	(自宅)	(携帯電話)		事後管理違反申告		
被相続人	⑦ 姓 名		⑧ 住民登録番号		⑨ 居住区分 [ ]居住者 [ ]非居住者		
	⑩ 住 所		失踪 認定死亡 その他				
	⑪ 相続原因 [ ]死亡 [ ]失踪 [ ]認定死亡 [ ]その他				⑫ 相続開始日		
税務代理人	⑬ 姓 名		⑭ 事業者登録番号		⑮ 管理番号		
	⑯ 電話番号 (事務所)		(携帯電話)				

区 分	金 額	区 分		金 額
⑰ 相続税課税価額		営利法人免除	遺贈等財産価額	
⑱ 相続税控除額			免除税額	
⑲ 鑑定評価手数料		㉟ 免除分納付税額(合計額)		
⑳ 課税標準 (⑰−⑱−⑲)		㊱ 控除・免除後納付する税額 (㉔+㉕−㉖−㉗−㉟)		
		㊲ 家業相続納付猶予税額		
㉑ 税率		㊳ 申告不誠実加算税		
		㊴ 納付遅延加算税		
㉒ 算出税額		㊵ 納付する税額 (㊱−㊲+㊳+㊴)		
㉓ 世代省略加算額 (「相続税及び贈与税法」第27条)		納付方法	納付・申請日時	
㉔ 算出税額(㉒+㉓)		㊶ 年賦延納		
㉕ 利子相当額		㊷ 物 納		
㉖ 文化財等徴収猶予税額		現金 ㊸ 分 納		
㉗ 計(㉘+㉛+㉜+㉝+㉞)		㊹ 申告納付		
㉘贈与税額控除	小計(㉙+㉚)			
	㉙ 相続税及び贈与税法 第28条			
	㉚ 租税特例制限法 第30条の5及び第30条の6			
	㉛ 外国納付税額控除			
	㉜ 短期税額控除			
	㉝ 申告税額控除			
	㉞ その他控除			

「相続税及び贈与税法」第67条及び同法施行令第64条第1項により相続税の課税価額及び課税標準を申告し、上記内容を充分に検討し申告人が知っている事実をそのまま記載したことを確認します。

年 月 日
申告人 (署名又は印)

税務代理人は租税専門資格者として上記申告書を誠実かつ公正に作成したことを確認します。

税務代理人 (署名又は印)

税務署長 貴下

申告人提出書類	1. 相続税課税価額計算明細書(付表1) 1部 2. 相続人別相続財産及び評価明細書(付表2) 1部 3. 債務・公課金・葬礼費用及び相続控除明細書(付表3) 1部 4. 相続開始前1(2)年以内財産処分・債務負担内訳及び使用処疎明明細書(付表4) 1部 5. 営利法人相続税免除及び納付明細書(付表5) 1部	手数料なし
担当公務員確認事項	1. 住民登録票謄本 2. 被相続人及び相続人の関係が分かる家族関係登録簿	

行政情報 共同利用 同意書

本人はこの件の業務処理と関連して担当公務員が「電子政府法」第36条第1項による行政情報の共同利用を通じて上記の担当公務員確認事項を確認することに同意します。 ※ 同意しない場合には申請人が直接関連書類を提出しなければなりません。

申告人 (署名又は印)

210mm×297mm[白上紙 80g/㎡]

韓国相続税申告書等様式

● 相続税課税価額計算明細書

※ 2023.3.20様式と同じです。

韓国相続税申告書等様式

●債務・公課金・葬儀費用及び相続控除明細書

[별지 제9호서식 부표 3] <개정 2020. 3. 13.> 債務・公課金・葬儀費用及び相続控除明細書

채무・공과금・장례비용 및 상속공제명세서

관리번호 -

가. 채무 カ.債務

① 채무종류 債務種類	② 차입기간 借入期間		③ 성명(상호) 姓名(商号)	④ 주민등록번호 (사업자등록번호) 住民登録番号(事業者登録番号)	⑤ 주소(소재지) 住所(所在地)	⑥ 금액 金額
	발생연월일 発生年月日	종료(예정)연월일 終了(予定)年月日				

⑦ 계

나. 공과금 ナ.公課金

⑧ 공과금종류코드 公課金種類コード	⑨ 연도별 年度別	⑩ 분기별 四半期別	⑪ 금액 金額

⑫ 계

다. 장례비용 タ.葬儀費用

지급처 支払先		⑮ 지급내역 支払内訳	⑯ 금액 金額
⑬ 주민등록번호 (사업자등록번호) 住民登録番号(事業者登録番号)	⑭ 성명(상호) 姓名(商号)		

⑰ 계

라. 상속공제 ラ.相続控除

기초공제 및 그 밖의 인적공제 基礎控除及びその他の人的控除	⑱ 기초공제	基礎控除
	⑲ 자녀공제	子女控除
	⑳ 미성년자공제	未成年控除
	㉑ 연로자공제	老年者控除
	㉒ 장애인공제	障害者控除
㉓ 일괄공제		一括控除
추가상속공제 追加相続控除	㉔ 가업상속공제	家業相続控除
	㉕ 영농상속공제	営農相続控除
㉖ 배우자상속공제		配偶者相続控除
㉗ 금융재산상속공제		金融財産相続控除
㉘ 재해손실공제		災害損失控除
㉙ 동거주택상속공제		同居住宅相続控除
㉚ 공제적용한도액		控除適用限度額
㉛ 상속공제금액합계		相続控除金額合計

신청(신고)인 제출서류: 1. 채무부담 및 공과금・장례비・감정평가수수료 지급 입증서류

작성방법

1. 채무와 공과금은 상속개시 당시의 현황에 따라 적습니다.
2. '① 채무종류'란 : 금융채무, 개인사채, 상가 임대보증금 등 채무의 종류를 적습니다.
3. '⑧ 공과금종류코드'란 : 아래의 공과금종류구분에 해당하는 코드를 적습니다.

공과금종류	국세	지방세	공공요금	과태료/범칙금	회비	기타
코드	01	02	03	04	05	06

4. '㉖ 배우자상속공제'란 : 배우자상속공제명세서(별지 제9호서식 부표 3의2)의 '⑮ 배우자 상속공제 금액'란의 금액을 옮겨 적습니다.

210mm×297mm[백상지 80g/㎡]

韓国相続税申告書等様式

● 相続人別相続財産及び評価証明書

韓国相続税申告書等様式

● 相続開始前1（2）年以内処分財産・債務負担内訳及び使用処疎明明細書（甲）

韓国相続税申告書等様式

● 外国納付税額控除申請書

相続税及び贈与税

外国納付税額控除申請書

被相続人
申請人

1. 申請人 — 姓名 / 住民登録番号 / 住所

2. 外国納付税額 課税物件
   種類 / 所在地

3. 控除する外国納付税額
   ① 相続(贈与)税算出税額
   ② 相続(贈与)税の課税標準
   ③ 外国納付税額が賦課された相続(贈与)財産の課税標準
   ④ 控除対象税額

外国納付税額控除金額
   ⑤ 外国納付税額
   ⑥ 控除税額(④と⑤中小さい金額)

年 月 日

申告人 　 署名又は印

税務署長

韓国相続税申告書等様式

● 贈与税課税標準申告及び自進納付計算書（基本税率適用贈与財産申告用）

※ 2023.3.20様式と同じです。

韓国相続税申告書等様式

● 贈与財産及び評価証明書

증여재산 및 평가명세서

■ 상속세 및 증여세법 시행규칙 [별지 제10호서식 부표] <개정 2023. 3. 20.>

贈与財産及び評価明細書

관리번호 -

※ 뒤쪽의 작성방법을 읽고 작성하시기 바랍니다.

①재산구분코드	②재산종류코드	③ 소 재 지 · 법인명 등 所在地・法人名等	④ 사업자등록번호 (지분율) 事業者登録番号 (持分率)	⑤ 수 량 (면 적) 数量 (面積)	⑥ 단가 単価	⑦ 평가가액 評価価額	⑧ 평가기준 코드 評価基準コード
국외재산 가부 国外財産 可否	국외재산 국가명 国外財産 国家名						
[ ]여 [ ]부							
[ ]여 [ ]부							
[ ]여 [ ]부							
[ ]여 [ ]부							
[ ]여 [ ]부							

計

⑨ 증여재산가액 贈与財産価額
⑩ 비과세재산가액 非課税財産価額
과세가액 ⑪ 공익법인 출연재산가액 公益法人出捐財産価額
불산입액 ⑫ 공익신탁재산가액 公益信託財産価額
課税価額 ⑬ 장애인신탁재산가액 障害者信託財産価額
不算入額
⑭ 증여재산가산액 贈与財産加算額
⑮ 합 계 合計

첨부서류: 증여재산 증명서류
[예: 주주(출자지분)명부 및 잔고증명서, 예금통장 사본 등]

수수료 없음

210mm×297mm[백상지 80g/m²]

※ 2023.3.20様式と同じです。

韓国相続税申告書等様式

● (年帰属) 譲渡所得 (国外転出者) 課税標準申告及び納付計算書

※ 2023.3.20様式と記載項目は同じです。税務代理人の生年月日が追加されています。

韓国相続税申告書等様式

● 譲渡所得金額 計算明細書

■ 소득세법 시행규칙 [별지 제84호서식 부표 1] <개정 2021. 3. 16.> (3쪽 중 제1쪽)

譲渡所得金額 計算明細書

관리번호	-	**양도소득금액 계산명세서**

※ 관리번호는 적지 마십시오

□ **양도자산 및 거래일** 譲渡資産及び取引日

① 세 율 구 분 (코 드) 税率区分 (コード)	합 계 合計	(-)	(-)	(-)
② 소재지국 소 재 지 所在地国 所在地				
③ 자 산 종 류 (코 드) 資産種類（コード）		( )	( )	( )
거래일 (거래원인) 取引日(取引原因)	④ 양 도 일 (원 인) 譲渡日 (月日)	( )	( )	( )
	⑤ 취 득 일 (원 인) 取得日 (月日)	( )	( )	( )
거래자산 면적(㎡) 取引資産 面積(㎡)	⑥ 총면적 (양도지분) 総面積(譲渡持分) 토 지 土地	(/)	(/)	(/)
	건 물 建物	(/)	(/)	(/)
	⑦ 양도면적 譲渡面積 토 지 土地			
	건 물 建物			
	⑧ 취득면적 取得面積 토 지 土地			
	건 물 建物			
一世代一住宅 1세대1주택 非課税対象 비과세대상	⑨ 보 유 기 간 保有期間	年以上 年未満 년 이상 년 미만	년 이상 년 미만	년 이상 년 미만
	⑩ 거 주 기 간 居住期間	년 이상 년 미만	년 이상 년 미만	년 이상 년 미만

□ **양도소득금액 계산** 譲渡金額計算

거래금액 取引金額	⑪ 양 도 가 액 譲渡価額			
	⑫ 취 득 가 액 取得価額			
	취 득 가 액 종 류 取得価額 種類			
⑬ 기 납 부 토지초과이득세 既納付 土地超過利得税				
⑭ 기 타 필 요 경 비 その他必要経費				
양도차익 譲渡差益	전 체 양 도 차 익 全体 譲渡差益			
	비 과 세 양 도 차 익 非課税 譲渡差益			
	⑮과세대상양도차익 課税対象譲渡差益			
⑯ 장 기 보 유 특 별 공 제(코드) 長期保有特別控除 (コード)		( )	( )	( )
⑰ 장기보유특별공제적용대상거주기간 長期保有特別控除適用対象居住期間		年以上 年未満 년 이상 년 미만	년 이상 년 미만	년 이상 년 미만
⑱ 양 도 소 득 금 액 譲渡所得金額				
減免所得金額 감면소득 금 액	⑲ 세 액 감 면 대 상 税額減免対象			
	⑳소득금액감면대상 所得金額減免対象			
㉑ 감면종류 감 면 율 減免種類 減免率				

□ **기준시가** (기준시가 신고 또는 취득가액을 환산취득가액으로 신고하는 경우에만 적습니다)
基準時価 (基準時価申告又は取得価額と換算取得価額で申告する場合にだけ記載します)

양도시 譲渡時 기 준 시 가 基準時価	㉒ 건 물 建物			
	㉓ 토 지 土地			
	합 계 合計			
취득시 取得時 기 준 시 가 基準時価	㉔ 건 물 建物			
	㉕ 토 지 土地			
	합 계 合計			

210mm×297mm[백상지80g/㎡ 또는 중질지80g/㎡]

韓国相続税申告書等様式

●取得価額及び必要経費計算詳細明細書

■ 소득세법 시행규칙 [별지 제84호서식 부표 3] <개정 2021. 3. 16.>

取得価額及び必要経費計算詳細明細書 (4쪽 중 제1쪽)

취득가액 및 필요경비계산 상세 명세서(1)

구 분 区 分			구분코드 区分コード	거래상대방 取引相手方		지급일 支払日	지급금액 支払金額	증빙종류코드 証憑種類(コード)
				상호 商号	사업자등록번호 事業者登録番号			
취득가액 取得価額	① 타인으로부터 매입한 자산 他人から買入した資産	매 입 가 액 買入価額	111					
		취 득 세 取得税	112					
		등 록 세 登録税	113					
		기타부대비용 その他付帯費用	법무사비용 法務士費用 (司法書士費用)	114				
			취득중개수수료 取得仲介手数料	115				
			기 타 その他	116				
		소 계 小 計						
	② 자기가 제조·생산·건설한 자산 自己製造·生産·建設した資産		120					
			120					
	③ 가산항목 加算項目	취득시 쟁송비 取得時訴訟費	변호사비용 弁護士費用	131				
			기타비용 その他費用	132				
		양수자부담양도소득세 讓受者負担讓渡所得税	133					
		기 타 その他	134					
		소 계 小 計						
	差減(引)項目 ④ 차감항목	감 가 상 각 비 減価償却費	141					
	⑤ 계 (①+③-④ 또는 ②+③-④) 計(①+③-④又は②+③-④)							
기타필요경비 その他必要経費	⑥ 자본적 지출액 資本的支出額	자본적 지출 資本的支出	용도변경, 개량, 이용 편의를 위한 지출 用途変更·改良·利用利便のための支出	260				
			엘리베이터 냉난방설치 エレベータ・エアコン設置	260				
			피난시설 등 설치 避難施設等設置	260				
			재해 등으로 인한 자산의 원상복구 災害等による資産の原姿復旧	260				
			개 발 부 담 금 開発負担金	261				
			재 건 축 부 담 금 再建築負担金					
			자산가치증가 등 수선비 資産価値増加等修繕費	260				
			기 타 その他	260				
		소 계 小 計						
	⑦ 취득후 쟁송비용 取得後訴訟費用	변 호 사 비 용 弁護士費用	271					
		기타소송, 화해비용 その他訴訟、和解費用	272					
	⑧ 기타비용 その他費用	자본적 지출액 등 資本的支出額等	수 익 자 부 담 금 受益者負担金	281				
			토 지 장 애 철 거 비 土地障害撤去費	280				
			도 로 시 설 비 등 道路施設費等	280				
			사 방 사 업 소 요 비 용 砂防事業所要費用	280				
			기 타 その他	280				
		소 계 小 計						
	⑨ 계 (⑥+⑦+⑧)							
양도비용등 讓渡費用等	⑩ 양도 시 중개수수료등 직접 지출비용 讓渡時仲介手数料等直接支出費用		290					
	⑪ 국민주택채권 및 토지개발채권 매각차손 등 기타경비 国民住宅債券及び土地開発債券売却損等その他経費		291					
	⑫ 계 (⑩+⑪) 計							
	⑬ 기타 필요경비 계 (⑨+⑫) その他必要経費計							

210mm×297mm[백상지 80g/㎡ 또는 중질지 80g/㎡]

韓国相続税申告書等様式

● (年帰属) 総合所得税・農漁村特別税課税標準確定申告及び納付計算書

韓国相続税申告書等様式

● (年帰属) 総合所得税・農漁村特別税課税標準確定申告及び納付計算書 (続)

(35쪽 중 제9쪽)

❼ 사업소득명세서 ❼事業所得明細書

① 소 득 구 분 코 드	①所得区分コード			
② 일 련 번 호	②一連番号			
③ 사업장	소재지	所在地			
	국내1/국외9 / 소재지국코드	国内1/国外9 / 所在地国コード			
④ 상 호	④商 号			
⑤ 사 업 자 등 록 번 호	⑤事業者登録番号			
⑥ 기 장 의 무	⑥記帳義務			
⑦ 신 고 유 형 코 드	⑦申告類型コード			
⑧ 주 업 종 코 드	⑧主業種コード			
⑨ 총 수 입 금 액	⑨総収入金額			
⑩ 필 요 경 비	⑩必要経費			
⑪ 소 득 금 액(⑨-⑩)	⑪所得金額(⑨-⑩)			
⑫ 과 세 기 간 개 시 일	⑫課税期間開始日			
⑬ 과 세 기 간 종 료 일	⑬課税期間終了日			

⑭ 대표 공동사업자	성 명	姓 名			
⑭ 代 表 共同事業者	주민등록번호	住民登録番号			
⑮ 특수관계인 ⑮ 特殊関係人	성 명	姓 名			
	주민등록번호	住民登録番号			
	성 명	姓 名			
	주민등록번호	住民登録番号			

부동산 임대소득 명세 不動産賃貸所得明細

구 분 区 分	⑯주택수(개)	⑰수입금액	⑱필요경비	⑲소득금액
	⑯住宅数			
주택 외 임대소득 (상가, 토지 등) 住宅外賃貸所得 (商家、土地等)		⑰収入金額	⑱必要経費	⑲所得金額
주택임대소득 住宅賃貸所得				
합 계 合 計				

사업소득에 대한 원천징수 및 납세조합징수 세액 事業所得に対する源泉徴収及び納税組合徴収税額

⑳ 일련번호	원천징수의무자 또는 납세조합 源泉徴収義務者又は納税組合		원천징수 또는 납세조합징수 세액 源泉徴収又は納税組合徴収税額	
⑳ 一連番号	㉑ 상호(성명) ㉑商号(姓名)	㉒ 사업자등록번호 (주민등록번호) ㉒事業者登録番号 (住民登録番号)	㉓ 소득세 ㉓所得税	㉔ 농어촌특별세 ㉔農漁村特別税

210mm×297mm(백상지 80g/㎡)

【参考文献（三訂版）】

三訂版で新たに参考とした文献

日本文献

    1 令和5年版　図解相続税・贈与税／市川康樹 編（大蔵財務協会）
    2 令和5年版　図解財産評価／八重樫司 編（大蔵財務協会）
    3 令和5年版　図解譲渡所得／市川康樹 編（大蔵財務協会）

韓国文献（全て韓国語）

《韓国税理士　呉 世云先生から提供》

    1 韓国税法典（日本での税法六法）　2023年版　2024年版
    2 韓国小六法（日本での小六法）
    3 韓国総合所得税、譲渡所得、相続税、贈与税の各申告書様式

《韓国税理士　崔 仁洵先生から提供》

    1 2023年版　相続・贈与税実務解説／（韓国国税庁）
    2 2023年版　譲渡所得税実務解説／（韓国国税庁）
    3 税務調査ガイドブックA型、B型／（韓国国税庁）

《駐日本大韓民国大使館　国税官　呉 朱喜氏から提供》

    1 2023年／2024年版　在日納税者が知らなければならない韓・日税金常識／（韓国国税庁）
    2 2023年／2024年版　改正税法解説

【参考文献（全訂版）】

全訂版で新たに参考とした文献

日本文献

    1 令和元年版　図解相続税・贈与税／中野欣治 編（大蔵財務協会）
    2 令和元年版　図解財産評価／加藤千博 編（大蔵財務協会）
    3 令和元年版　図解譲渡所得／中野欣治 編（大蔵財務協会）
    4 ポイント国際私法（総論）／道垣内正人 著（有斐閣）
    5 はじめての国際法（第2版）／尾崎哲夫 著（自由国民社）
    6 2019　韓国投資Q＆A／（金＆張法律事務所）

韓国文献

    1 2019年　租税法典／（韓国税務士会）
    2 2019年　相続税・贈与税実務解説／（韓国国税庁）
    3 2019年　譲渡所得税実務解説／（韓国国税庁）
    4 2017年　在日納税者が知らなければならない韓・日税金常識／（韓国国税庁）
    5 2016年　国際租税執行基準／（韓国国税庁）
    6 税務調査ガイドブック／（韓国国税庁）
    7 2019年　改正税法解説／（韓国国税庁）

【参考文献（初版）】

日本文献（論文を含む、順不同）

1 　平成25年版　図解相続税・贈与税／渡邉定義 編（大蔵財務協会）
2 　平成25年版　図解財産評価／長谷川昭男 編（大蔵財務協会）
3 　平成23年版　図解民法（親族・相続）／黒沢雅寛 推薦・田中千草他 監修（大蔵財務協会）
4 　日韓国際相続と税―理論・実務・Q&A／三木義一・西山慶一・高正臣 編著（日本加除出版）
5 　国際税務の疑問点／渡部淑夫 編集代表（ぎょうせい）
6 　韓国の相続税（1998.7）／（大韓民国国税庁）
7 　第３版「在日」の家族法Q&A／木棚照一 監修（日本評論社）
8 　「連載・図解による韓国相続税・贈与税法詳解」
　　　　　　　　　　／永田金司（『国際税務』（税務研究会）・Vol.26.No.8 ～）
9 　「連載・国際相続の実務」／（『国際税務』（税務研究会）・Vol.33.No.6 ～）
10　「連載・民法の法定相続分と相続税法上の相続分等」
　　　　　　　　　　／小林栢弘（『国税速報』（大蔵財務協会））
11　「相続・贈与に係る国際的二重課税―外国税額控除の在り方を中心として―」
　　　　　　　　　　／小林尚志（『税大論叢』（税務大学校））
12　「相続税・贈与税の納税義務者制度に関する研究」／宮脇義男（『税大論叢』（税務大学校））
13　「相続・贈与税法における非上場株式の評価」／金鎮顕（韓英マンスリー　2011.11）
14　Q&A　海外勤務者に係る税務／川田剛 著（税務経理協会）
15　国際資産税ガイド／税理士法人プライスウォーターハウスクーパーズ編（大蔵財務協会）

韓国文献（順不同）

1 　2013年　租税法典／（韓国税務士会）
2 　2012年　相続税・贈与税実務解説／（韓国国税庁）
3 　2011.11　相続税申告チェックリスト（財産評価含む）／（韓国税務士会）
4 　2010.7　在日同胞が知らなければならない韓・日税金常識／（韓国国税庁）
5 　2010.7.7　経済民願綜合説明会資料／（駐日本韓国大使館）
6 　2012.5　解かりやすい海外金融口座申告制度／（大韓民国国税庁）
7 　グリーンブック（譲渡所得税・相続税・贈与税・税務調査道案内）／（韓国国税庁）

【韓国文献・資料提供】

呉　世云（お　せうん）氏
　延世大学行政大学院修了（行政学修士）、横浜国立大学大学院（経営学修士）に韓国国税庁から派遣留学、駐日韓国大使館税務協力官（書記官）、大邱地方国税庁納税支援局長を経て、現在韓国税理士として活躍。

崔　仁洵（ちぇ　いんすん）氏
　延世大学卒、横浜国立大学大学院に韓国国税庁から派遣留学、駐日韓国大使館国税官、長らく国際課税を担当し、江南税務署長を2023年６月退官、現在韓国税理士として活躍。

〈著者紹介〉
永田　金司（ながた　きんじ）

東京国税局法人課、国税庁法人税課企画専門官、渋谷税務署法人税担当副署長、東京国税局国税訟務官、東京国税局特別国税調査官、東京国税不服審判所部長審判官、武蔵野税務署長、新宿税務署長を経て、現在、税理士。一般社団法人 在日本韓国人総連合会 税務相談役。
割りばし輪ゴム鉄砲創作家としてボランティア活動も行っている。

　　主な著書等
【税法関係】
　　Ｑ＆Ａ　宗教法人をめぐる税務実務（大蔵財務協会）
　　図解による重要点解説「出向・転籍における税務実務（三訂版）」（大蔵財務協会）
　　韓国進出企業のための租税免税制度詳細解説（国際税務研究会）
　　（韓国国税庁発刊「外国人投資企業納税案内」翻訳）
　　図解による韓国相続税・贈与税「国際税務」（税務研究会）
　　税務調査指摘事項への対応策「税務ＱＡ」（税務研究会）
　　非居住者税制と源泉徴収質疑応答集【第三版】（共著）（法令出版）
　　韓国相続税実務詳解（法令出版）
　　税務調査の実際と対応（法令出版）
【割りばし輪ゴム鉄砲関係】
　　親子で楽しむ割ばし輪ゴム銃工作（ナナロク社）
　　１膳から作る割りばし輪ゴム鉄砲（増補版）（ナナロク社）
　　大人のこだわりホビー　割りばし輪ゴム鉄砲製作教本（クオン）

日本居住の韓国人が知ってほしい――韓国資産課税実務教科書【三訂版】

2024年9月23日 初版第一刷発行

著　者………… 永田金司

発行人………… 金承福

発行所………… 株式会社クオン

　　　　　　　〒101-0051 東京都千代田区神田神保町1-7-3 三光堂ビル 3階

　　　　　　　Tel:03-5244-5426　Fax:03-5244-5428

印刷・製本 …… 大盛印刷株式会社

　　　　　　URL　　https://www.cuon.jp/
　　　　　　ISBN　978-4-910214-68-9　C3033

　　　　　　万一、落丁乱丁のある場合はお取り替え致します。小社までご連絡ください。